国家自然科学基金面上项目（50978225）　　联合
浙江省哲学社会科学基金项目（09CGYD045YBQ）
浙江省哲学社会科学基金项目（10CGYD55YBQ）　　资助

城市增长边界设定的
路径·技术·方法

The Establishment of Urban Growth Boundary
Research Path.Technique.Method

李咏华 著

中国建筑工业出版社

图书在版编目（CIP）数据

城市增长边界设定的路径·技术·方法/李咏华著.—北京：中国建筑工业出版社，2011.8
ISBN 978-7-112-13553-0

Ⅰ.①城… Ⅱ.①李… Ⅲ.①城市-疆界-设定-研究 Ⅳ.①K918.5

中国版本图书馆CIP数据核字（2011）第186710号

责任编辑：杨　虹
责任设计：董建平
责任校对：王誉欣　关　健

城市增长边界设定的路径·技术·方法
The Establishment of Urban Growth Boundary
Research Path．Technique．Method

李咏华　著

＊

中国建筑工业出版社出版、发行（北京西郊百万庄）
各地新华书店、建筑书店经销
北京嘉泰利德公司制版
北京建筑工业印刷厂印刷

＊

开本：787×960毫米　1/16　印张：$15\frac{3}{4}$　字数：390千字
2014年4月第一版　2014年4月第一次印刷
定价：49.00元
ISBN 978-7-112-13553-0
（21334）

版权所有　翻印必究
如有印装质量问题，可寄本社退换
（邮政编码 100037）

序

  纵观全球，城市空间蔓延已成为一个世界性的普遍现象。对于我国的快速城镇化进程，最突出也是最尖锐的两个问题是生态环境的恶化和土地资源供需严重失衡，其根本原因亦在于城市无序蔓延与快速扩张。作为应对性技术解决措施和空间政策响应，城市增长边界是西方国家在对蔓延式发展的深刻反思过程中提出的。它通过划定边界线的方式来控制城市蔓延和引导合理增长，将城市的发展限定在适合发展的区域内，从而间接实现对土地资源的节约与自然生态系统的保护。鉴于我国的资源环境约束对经济增长和社会发展不断强化的现状，学者们在城市增长边界设定的必要性上达到了高度的共识，研究热点自然就聚焦于如何设定城市增长边界的问题了。在空间蔓延加剧的现实面前，传统城市规划理念和技术方法显然是失效的。城市增长边界设定的必要性与可行性之间出现了技术方法的断层。

  面对这些学术界非常关注但一时无法解决的难题，本书作者李咏华同志带着问题和思考一路走来。2008年在德国基尔大学生态中心景观生态研究所做访问学者期间，她参与了一系列研究项目，主要是围绕城乡结合部土地利用策略、生态网络构建与绿色基础设施评价等方面的景观生态学课题。虽然这些课题关注的焦点多在于生物多样性保护与土地利用的可持续发展上，但李咏华基于对城市蔓延问题的关注与深入思考，大胆地将生态保护的技术应用于城市增长边界设定方法中，将需重点保护区域的识别方法应用于城市不适宜发展区域的辨识中，并应用"逆向思维"确定适宜城市发展区域，这对于城市增长边界的设定方法是个崭新的突破。基于这个大胆创新的思路，李咏华获得了国家自然科学基金面上项目、浙江省哲学社会科学基金等多项资助，并开始了对城市增长边界设定路径与技术方法的艰难探索。

  这是个漫长的"跨界"之旅，从景观生态学到城市规划学，从单纯保护主题到精明增长与精明保护的复合，从关键技术到系统研究，这一路真的很寂寞很漫长。其中苦乐，个中滋味，恐怕只有当事人心里清楚。但是作为她的博士生导师，我欣喜地看到她在学术道路上一步步的成长，一步步的前进。基金的资助、国际学术会议的发言、高质量论文的发表、博士论文的撰写等，这些都是她前行的脚步。

基于博士学位论文修改完善的新著《城市增长边界设定路径·技术·方法》，以开阔的研究视野、前沿的理论基础和丰富的实践经验，跨越城市规划学、景观生态学、RS、GIS空间技术、公共管理等学科，从研究路径到技术和方法，从理论创新到实证研究，为我国的城市空间蔓延问题"求诊问医"、"诊断抓药"，为城市增长边界和空间增长管理政策工具等研究做了有益的尝试。著作围绕城市增长边界设定的核心问题展开阐述，即如何辨识适合城市发展的区域，并通过一定政策和技术途径将城市空间增长限定在此区域之内。本书的主要创新点在于：一个分析视角——从GIA视角来设定城市增长边界；一个协调框架——城市增长边界设定与GIA的"交叉框架"；一个模型——三模块的城市增长边界设定模型。本书强化生态视角，利用GIA的成熟技术方法将生态保护的传统被动防御转变为主动控制的模式，由此来凸显城市存量土地资源"质"的分级和"量"的有限供给，其意义不仅仅在于城市增长边界设定技术方法本身，更关乎于当前城市发展的可持续性。由此，也可看出李咏华作为一个城市规划人所具有的强烈社会责任感。期待本书的出版能获得学术界同行和有关业务部门同仁们的关注与指正，并推动李咏华向新的目标迈进。

谨此为序。

王 竹

2011年7月于浙江大学

目 录

第1章　绪　论
1.1　研究背景 ………………………………………………… 001
1.2　研究意义 ………………………………………………… 010
1.3　研究概念的界定 ………………………………………… 012
1.4　研究体系的设计 ………………………………………… 020
1.5　小结 ……………………………………………………… 024

第2章　城市增长边界的国内外相关研究与实践进展
2.1　国外相关研究及实践进展 ……………………………… 026
2.2　国内相关研究及进展 …………………………………… 038
2.3　国内外研究总体评价 …………………………………… 045
2.4　小结 ……………………………………………………… 047

第3章　GIA体系及其应用
3.1　GI 概念及内涵解读 ……………………………………… 048
3.2　GIA 体系 ………………………………………………… 059
3.3　GIA 应用及案例分析 …………………………………… 077
3.4　GIA 体系特征分析 ……………………………………… 087
3.5　小结 ……………………………………………………… 088

第4章　城市增长边界设定与GIA体系的交叉融合
4.1　城市增长边界设定与 GIA 体系的"平行框架" …………… 090

4.2　城市增长边界设定与 GIA 体系的交叉点选择 …………… 095
4.3　城市增长边界的设定与 GIA 体系的"交叉框架" ………… 099
4.4　小结 ……………………………………………………………… 104

第5章　基于GIA设定城市增长边界的模型建构

5.1　模型概述 ………………………………………………………… 106
5.2　第一模块：土地利用及景观格局变化分析模块 …………… 112
5.3　第二模块：GIA 分析模块 …………………………………… 122
5.4　第三模块：GIA—CA 空间模拟模块 ………………………… 134
5.5　小结 ……………………………………………………………… 142

第6章　实证研究——以杭州市为例

6.1　杭州市城市空间增长概况 …………………………………… 144
6.2　研究区域、研究数据及尺度 ………………………………… 147
6.3　模块一：杭州市土地利用及景观格局变化分析 …………… 152
6.4　模块二：杭州市 GIA 分析 …………………………………… 183
6.5　模块三：杭州市 GIA—CA 空间模拟 ………………………… 200
6.6　模型结果的讨论 ………………………………………………… 204
6.7　小结 ……………………………………………………………… 211

第7章　研究结论与展望

7.1　研究结论 ………………………………………………………… 213
7.2　研究展望 ………………………………………………………… 219

参考文献 ………………………………………………………………… 221
附录　图表目录 ………………………………………………………… 238
后记 ……………………………………………………………………… 243

第1章 绪论

1.1 研究背景

快速城镇化是当前城市发展的关键词,被认为是全球范围内已经普遍存在的重要现象(Sudhira H.S. 等,2004;张庭伟,2010),主要表现为城市人口的快速增长,以人口从乡村到城市的转移为主要方式的城市人口数量扩张对空间增长起主导推动作用。快速的城镇化为扩大消费和投资需求提供了强大的机遇和动力,同时也给节约资源、改善环境,提升城镇发展的质量和水平带来了前所未有的挑战。中国的城镇化让世界瞩目,以不足百年时间走过了西方二三百年才走过的道路,诺贝尔经济学奖获得者 Stiglists 把"中国的城市化"和"美国的高科技"并称为 21 世纪人类发展进程的两大关键因素。1949 年全国有 132 个城市,城镇化水平为 10.65%;2009 年共有设市城市 654 个,城镇化率 46.59%。《中国城市状况报告 2010/2011》中指出,今后五年内,中国的城镇人口将超过农村人口,到 2030 年,中国城镇化率将达到 65% 左右,各类城镇将新增 3 亿多人口。最新发布的《中共中央关于制定国民经济和社会发展第十二个五年规划的建议》(下称《建议》)提出要促进区域协调发展,积极稳妥地推进城镇化,表明在现阶段快速城镇化是研究中国特色城镇化相关问题的宏观背景。

另一方面,城市的快速扩展占用大量非建设用地和乡村用地,在过去的 50 年米,世界范围内的城市由于其不断地进行空间扩展使城市形态发生了巨大的变化(Tang Z. 等,2005;张庭伟,2001,2010)。城市蔓延作为快速城镇化在空间上的直接表征,其弊端和后果反映在经济学领域、环境保护领域和社会公正方面(周一星,2006;张庭伟,2010)。从经济学的角度分析,城市蔓延主要导致土地资源的浪费、基础设施成本的增加、城市土地的低效率使用和城市中心区的衰败等问题;从环境保护的角度分析,城市蔓延带来的一系列环境问题，包括空气和水环境的恶化、农地和开敞空间的丧失、居民生活质量的普遍下降以及汽车行程增加和拥挤程度；从社会公正的角度分析，城市蔓延导致贫富不均和种族隔离、犯罪、贫穷、社区的丧失等一系列社会问题（祁巍峰，2009）。

佛罗里达增长管理规划（1998）（Hasse J., 2010）中描述的蔓延特征是：大面积的低密度和单一功能的跳跃式、放射式、带状或条状开发；使得城市和乡村功能区边界和范围模糊不清；自然资源和农业土地未能得到保护；公共设施未能充分利用，土地利用方式超过了设施的成本等。美国哥伦比亚大学社会学教授 Saskia Sassen（2010）的话道出了诸多学者的心声：城市消耗着越来越多的自然资源，并不断排放污染。这种景象并不是一个必然的结果，而是由于城市规划过程中没有考虑到生态问题的缘故。无序蔓延导致城市后续发展空间严重不足，已经成为我国大多数城市发展的瓶颈；面对强烈的资源环境约束，《建议》强调加快建设资源节约型、环境友好型社会，必须增强危机意识，树立绿色、低碳发展理念，加快构建资源节约、环境友好的生产方式和消费模式，以增强可持续发展能力。

1.1.1 我国城市空间增长管理面临的挑战

随着我国城市化进程的推进，城市发展进入一个加速期，表现出了以快速城市化为导向的城市规模迅速扩展，表现为以经济增长和外延式拓展为主导的城市空间粗放增长和以汽车发展、交通基础设施建设为导向的城市空间过度扩展的空间发展的特征（丁成日，2005；张换兆和郝寿义，2008；陈锦富等，2009；楚建群和董黎明，2009；段德罡和王峰，2009；吴次芳等，2009）。自 20 世纪 80 年代以来，我国城市建成区的面积不断扩大，平均每十年左右扩大一倍，特别是进入 21 世纪以来，年均增加的面积都在 1000km^2 以上（洪世键和张京祥，2009）。1990～2004 年，中国城镇建设用地由 113 万 km^2 扩大到近 314 万 km^2，城市用地规模弹性系数（城市用地增长率/城市人口增长率）从 1986～1991 年的 2113 增加为 2128，已大大高于 1112 的合理水平（王茜，2007）。城市空间扩展是自然、经济、政策等多方面因素共同作用的结果（顾朝林，1999；何春阳，2002；李王鸣和李玮，2004）。繁荣的城市空间扩展的背后隐藏着一系列社会和环境问题，如粗放式的土地利用模式导致土地资源的极大浪费；城市蔓延导致生境趋于破碎、生物多样性下降、生境质量下降等生态问题；此外，城乡边界趋于模糊是城市蔓延的另一巨大问题。

与城市建成区的快速蔓延相对应，我国城市建成区以外的土地资源被建成区迅速湮没，导致耕地资源的紧缺、城乡生态安全受到威胁等状况日益严重，资源环境约束条件日益强化。以耕地资源为例，联合国环境规划署（UNEP）主持的一份研究报告中指出，过去的 45 年中，由于农业活动、砍伐森林、过度放牧而造成中度和极度退化的土地达 12 亿 hm^2，世界范围内的后备耕地资源有限，土地资源矛盾日益突出。我国的耕地资源危机尤为堪忧，以约占世界耕地 7% 的面积却养活了世界 22% 的人口。耕地面积仅占国土面积的 14.6%，耕地质量总体水平低，耕地数量仍在逐年减少，减少的主要原因在于城市建成区蔓延侵占耕地和各种退耕还林还湖等因素。据统计，我国每年审批的耕地转用面积占所有审批的建设用地面积的 50% 左右。此外，林地、草地等其他农用地面积也面临被城市扩展蚕食的危险，城乡生态安全受到日趋严重的威胁。保护农用地以及集约建设土地利用规划不断被旨在满足城市建设要求以及合理安排城市功能的城市规划所突破（黄明华等，2008；孙强，2008；任丽燕等，2010）。究其原因，一方面是地方政府急于经济发展，急切地扩大建设用地，造成大量的土地资源浪费，而另一方面也是中央政府不同职能部门之间的政策存在矛盾：既鼓励城市与工业经济发展，适度容忍粗放的发展方式，又要守住耕地数量的底线，对城市土地使用施行总量控制（韦亚平和王纪武，2008）。从这一点来看，当前社会生活中，"高官落马"者多与土地资源滥用或利益寻租有关也就很容易理解了。

城市的发展与控制是城镇化过程中相互对立与统一的两个侧面（楚建群，2009）。由城市化所造成的耕地面积迅速减少、环境质量严重下降及大量城市用地闲置或低效使用并存等问题，对节约、集约和可持续使用土地的国家目标构成了严峻挑战，也对进行科学实效的城市空间增长管理提出了强烈而迫切的要求（吴次芳，2009）。对于长三角地区而言，经济的快速增长所带来的城市空间扩张导致资源短缺、环境恶化、空间紧张等矛盾日益突出。如何在现有的资源禀赋条件下，既能保持经济的快速稳定发展，又能实现生态环境的可持续发展，是当前长三角发达地区必须积极面对的重大命题。

1.1.2 我国城市空间增长管理面临的机遇

在城市空间增长管理的议题上挑战与机遇并存。在我国快速工业化和城市化过程中，出台过不少控制城市增长的相关政策与措施，为粗放式空间快速增长频频亮起刹车信号，也为内涵式空间增长模式的探索提供新的指向。《建议》提出坚持把建设资源节约型、环境友好型社会作为加快转变经济发展方式的重要着力点，深入贯彻节约资源和保护环境基本国策，节约能源，降低温室气体排放强度，推广低碳技术，积极应对气候变化，促进经济社会发展与人口资源环境相协调，走可持续发展之路。除此以外，《建议》中多次提到城市空间增长管理及相关议题。在对"十二五"时期经济社会发展的国内外环境分析中指出我国发展中的不平衡、不协调和不可持续的问题当中，经济增长的资源环境约束强化问题首当其冲，可见，资源环境约束将作为我国经济社会发展的普遍背景和前提，将影响其他方面的决策过程；在"十二五"规划的指导思想的阐述中，提出坚持把建设资源节约型、环境友好型社会作为加快转变经济发展方式的重要着力点，促进经济社会发展与人口资源环境相协调，在具体阐述中指出增强危机意识，积极应对全球气候变化，一手抓控制温室气体排放，一手抓提高碳汇能力；在促进区域协调发展，积极稳妥推进城镇化的阐述中指出，要按照全国经济合理布局的要求，规范开发秩序，控制开发强度，形成高效、协调、可持续的国土空间开发格局。对依法设立的各级各类自然文化资源保护区和其他需要特殊保护的区域要禁止开发。合理确定城市增长边界，提高建成区人口密度，防止特大城市面积过度扩张。可见在未来的国家发展战略中，城市空间增长管理成为需要高度关注的问题，学者们认为"十二五"期间，我国城市发展的趋势之一是城市发展如何从外延式扩张向内涵式发展转变（《中国城市"十二五"核心问题研究报告》，2011）。内涵式的发展就要求实现严格的城市空间增长管理，合理提高城区内部的开发强度，控制大城市过度扩张，保护耕地及自然环境等。近十多年来，国家也曾先后制定了《基本农田保护条例》和《土地管理法实施条例》，以及其他一些加强土地保护的政策文件，实行最严格的土地保护和用途管制政策，确保全国18亿亩耕地的底线。

1.1.3 城市增长边界设定的必要性

面对我国城市空间增长管理的层层压力和紧迫感，传统城市规划理念和技术方法在城市一再突破预测规模、用地范围和预设指标的现实面前显得无能为力（俞孔坚，2006，2007），城市规划行业必须迎接这一历史挑战。20世纪90年代后期，国内学者将城市增长管理的相关理论引入我国城市空间增长管理领域并开展了相关研究，除了对城市增长管理和城市增长边界的概念内涵、特征和功能、绩效评价等方面理论的引介（刘海龙等，2005；黄明华等，2008；冯科等，2008；吴次芳等，2009；杨建军等，2010），国内学者还针对城市增长边界在我国的基本应用空间（张京祥和程大林，2003）和"水土不服"的可能状况展开讨论（段德罡等，2009）。2006年颁布的《城市规划编制办法》两次涉及城市空间增长边界，其中第4章第29条提到：总体规划纲要应当研究中心城区空间增长边界，提出建设用地规模和建设用地范围；第4章第31条提到：中心城区规划应当包括研究中心城区空间增长边界，确定建设用地规模，设定建设用地范围。随着研究的不断深入，学者们对于城市增长边界设定的必要性和重要性这一议题达成了高度共识。基于这个共识，部分学者把研究重点转向城市增长边界设定的途径和技术方法的相关命题（龙瀛，2006，2009；杨建军，2010）。

相关研究表明，城市增长边界作为一种严格控制城市蔓延并引导合理增长的规划途径，对我国资源约束加强与城市扩展需求之间矛盾的解决具有针对性。城市增长边界通过划定严格的边界线并通过土地供应、开发时间及地理位置上的限制来有效控制蔓延和引导合理增长，从而间接实现对土地资源的节约和自然生态系统的保护（黄明华等，2008；吴次芳等，2009；徐勤政，2010）。

在西方国家城市化的自然演进过程中，以市场为核心的模式决定了政府在城市化进程中的辅助地位。但是中国城市化异于西方的一个重要特征，就是"政府主导"的因素大于"市场自然演变"的因素，因此政府行为在城市化进程中起着关键性的作用（谷荣，2005）。政府作为城市化战略的制定者和城市化进程的执行者，城市空间增长管理的相关公共政策必须以社会公共利益作为政策制定的出发点和依据，这意味着不能一味满足经济发展需求而忽视生态环境的可持续发展；政府作为城市化绩效的评定者，应在"生态优先"的基础上将经济发展和生态保护均纳入绩效评定的范畴。"十二五"规划的科学性和前瞻性表明了中国政府在完善公共政策决策方面所取得的成就，但是宏观战略的实施还需要中观和微观层面的诸多支持，地方政府面对复杂的城市空间增长管理的具体情况时，缺乏有效的理性的政策工具来辅助决策者作出科学的决策，而公共决策一旦制定出来，就会在政府主导的机制下发挥巨大的调控作用。因此，城市增长边界设定不应该仅仅是技术方法的探讨，而应该从政策工具的角度思考其在政府主导机制下的责任和使命。

1.1.4 我国城市增长边界设定的状况分析

1. 城市增长边界设定的复杂性

城市增长边界需要综合当地的经济发展现状、区域生态格局以及重要的自然资源状况，并在深入分析的基础上参照未来的发展目标来联合设定。从研究方向上来说，至少涉及五个研究方向：城市和区域人口规模预测；城市生态承载力评估；城市经济发展速度和阶段规模预测；城市发生各种灾害的评估和地理信息系统（GIS）技术研究（段德罡，2009）。这种复杂性体现在许多方面，韦亚平（2011）认为我国的空间增长过程是多层次、多极点并行重叠的过程，在空间引擎的组合动力下推动了持续的高速增长，但在社会发展与环境保护方面的空间内耗日渐巨大。作为一种严格控制城市蔓延并引导合理增长的规划途径，城市增长边界在我国的编制存在着一定的复杂性（吴次芳，2009；段德罡，2009）。主要表现在：

(1) 地域差异的复杂性；

(2) 政策因素的复杂性；

(3) 规划体制的复杂局面；

(4) 城乡规划调整频繁带来的不确定性。

2. 城市增长边界设定的难点

(1) 城市增长边界设定的理论框架。

如何兼顾经济、社会、生态指标的完整性和弹性？如何实现资源约束与经济发展需求的平衡，即如何同时满足国家经济高速发展和城市空间快速增长需求？

(2) 如何合理预测一定时间尺度上的城市空间增长总量？

(3) 如何合理预测一定时间尺度上的城市增长空间分布？

3. 我国城市增长边界设定技术途径分析

1) 传统城市规划途径

诸多学者表达了对传统规划模式"规模预测—框定指标—空间布局"的质疑（王如松，2008；俞孔坚，2006，2007；罗震东和张京祥，2007）。当前城市规划编制中常用人口预测和建设用地标准估算建设用地规模相结合的规划方法，而实践证明这种方法所带来的各种弊端逐渐显现出来（胡细银和廖永，1998；翟宝辉等，2008）。传统城市建设用地边界线的确定是城市总体规划中城市建设用地范围的确定，其所采取的方式是通过对城市人口的预测，结合城市人均建设用地指标的完成对城市用地范围的设定，在 20 年期限的发展规模上再加上 25% 的上浮率得出最终城市用地边界。翟宝辉等（2008）认为这种方法仅注重各个孤立的环境要素和物理结构形态，仅注重建成区人工环境和构筑物的社会功能，仅重视经济限制因子，而对于环境要素间的自然耦合关系、自然资源的生态服务功能和生态限制因子过于忽视。预测失误将导致扩张的无序和失控，现实也以城市发展屡屡突破规划规模来证明这种规划方法的失效。此外，也有些地方政府过高估计城市规模而将建成区边界设定过宽，在一定程度上成了变相鼓励粗放式蔓延模式的法律保护伞。实证研究表明，1983~1993 年和 1993~2005 年两个阶段的北京六环内建设用地边界外的实际城镇建设用地增量高于建设用地边界内的增量（Han Dang，2008）；广州与上海的城市规划方案的实施评价也表明规划城镇建设用地边界之外存在大量城市空间增量（田莉等，2008；徐毅松等，2009）。

2）相似概念替代的途径

国内学者对于城市扩张的环境约束机制和外部刚性约束机制早有关注，但基于对城市增长边界的不同理解，出现了以相似概念替代城市增长边界的做法，如禁限建区界线、非建设用地界线等方法。虽然禁限建区界线及非建设用地界线在一定程度上对城市空间增长管理起到积极的作用，但是它们不能完全承担城市增长边界的功能。本书在研究概念的界定中讨论了这几个相似概念的区别和联系。

3）"逆向思维"的途径

吴良镛（2002）认为规划的要意，不仅在规划建造的部分，更要千方百计保护好留空的非建设用地。俞孔坚（2003）在中国快速城市化进程和城市无序扩张背景下提出了"反规划"的概念，本质上是一种强调通过优先进行不建设区域的控制来进行城市空间规划的方法论，是城市规划中逆向思维途径的代表。李博（2008）、鲍海军等（2009）、朱查松等（2010）、罗震东等（2007）学者也提出了以生态优先理念规划非建设用地设定城市增长边界的思路。总的来说，"逆向思维"途径是把城市建设用地和城市非建设用地图底关系反转过来,从强化城市非建设用地管理的角度达到管理城市土地的目的。即通过对非城市建设用地的划分与强制性控制,合理控制规划期内的土地开发总量与质量,并建立区域生态基础设施,严格加以限制和保护。这样便可避免规划师的被动"找地"局面,实现真正的内部挖潜,遏制蔓延(王如松,2008)。从泛方法论的角度来说,本书的研究也属于基于逆向思维的规划途径的探讨和应用。

4)与绿色基础设施评价(Green Infrastructure Assessment,GIA)相结合的技术途径

绿色基础设施评价体系侧重于依托遥感技术(RS)、GIS等空间技术方法,是一种能够快速识别、评估资源生态特征的规划工具,在平衡土地开发与保护、自然资源保护和生物多样性保护等领域广泛应用。GI(Green Infrastructure,绿色基础设施)作为城市建设用地扩展的潜在供给区域,应该成为城市空间增长管理的重点研究区域,但是目前鲜有将二者综合考虑的研究。作者认为,充分考量城市空间增长的供给因素,加强资源供给因素的约束作用是城市增长边界设定的关键所在;从某种意义上说,城市建设用地与GI在一定时空范围内存在共轭关系,将二者相结合可摒弃寻求单目标利益最优化的片面思路,利于探索多目标利用合集下的最优化途径。城市增长边界设定与GI相结合的技术途径是本书的创新之处,体现了作者对目前我国特定城市化进程下城市空间增长的现实矛盾的深入思考和积极寻求应对策略的思路。

总的来说,为了实现"十二五"期间提出的"经济发展与人口、经济和环境相适应"的总体目标,面临着严峻挑战中国的城市空间增长管理还有很长的一段路要走。但挑战与机遇往往是并存的,城市增长边界在当前政策环境和行业探索方面的机遇面前,在缓解中国城市化进程中经济需求与资源保护之间的矛盾方面显示出巨大的应用空间,但前提是必须突破传统城市规划方法。城市增长边界设定与GI相融合的技术途径是本书提出的积极应对策略。

1.2 研究意义

1.2.1 理论意义

本文选择基于 GIA 设定城市增长边界的模型为研究对象，旨在建立一个土地资源供给约束条件下的资源保护与土地开发的协调框架，并在土地利用与土地特性之间建立密切的关联及耦合关系。摒弃了当前过于注重从需求的角度来预测空间的需求的研究方向，将土地资源的稀缺性作为最重要的约束条件，基于现状问题分析及资源特性，探索土地利用与土地特性之间的时空关联，将城市空间扩张控制在最适宜发展的区域，是城市增长边界设定最重要的指导原则。其中，将城市空间扩张控制在潜在土地供给区域内，体现了土地资源这一重要空间条件的约束性，并将资源保护的传统被动适应方式转变为积极主动防御的方式，为我国城市可持续发展提供新的理念支撑。其理论意义主要体现为：

1. 通过确立城市增长边界设定与 GIA 相融合的技术途径丰富"逆向思维"的研究体系

我国城镇化的特殊性要求城市增长管理政策工具能够协调资源保护与城市发展的关系，并将社会经济发展需求为主导的城市空间增长管理模式改变为以资源供给和约束为主导的空间增长管理模式，从"逆向思维"的视角强化有限的土地资源对城市空间扩张的约束作用。通过城市增长边界设定与 GIA 相融合的技术途径的确立，一方面拓展了 GIA 成果的应用与转化，另一方面推动了适应我国城市化进程的城市增长边界技术方法体系的研究。其次，从景观生态和城市规划的复合视角研究空间增长管理，扩大研究视角，将景观生态学的新技术和新方法应用于城市规划领域，从城市增长边界管理的需求出发，建立一套服务于区域空间规划、城市空间规划和管理的理论方法体系，也将弥补我国对城市增长边界与 GIA 融合研究的不足。

2. 通过探讨长三角地区增长管理的区域协作模式推动平原水网地域特征的相关研究

在空间资源强烈约束的背景下，长三角平原水网区域的社会经济发展呈现的整体集聚特征和协同特征在空间结构上也逐步显现为空间一体化特征。区域内各城市自然地理条件相近，生态结构与功能特征相似，加上长江、太湖、东海以及密密麻麻的水网，把长三角各城市的生态结构纳入一个有机的整体，形成"唇齿相依"的结构关系。而水网密布使区域环境污染的"外部性"特征显著，再加上区域各城市社会经济发展水平的相似性，决定了长三角区域环境问题呈现出强烈的系统整体性和关联性。本书选择土地资源约束强烈的长三角，且通过系统研究以选择性地放大生态正效应和减弱生态负效应，城市增长边界研究更具平原水网的地域特征。

1.2.2 应用价值

1. 缓解土地资源的强烈约束与快速经济发展之间的现实矛盾

长三角地区的土地资源极其匮乏，"人均资源指数"水平很低，农业用地流转利用和滩涂围垦是为满足城市空间扩展需要而获取土地资源的主要方式。土地资源的强烈约束与快速经济发展之间的现实矛盾十分尖锐。本书将城市快速扩张限定在既定土地资源管理目标的约束下，变传统被动防御式的土地资源保护方式为主动控制的方式，协调自然资源保护与城市空间优化与扩展，兼顾城市建设用地与非建设用地的潜在用地需求和土地价值，从而达到平衡快速经济发展与资源保护的目标。

2. 为城市规划行业设定城市增长边界的规划途径提供参考

面对当前的城市空间增长管理的旺盛需求，城市规划行业急需制定针对性行业标准和规范途径，本书所需源数据类型易得，规划途径和技术方法专业技术程度较高，但结果简洁清晰易于理解，通过各类城市的适宜性研究后可在行业内推广，因此可作为城市增长边界设定规划途径的重要参考。

3. 为政府制定城市空间增长管理相关政策提供依据

政府作为城市空间增长管理的决策者来说，政策的导向及具体细则、适用对象等对于政策的合理性、适宜性和绩效等方面都会产生重要影响。空间管理政策执行的复杂性及有效、理性工具的缺失与当前严峻的现实、紧迫的管理目标极不相称，且由于应用性社会科学领域日益介入政府政策和管理实践，政策执行对于工具方面的知识需求不断增长。本书可为政府提供有效性、普遍适用性的政策工具，并可通过调整模型输入参数评估城市增长政策，对于推进城乡空间增长管理具有一定的意义。

4. 杭州市案例的示范作用

杭州市的案例示范作用显著，土地资源的强烈约束与城市增长的快速需求之间的矛盾十分突出，因此以杭州市城市增长边界研究来验证本书技术方法的可行性更具说服力，杭州的城市空间增长管理经验对于长三角区域具有针对性的研究意义，对于长三角区域乃至全国的城市可持续发展具有一定的参考价值。

1.3 研究概念的界定

1.3.1 城市增长边界的概念

城市增长边界的概念最早是由美国的塞勒姆市提出的，原意是城市土地与农村土地的分界线。其思想来源是19世纪末霍华德的"田园城市"理论，即通过设置环城绿带来限制城市的发展。20世纪80年代兴起的"新城市主义"与"精明增长"理念始终将城市增长边界置于一个核心位置（沈清基，2001；马强和徐循初，2004；诸大建等，2006）。"新城市主义"主张：限制城市增长边界，建设紧凑型城市；传承传统，复兴传统开发优势；以人为本，建设充满人情味的新社区；尊重自然，回归自然；提高公众对城市规划的参与性;提倡健康的生活方式;回归传统习惯性的邻里关系;实现社会平等和公共福利的提高。此外,以精明增长为代表的现代化空间理论要求明确地理规模、人口规模、经济规模和生态环境的边界。一些政策的出台则成为城市增长边界设定的现实基础,例如美国的区划政策、税收政策和土地利用政策等。

对于城市增长边界的概念,新城市主义强调保护城市的自然特征,认为"大都市区域是具有地理界限的有限空间。这些地理界限的来源是地形、分水岭、海岸线、农田、区域公园和江河流域……发展不应使大都市的边界变得模糊或消失"(Duany A.Plater, 1998);Cathorpe 等(2001)认为划出"城市增长边界"就是鉴别区域中在哪里发展、哪里不能发展及如何合理地发展;有的学者从公共管理角度理解为"被政府所采用并在地图上标示,以区分城市化地区与周边生态开敞空间的重要界限"。还有学者从城乡关系角度认为城市增长边界就是城市土地和农村土地的分界线(林肯土地政策研究所,1993;Maria-Pia 和 Gennaio, 2009)。

国内对于城市增长边界的概念研究是在对国外理论研究的基础之上,张庭伟(1999)从对蔓延的控制方式上来界定城市增长边界,即通过划定允许城市发展的界限,划出若干"拟发展区"供开发公司发展,各种新开发区之间用永久性绿带隔离,以公共交通将它们连接,然后根据需要选择不同的开发密度,并赋予边界一定的灵活性,在必要的时候允许调整。冯科等(2008)认为城市增长边界只是对发展的过程和地点进行管理,是一种多目标的管理模式,通过把城市发展限制在一个明确定义的、地理上相连接的地域内——该地域的面积是根据最详尽的关于城市发展趋势的可得信息确定的,城市增长边界可在制止城市无计划延伸的同时满足城市发展的需要。黄慧明(2007)认为"城市增长边界是城市的空间扩展边界,边界之内是当前城市与满足城市未来增长需求而预留的土地"。段德罡等(2009)认为"城市增长边界是城市建设用地与非建设用地的分界线,是控制城市无序蔓延而产生的一种技术手段和政策措施,也是城市在某一时期进行空间拓展的边界线"。它既可以是有意识地保护城市所处区域内的自然资源和生态环境，作为控制城市发展的"刚性"边界；也可以是合理引导城市土地的开发与再开发，成为引导城市增长的"弹性"边界。张振龙等（2010）在研究城市限制政策类型时认为城市增长边界的限制作用介于城市服务边界和绿带之间，它是围绕现有城市建成区而设定的法律界线，所有增长都被限定在界线以内；界线之外是农田、林地和开敞地，仅限于发展农业和其他非城市用途。龙瀛等（2009）认为城市建设用地边界可视为狭义上的城市增长边界；吴次芳等（2009）认为中国目前的禁建区、限建区和城市建设用地边界与美国的城市增长边界从控制机制上看都是通过划定城市发展的控制线，依靠区域、开发许可证的控制和其他土地利用调控手段加以实施的，可统称为中国的城市增长边界。

在本书中，笔者认为城市增长边界兼具空间形态属性与公共政策属性。从空间形态属性上来说，城市增长边界应该是介于城市建设用地与非建设用地之间的一个带状区域，这个带状区域的宽度是由来自非建设用地的生态压力和来自建设用地的需求推力所共同决定的，在多数情形下这个带状区域有着相对显著的地形地貌特征，其宽度与城市增长边界的弹性成正比。从公共政策属性来说，城市增长边界是界定城市空间增长是否"合法"的基本准则之一，边界内建设是"合法"的，而在边界外建设则是"不合法"的。

从城市增长边界的概念界定延伸开来，城市增长边界具有保护自然资源和敏感区等非建设用地、控制与引导相结合、需要与区域协调及相应的法规和经济手段相结合的特征，是一种将开发方式和强度与空间特征建立一系列耦合对应关系的技术手段和公共政策，是对国家宏观层面节约、集约用地，促进经济社会发展与人口资源环境的协调等总体目标的积极回应，也是城市规划在缓解资源环境强烈约束方面的具体策略。

1.3.2 相似概念辨析

目前，基于对城市空间扩展约束机制的关注，国内学者们提出了诸如生态屏障、经济屏障的概念。但城市增长边界等同于绿带隔离或经济屏障吗？

答案显然是否定的。在应对城市蔓延和环境破坏问题时，我国学者从城市规划、土地规划和生态规划等不同角度提出许多限制城市扩张的途径，与城市增长边界相关的概念主要有：法定的城市禁限建区界限、城市四线、绿化隔离区、非建设用地界限、生态基础设施的划定。

1. 城市的"四线"与城市增长边界

城市规划中的"四线"是指绿线、紫线、黄线和蓝线。城市绿线，是指城市各类绿地范围的控制线（《城市绿线管理办法》，建设部令第112号）。城市绿地系统规划是城市总体规划的组成部分，应当确定城市绿化目标和布局，规定城市各类绿地的控制原则，按照规定标准确定绿化用地面积，分层次合理布局公共绿地，确定防护绿地、大型公共绿地等的绿线。城市紫线，是指国家历史文化名城内的历史文化街区和省、自治区、直辖市人民政府公布的历史文化街区的保护范围界线，以及历史文化街区外经县级以上人民政府公布保护的历史建筑的保护范围界线（《城市紫线管理办法》，建设部令第119号）。紫线管理是划定城市紫线和对城市紫线范围内的建设活动实施监督、管理。城市黄线，是指对城市发展全局有影响的、城市规划中确定的、必须控制的城市基础设施用地的控制界线（《城市黄线管理办法》，建设部令第144号）。城市黄线作为城市规划的强制性内容应当在制定城市总体规划和详细规划时划定。城市蓝线，是指城市规划确定的江、河、湖、库、渠和湿地等城市地表水体保护和控制的地域界线（《城市蓝线管理办法》，建设部令第145号）。在城市总体规划阶段，应当确定城市规划区范围内需要保护和控制的主要地表水体，划定城市蓝线，并明确城市蓝线保护和控制的要求。在控制性详细规划阶段，应当依据城市总体规划划定的城市蓝线，规定城市蓝线范围内的保护要求和控制指标，并附有明确的城市蓝线坐标和相应的界址地形图。

可见"四线"对于特定控制对象有很好的效能，但对于城市蔓延这一问题没有针对性。城市增长边界应当是这些必须受保护的区域边界线的整合，如国土、农业、林业、水利、文化、旅游等。两者都是对城市空间作出的限定性规定，但是两者控制的对象不同，所具有的法律地位也不同。

2. 禁（限）建区边界、城市建设用地边界与城市增长边界

我国法定规范中尚未正式定义城市禁（限）建区，仅在2005年的《城市规划基本术语》局部修订征求意见稿中提出：城市禁（限）建区是在总体规划中设定的禁止安排城镇开发项目的地区（禁建区）和不宜安排城镇开发项目的地区（限建区）。禁（限）建区边界是城市建设用地边界的细分，有着控制城市增长的法律地位；建设用地边界是城市规划行政主管部门核发建设用地规划许可证的主要依据。我国城市禁（限）建区的研究范围从小到大归为三类：①城市建设用地范围以外的城市规划区域及非城市建设用地的范畴（谢英挺，2005）；②包含非城市建设用地以及属于开放空间用地体系的基本载体（邢忠，2006）；③涵盖更广的范围，不仅包括非建设用地和开放空间，还涉及其他建设用地甚至现有建成区也纳入禁止或者限制建设的用地范围（李博，2008）。《城市规划编制办法》第31条规定，中心城区规划应当划定禁建区、限建区、适建区和已建区。但由于在划定时对"四区"内涵的理解差别较大，导致不同规划中对其具体内容的界定不一致，尤其是限建区向适建区的转化门槛太低（梁伟，2011）。由此可见，禁（限）建区边界和建设用地边界与城市增长边界有很多相似之处，都是通过划线制度辅以区划、开发许可等土地使用调控手段予以实施，因此有学者认为前两者就是广义上的城市增长边界。两者虽然在一定程度上是重合的，但城市增长边界尚需考虑到经济外部性、土地需求的时空尺度控制、环境保护等综合效应。

3. 城市绿带、城市增长边界、城市服务边界

城市增长边界是围绕现有城市建成区而设定的法律界线，所有增长都被限定在界线以内，界线之外是农田、林地和开敞地，仅限于发展农业和其他非城市用途。城市服务边界指城市提供的基础设施服务范围的边界，一般情况下它比城市增长边界更复杂。在很多大都市区，为了防止跳跃式开发，鼓励老城的改造，降低公共设施的成本，城市基础设施以一定的时间序列向城市外围扩展。实施城市服务边界的手段最常用两种："完善基础设施法案"

(APFO) 和 "层次体系结构"(Tier system)。"完善基础设施法案"规定：如果没有道路、供水、排水等城市基础设施，就禁止城市开发。"层次体系结构"通过基础设施容量、当前的开发水平、乡村资源脆弱性评价等来确定适合当前开发、未来开发和限制开发的区域。绿带一般被认为是城市建成区周围的绿色空间。这些空间一般是永久保存的，或至少是相对稳定的。在多数情况下，绿带是由公共或非营利组织购买公共开放空间或农田的开发权而形成的，它可能作为永久的开放空间或者景观绿地。绿带周围一般有围绕中心城市的卫星城，英国和韩国都实施强有力的绿带政策（张振龙和于淼，2010）。三者都是城市限制政策，城市增长边界和绿地是限制因素，城市服务边界兼有导向因素，限制严格程度从城市服务边界、城市增长边界到绿带依次递增。

1.3.3 其他相关概念

1. 绿色基础设施

绿色基础设施（GI）是本书中的一个重要概念，第3章有相当的篇幅详细阐述 GI 概念的起源、内涵解读及其构成等。绿色基础设施（GI）作为城市复合生态系统的有机组成部分，指那些自然特征显著的天然或得到恢复的生态空间所形成的绿色网络。相关研究表明，GI 强调空间网络结构的完整性和生态服务功能的综合性，是维护城市生态安全和地域历史文化特征的关键性空间格局，是生态导向的城市规划研究的一个重要方向（刘海龙等，2005；俞孔坚等，2007）。美国 "GI 工作小组" 给出的定义是："GI 是人类自然生活的支撑系统—— 一个由水系、湿地、林地、野生动植物栖息地和其他自然区域如绿道、公园和其他类型保护地，农场、牧草场和森林，未利用地及其他开放空间等构成的紧密连接的网络，可以支持地域物种、保持自然生态过程、保持空气和水资源的洁净，有益于美国社区和人民的健康和生活质量"。

在本书中，GI 是人类社会的自然支撑系统和维护城市生态安全和地域历史文化特征的关键性空间格局，强调空间网络结构的完整性和生态服务功能的综合性，在这一点上与大多数学者观点一致。但由于本书的研究对象是城市空间的外延式增长控制和增长边界，故文中的模型及案例中重点研究城市建设用地之外的 GI 及建设用地内大型的 GI（面积至少 100hm^2），相对于城市规划中的建设用地与非建设用地的性质界定，GI 更侧重资源空间的自然特征及综合生态服务。

实际应用中 GI 常与类似概念相混淆，如绿地系统、绿色空间及非建设用地等，下面就几组相似概念进行辨析。

1) GI 与绿地系统

城市绿地系统是城市中各种性质、各种类型的自然植被和人工植被覆盖地所构成的系统，是现代城市中重要的物质系统之一。景观学界提出"GI"这一概念的初衷之一就是针对大多数人的孤岛状绿地模式的想法而进行的一种理念上的推进和强化。我国已有的城市绿地分类尚未体现宏观景观的关联性与统筹协调发展。林业发展与城市绿地的概念与范畴独立发展，或是过于强调市域农、林用地的生态功能分类，或是强调城市建成区绿地的景观游憩等功能分类。区域绿地与城市绿地各自归入城市林业与城市园林体系。现行的城市绿地分类标准局限于城市建成区层面，未能体现城市和市郊边缘带、市域多层面的绿地系统组成要素的结构与功能（姜允芳等，2007）。所以，一般所指的绿地系统仅指城市绿地系统。而相比之下 GI 的研究不仅包括城市绿地的体系，更包括了生态服务功能的自然服务体系，如大尺度山水格局、自然保护地、林业、农业、城市公园和绿地、城市水系和滨水区以及历史文化遗产保护系统（俞孔坚，2004，2007）。

2) GI 与绿色空间

GI 与绿色空间有着紧密的联系，一脉相承，然而两者的意义和应用却差异很大。Sandstrom 认为，绿色空间这一概念并不意味着要表现其维持生物多样性并提供城市居民基本服务的功能，也不意味着为了保持和提高这些功能就有进行整体规划和管理的需要，它只表征一种存在的状态（Sandstrom

U. 等，2006）；它可以是一个网络，但也可能只是一个能够自我更新和维护的孤立的公园、娱乐场所或自然区等（Mark A.Benedict，2002）；更多时候强调人们能在绿色空间中得到精神上的享受和放松；而 GI 强调城市及其周边区域绿色空间的质量和数量以及它们之间的相互联系和能够为人们提供的经济与生态效益；同时基础设施与物质设施设备的内涵相联系，如道路、排水系统、电信和电力（灰色基础设施）等，是城乡支撑系统的一部分，对它们的恰当规划和管理对于其功能的发挥至关重要。

3）GI 与非建设用地

非建设用地没有统一的定义，笼统地认为是在城市规划区范围内不用于集中城市建设的用地。城市建设用地在我国《城市用地分类与规划建设用地标准》（GBJ 137—1990）中有明确规定，但城市建设用地以外的区域是否可以用于城市建设，则少有相对清楚的表达和提出明确的控制要求（罗震东和张京祥，2007）。在发展上城市建设用地以外的区域始终处于一种相对城镇扩张而"此消彼长"的变化状态（谢英挺，2005）。非建设用地的规划也体现了对环境生态资源的重视。虽然在空间分布和土地利用/覆被类型上二者存在很大部分的叠合，但非建设用地强调的是用地的不可建设性，是有法定地位的用地，强调其在建设时序上是需永远保留的不应建设用地；而 GI 在建设许可上是没有"合法"和"非法"的概念的，在建设时序上也没有相应的保障（罗震东和张京祥，2007）。

4）GI 与 EI

生态基础设施（Ecological Infrastructure, EI）一词最早见于联合国教科文组织的"人与生物圈计划"（MAB），MAB 提出了生态城市规划的五项原则，包括生态保护战略、生态基础设施、居民生活标准、文化历史的保护及将自然引入城市，奠定了后来生态城市理论发展的基础。GI 与生态基础设施所倡导的生态系统服务和对城市的持久支撑等思想是完全一致的。

2.GIA 体系

GIA 最早在马里兰绿图计划中应用（李咏华，王竹，2010），其技术体系包括 GI 空间网络要素辨识、GI 网络构建及 GI 多层面的评价排序等,其评价结果可用于重点或脆弱区域保护、生态缺口恢复等方面。本书中应用的 GIA 体系是以马里兰绿图计划中的 GIA 模型为原型,依据中国城市化特定阶段的特点、案例城市的地域特征及城市发展特征及多源数据的可得性等,对原模型进行适宜性分析,并根据城市增长边界这个目标导向而进行指标体系、技术环节等优化而得。

3. CA(Cellular Automata,元胞自动机)模型

CA 模型是在 20 世纪 40 年代由 Ulam 首先提出的,是定义在一个由具有离散、有限状态的元胞组成的元胞空间上,并按照一定的局部规则,在离散的时间维上演化的动力学系统。一个 CA 系统通常包括了四个要素:元胞、状态、邻近范围和转换规则(黎夏和叶嘉安,1999)。元胞自动机的原理就是每个元胞根据邻居的状态和自己的状态,按照规定的状态转移规则进行状态转移或保持原有状态不变,而这一状态改变又影响了其他元胞的邻居环境,因此这实际上是众多个体在空间上相互作用并各自发生变化,并最终表现出一定的宏观突现性特征。常规的 CA 模型主要依据邻近范围的状态来决定中心单元状态的转换。

1.4 研究体系的设计

1.4.1 研究内容

本书从当前城市空间增长的严峻性、城市空间增长管理的必要性出发,结合国内外城市增长边界的相关理论与实践,认为城市增长边界设定的技术途径存在误区,有必要对其设定的理论框架和模型进行改进创新。由此建立了城市增长边界设定和 GIA 技术方法体系的融合发展框架作为城市增长边界设定的理论框架,并建构了基于 GIA 设定城市增长边界的模型。最后以杭州

市为例对模型进行了验证。重点研究内容如下。

1. 城市增长边界相关研究进展和述评

重点梳理国内外研究中对于城市增长边界概念的探讨、动力机制和绩效评价、设定城市增长边界的技术方法体系对比等内容，并就城市增长边界在中国城市化特征下的适应性进行探讨。通过对国外现有研究方法和成功经验的总结和借鉴，结合国内的研究状况，指出现行城市增长边界设定技术方法的优势和不足之处。

2. GIA 体系及其应用

从 GI 概念的提出与发展入手，结合国际优秀案例，对当前的 GIA 方法体系及其应用状况进行分析，在总结 GIA 方法体系及应用特征的基础上，认为应该加强对 GIA 的完善和应用。

3. 城市增长边界设定与 GIA 技术方法的交叉融合

GIA 研究主要以保护为主线展开，城市增长边界主要以发展为主线而展开，二者保持平行的研究模式。在现实空间管理中，二者的平行模式带来的是空间利用模式的冲突及空间政策的矛盾。本文创新性地构建 GIA 与城市增长边界设定的"交叉框架"研究模式，以城市发展潜在土地供给区域作为城市空间扩张的约束空间，从而有效地限制并引导了城市发展区域的同时实现了对 GI 资源的保护和城市生态安全的基本保障。

4. 基于 GIA 设定城市增长边界的模型建构

在城市增长边界设定与 GIA 技术方法的"交叉框架"的理论指导下，本书建构了基于 GIA 设定城市增长边界的技术模型，通过完善城市增长边界设定的关键技术，尤其是将 GIA 的结果作为 CA 的生态约束条件，弥补了当前城市增长边界模型的不足。分别从时间尺度上诊断问题、空间尺度上管理资源、时空尺度整合的模拟和推演三个方面将模型分为三个模块，并设定了相关验证环节。

5. 实证研究

杭州市土地资源强烈约束与城市增长快速需求之间的矛盾十分突出，是本书宏观研究背景下的典型案例，因此以杭州市为案例城市研究来验证本书技术方法的可行性更具说服力，示范作用显著，其城市空间增长管理经验对于长三角区域具有针对性的研究意义，对于长三角区域乃至全国的城市可持续发展都具有深远的意义和重要的研究价值。

6. 主要结论及展望

对研究结论进行系统总结，展开讨论，并提出研究展望。

1.4.2 研究方法

1. 文献综述、对比与案例分析相结合

参照国际优秀案例文献和资料，通过综述和对比，结合专家访谈合理选择案例地区进行分析对照，对 GIA 体系进行中国城市化特征下的适宜性研究。

2. 概念分析和定量分析相补充

基于理论概念分析，充分考虑经验数据获取的难易性，修正 GI 空间要素辨识与评价排序模块的影响因子及参数，并结合约束性 CA 的概念将 GI 排序所得的结果嵌入 CA 模块中作为生态约束条件，从而完善 GIA—CA 空间模拟模块的构建。

3. 数据分析和空间模拟相结合

充分利用 GIS 平台空间分析技术的空间数据处理能力、空间分析能力和直观可视化的分析结果输出能力，以及 Erdas、ArcGIS 和 Fragstatus 等多个软件的结合，在多时相遥感空间数据和其他多源数据的基础上，通过土地转移矩阵及景观格局指数分析在时间尺度上分析问题，通过 GIA 分析及 GIA—CA 空间增长模拟在空间尺度上寻求解决之道。

4. 多种技术方法的综合运用

政策德尔斐法（Delphi）：通过德尔斐专家组反复、互动的过程，为 GIA 中的指标体系架构提供参考。

图形模拟法：运用 GIS 等工具，将空间结构组织的分析数据转换为矢量图形格式，并进行综合模拟，形成直观的系统模型。

情景规划法（Scenario Planning）：基于 GIA—CA 的空间模拟结果，通过对未来不确定性的多情景描述，提炼出不同生态安全水平城市增长边界的相关策略组合。

1.4.3 技术路线（图 1-1）

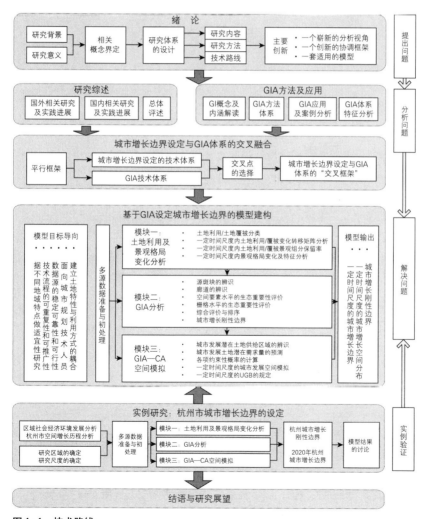

图 1-1 技术路线
（资料来源：作者自绘）

1.4.4 本书的主要创新之处

1. 一个崭新的分析视角

本书首次清晰地提出从 GIA 角度来研究城市增长边界的设定方法，基于城市发展需求与土地资源约束的矛盾现实，跳出对城市空间需求动力因素的关注，提出统筹城市空间增长的需求动力与供给约束因素，充分发挥 GIA 的生态约束优先作用。无论是对于城市增长边界的研究还是 GIA 的研究，都具有增量性的贡献。

2. 一个创新的协调框架

基于应对目前城市增长边界设定与 GIA 相冲突甚至背离的现实问题，尝试通过资源特性与土地利用方式的关联这一基本准则，建构了城市增长边界的设定与 GIA "交叉框架"，凸显了"城市发展潜在土地供给"这一研究对象的特征，为城市增长边界设定的关键技术及相关 GI 资源管理等提供理论框架和研究基础。

3. 一套适用的模型

基于 GIA 设定城市增长边界的模型是基于长三角地区的城市化特色而建构的，充分考虑到因子获取的难易性。通过整合从时间尺度上诊断城市增长过程中的问题、空间尺度上管理 GI 资源、时空尺度上的城市空间增长模拟和推演三个模块，建构了适用于长三角地域特征的模型，弥补了静态结构分析的不足，完善了动态空间模拟的前设约束条件，提高了相关规划决策的科学性。

1.5 小结

快速城镇化是当前城市发展的关键词，城市蔓延作为其在空间上的直接表征，其在经济、环境保护和社会公正等方面的弊端和后果成为我国城市发展普遍存在的瓶颈。我国城市空间发展的驱动因素主要来自经济规模发展和结构调整、集约增长和环境友好型社会建设等国家层面战略的转型两个方面，这两方面对于空间增长的规模总量和空间分布提出了全面系统的要求，但当前包括城市增长边界等在内的空间增长管理的规划途径和规范、技术方法体系和政策工具方面的研究远远不足以应对如此严峻的挑战，在当前城市一再突破规划预测规模的现实面前显得无能为力。

  城市空间过度扩展的严峻性、土地资源供给的稀缺性带来的挑战、宏观政策层面对城市空间增长管理的要求、城市规划行业对城市增长边界规划途径的技术需求，来自以上方面的挑战和压力是当前城市增长边界规划途径探索的研究背景，可见选择城市增长边界为研究对象具有很强的现实意义。本选题针对当前城市增长边界研究中过于注重从需求的角度来看人口规模、经济发展对空间的需求，而对于空间供给的约束条件认识和重视不足的研究现状，将土地资源的稀缺性作为最重要的约束条件，基于现状问题分析及资源特性，探索土地利用与土地特性之间的时空关联，将城市空间扩张控制在最适宜发展的区域，是城市增长边界设定最重要的指导原则。其中，将城市空间扩张控制在潜在土地供给区域内，体现了土地资源这一重要空间条件的约束性，并将资源保护的传统被动适应方式转变为积极主动防御的方式，为我国城市可持续发展提供新的理念支撑。

  本章从以上研究背景出发，针对当前中国城市空间快速无序扩展所面临的困境及在宏观、中观层面面临的严峻挑战，提出基于 GIA 设定城市增长边界技术途径的理论意义和应用价值。由此，对相关研究内容、方法及核心技术问题等展开阐述，并构建了本文的技术路线，最后提出本书的三点特色与创新之处。

第2章 城市增长边界的国内外相关研究与实践进展

城市是一个典型的开放复杂巨系统（Tang H.Y., 2004），具有空间性、动态性、自组织性、非平衡性和分形特征。城市空间发展变化受到自然、社会、经济、政治、文化等多种因素的影响和制约，确定合理的城市形态和空间增长边界是城市规划和建设的重要内容。基于 GIA 设定城市增长边界的研究是一个综合性、复杂性、实践性程度均较高的跨学科性难题。只有在全面了解国内外相关基本理论知识和最新研究进展的基础上，才能为进一步研究奠定理论与实践基础。

2.1 国外相关研究及实践进展

2.1.1 城市空间增长与城市空间增长管理概况

1. 城市空间增长的国际态势

纵观全球，城市空间蔓延的现象已经成为一个世界性的普遍现象（Antrop, 1998；Hammer R.B. 等, 2004；Saizen I., 2006）。20 世纪 80 年代，城市蔓延（urban sprawl）以低容积率和连绵成片开发为特点的城市空间形态的出现，引发了国内外学者对城市形态分散式发展的忧虑。

1982～1997 年美国人口增长与城市化区域的增长　　表 2-1

美国区域	人口规模的增长	城市化区域的增长
中西部	7.06%	32.23%
东北部	6.91%	39.10%

续表

美国区域	人口规模的增长	城市化区域的增长
南部	22.23%	59.61%
西部	32.21%	48.94%
整个美国	17.02%	47.14%

（资料来源：William，2001）

以美国为例，第二次世界大战后，美国经济增长需求和消费需求强劲，在联邦住房抵押贷款法案和汽车等便利交通工具普及的刺激与带动下，人们购房置业的选择范围越来越大，从而越来越多的人迁往郊区，城市的郊区发展十分迅速，而中心区却持续衰落（张庭伟，2010）。从表2-1中可以看出，美国人口规模的增长远远低于城市化区域的增长，后者是前者增长速度的2.8倍。

有关城市蔓延并未有一个公认的定义，不同学科领域的研究者界定城市蔓延的角度也不尽相同。一般来说，城市蔓延指代的是低密度的、蛙跳式的、带状式的和不连续的城市形态（Ewing R.，1997；Galster G. 等，2001）。尽管在西方学术界、政策制定者和大众各个群体对城市蔓延的所持评价褒贬不一，但其弊端却显而易见，不仅导致土地资源的浪费、基础设施成本的增加、城市土地的低效率利用和城市中心区的衰败等经济社会问题，还带来一系列环境问题如空气和水环境的恶化、农地和开敞空间的丧失、居民生活质量的普遍下降及汽车行程的增加和拥挤程度等（Chris C. 等，2006；Ewing R.，1994）。

但是，城市蔓延并不是城市空间增长的全部内容，世界各国城市空间增长都普遍存在由外延扩张向外延扩张与内涵发展相结合的双向增长的转变。

2. 城市空间增长的管理概况

虽然对城市的空间管理在城市产生之时便已有之，只不过由于古代城市发展缓慢，规模较小，需解决的空间问题并不尖锐与突出，城市空间管理很少进入学术研究的视野。但现今随着城市的迅猛发展，空间及人口规模急剧膨胀，功能愈趋复杂，空间管理越来越迫切（陈锦富等，2009）。针对城市蔓延及空间过度扩张引发的一系列问题，西方国家政府采取"增长管理"（Growth Management）的相关措施加以调控。城市增长管理可定义为"有意识地综合运用城市规划和法规，以及州政府、地方政府的财政权力来影响都市增长与发展，以达成预定目标"（Arthur C.等，2002）。

增长管理的实质在于为保证协调与平衡的发展，政府通过一定的手段和措施，对城市的增长种类、发展速度、发展时序和发展总量实施有效的组织、协调、引导和控制。该理论的核心就是要把握开发的地点、程度和时机。通过增长管理，诱导和控制空间增长点，合理调控整体空间布局，实现区域的可持续发展。同时，在城市间激烈竞争的背景下，如何协调经济发展和生活环境、自然环境保护之间的平衡，如何采取相应策略引导城市进入良性循环、持续健康的增长期是当前最大的课题。"增长管理"作为一种新的尝试性管理模式，被提出并运用于美国许多城市的建设发展管理中（张庭伟，2010；吴次芳，2009）。

3. 城市空间增长管理的政策工具

城市空间增长管理是为了实现城市空间发展目标而进行的过程调控与引导，必然需要创设各种政策工具。无论是在地方、区域还是州的层面，增长管理的目标都是通过一系列的法律与政策措施来实现的，即被称为"一套政府机关行使其权力，以试图支持、影响或阻止社会变革的技术"的政策工具（Vidin，1998）。各地结合自身的情况普遍进行增长管理的创新和实验，以至于新的管理工具层出不穷，经研究者总结定义的单项工具已达57项之多，包括各种特殊类型的管理法规、计划、税收政策、行政手段、审查程序等，不少专家分别从不同的角度对其进行了归类，如E.Fonder将其分为抑制（引导）增长类政策和保护土地类政策（表2-2），而Bengston等人（2004）将其分为土地的公共征收、法规程序和激励政策三大类。

E.Fonder 归纳的部分工具　　　　　　　　　表 2-2

抑制（引导）增长类	保护土地类
城市增长边界/绿带	购买开发权
扩界限制	开发权转移
开发影响费	社区土地信托
足量公共设施要求	公共土地银行
公交导向型开发	预留开敞空间
社区影响报告	土地保护税收激励机制
环境影响报告	农田专区
调整分区控制指标	—
设定增长标准	—
增长率限制	—
设定城市最终规模	—
暂停开发	—
投机开发限制	—
住房消费	—
税收激励机制	—

（资料来源：张进，2002）

韩昊英（2008）对日本 1968 年《城市规划法》的划线制度及其实施成效进行引介，指出在日本 1968 年《城市规划法》的全面修订中，最重要、最引人注目的一项内容就是对城市化促进地区和城市化控制地区的划分，即"划线制度"，其设立是针对规划法修订之前日本城市的无序发展。它首次将城市规划范围内的用地划分为与政策引导截然相反的两类地区，直接涉及土地利用中最深层次、最敏感的利益分配问题。在法律制定过程中，由于来自各方面的压力，《城市规划法》的划线制度内容进行了若干修改，城市地区由原来计划分为的"既成市街地"、"市街化地域"、"市街化调整地域"、"保存地域"四类用地改为"市街化区域"、"市街化调整区域"两类，这一调整使得"优先开发"和"严格保护"两项用地控制内容被淡化，对开放空间的保护很难实现，政治权衡的结果导致制度制定过程中的妥协和漏洞。

2.1.2 城市增长边界的概念内涵解读

1. 概念的提出与发展

城市增长边界的概念最早是由美国的塞勒姆市（Salem）在1976年提出的。该市与Marion和Polk两县因对于塞勒姆市发展进行管理的问题发生冲突，这次斗争产生了如图2-1所示的美国第一条城市增长边界（Gerrit和Knaap，1993；林肯土地政策研究所，2003；Arthur C.Nelson，1996）。此后，城市增长边界也在各个地方得到了推广和实施，特别

图2-1　1976年塞勒姆地区的城市增长边界
（资料来源：林肯土地政策研究所，2003）

是在美国,城市增长边界得到了较广泛的应用,其主要发展历程如表2-3所示。到1999年全美超过100个城市和乡村采取了城市增长边界，三个州（俄勒冈州、田纳西州和华盛顿州）已经通过全州范围内针对城市增长边界的法令（Staley S.R.等，1999）。而最著名的城市增长边界位于美国俄勒冈州波特兰大都市区。

美国城市增长边界发展的重要历程　　　　　　　表2-3

时间	城市	事件
1973年	俄勒冈州	俄勒冈州土地利用法案确立，设定第一条城市增长边界
1977年	波特兰	提出建立城市增长边界（1980年州政府通过）
1990年	华盛顿州	华盛顿州增长管理法案确立
1995年	克拉克县，WA	引进城市增长边界

（资料来源：Bae，2001）

关于城市增长边界概念于本书中的界定已在绪论中展开讨论，在此就不赘述。

2. 城市增长边界的运行机理

从某种意义上说，划出城市增长边界的目的在于鉴别区域中在哪里发展、哪里不能发展及如何合理地发展（Cathorpe and Fulton，2001），是精明增长与精明保护（smart growth and smart conservation）策略的具体体现（Benfield，等，2001）。张庭伟（1999）认为城市增长边界对于蔓延的控制则是通过设定允许城市发展的界限，划出若干"拟发展区"供开发公司发展，各种新开发区之间用永久性绿带隔离，并以公共交通将它们连接，然后根据需要选择不同的开发密度，并赋予边界一定的灵活性，在必要的时候可允许调整。城市增长边界管理模式的基本功能就是协调（co-ordination），即对一些超越地方范畴的问题进行区域性协调并提出解决措施。它与1970年代早期为控制发展而采取的管理措施（如：密集分区、暂停发展、控制人口）不同，城市增长边界不是限制发展，只是对发展的过程和地点进行管理，是一种多目标的管理模式。通过把城市发展限制在一个明确定义的、地理上相连接的地域内，该地域的面积是根据最详尽的关于城市发展趋势的可得信息确定的，城市增长边界可以在制止城市无计划延伸的同时满足城市发展的需要。

学者从经济学角度认为其运行机理是通过影响土地利用和土地分配，从而影响土地价值（Whitelaw W.E.，1980；Knaap G.J.，1985；Nelson A.C.，1985），分别从土地供应角度、开发时间以及地理位置这三个维度对城市增长边界的限制作用进行了详细的论证分析。Whitelaw认为城市增长边界对城市土地供应是以一种潜在的约束。Knaap认为城市增长边界仅仅是通过指出预期的区划改变日期来影响土地价值。Nelson认为，住在城市增长边界附近的城市居民可以享受乡村的美景、拥有开阔的视野等，但城市增长边界附近的农村居民则要承受环境污染、道路拥挤等危害。这些地理位置方面的特点将被资本化，从而影响土地的价值。

2.1.3 城市增长边界绩效评价

国外应用城市增长边界作为增长管理政策工具已经有 30 多年，对其绩效一直是研究的重点，经常被争论其是否是一种有效的保护大城市周边开敞空间的方法和确保土地利用效率的工具（陈锦富等，2009）。

基于现实的城市增长边界的绩效有很多不同的评价方法：①研究分析土地的开发（Kasnko M. 等，2006；Wassmer R.W.，2006）、建筑的数量（Weitz J. 和 Moore T.，1998）、建筑密度（Tang B. 等，2007；Nelson A.C. 和 Moore T.，1993）；②比较两个实施和未实施城市增长边界管理的地区（Von Haaren，Nadin；2007）；③系统地比较城市增长边界内外区域的各方面特征（Maria-Pia 等，2009）。

通过模拟研究（Jun M.，2004；Wassmer，2006）和过程的分析（Weitz 和 Moore，1998；Carruthers，2002；Couch 和 Karecha，2006；Koomen E.，2006），发现建成区发展的一些共同发展趋势：①由于城市增长边界的作用大部分的城市蔓延和新的住宅区建设都是在边界线范围内的（Cox W.，2001；Couch C.Karecha，2006）；②在城市增长边界的作用区，建筑密度提高了（Hammer 等，2004；Brown 等，2005；Maria-Pia 和 Gennaio，2009）；③在城市增长边界外的区域，只得到了较低的开发（Weber，Puissant，2003；Tang 等，2007），农业用地的保护和便捷交通的提供方面得到加强（Nelson，1999）。但是大多数的研究也发现城市增长边界只是减缓了城市建成区的扩张蔓延但没有真正地阻止这种蔓延（Weitz，Moor，1998；Bengston D.N. 和 Youn Y.C.，2006）。有学者通过定量比较交通通行税和城市增长边界两者的绩效，发现交通通行税对抑制城市扩张起了更大的作用（Jan K.Brueckner，2007；Anas A. 和 Rhee H.J，2006）。

当然，城市增长边界的绩效研究不仅仅是在对城市空间蔓延的方面，学者们亦开始从经济的角度出发，研究城市增长边界对房价等的影响（Staley

和 Milder，1999；Jaeger 和 Plantinga，2007）。

2.1.4 设定城市增长边界的路径与方法

城市增长边界的设定在技术、体制和管理层面都存在着一定的复杂性。当前应用较多的还有基于传统的静态空间的研究方法和基于动态的空间增长的模拟研究。基于传统的静态空间的研究方法对于分析和模拟复杂城市巨系统的空间特征存在一定的局限性，很难模拟未来城市增长这一动态的时空格局和过程。

基于动态的空间增长模拟的手段相对多样化，正逐步成为研究城市空间动态及其环境影响的主要工具。应用较多的是自下而上的基于元胞自动机（cellular automata，CA）的空间模型。CA 作为一种复杂系统时空动态模拟的工具，已经在城市空间增长模拟中得到了较为普遍的应用（Tober W.R.，1970；White R.W. 和 Engelen G.1997；Batty M.1998；Clark C. 和 Gaydos L.J.，1998）。鉴于城市增长的复杂性，需要在仅考虑邻域（Neighborhood）影响的简单 CA（Pure CA）模型的基础上，考虑其他影响城市增长的因素，部分学者开始关注在 CA 中引入约束条件（即约束性 CA，Constrained CA）来控制模拟过程，以模拟更为真实的城市增长（Clark K.C. 和 Gaydos L.J.，1998；Wu F.，1998；Ward D.P. 和 Murray，1999；White 等，2004；Zhao Y. 和 Murayama Y.，2007）。CA 模型又衍生出了其他模型，例如 SLEUTH CA 模型是基于两个 CA 模型（城市增长模型和土地利用变化模型）耦合的动态城市模型，运用了基于复杂规则和算法的环境的增长和变换单元的栅格图像（Clarke 等，1997，1998，2002，2006）。除了 CA 模型之外，Verburg 等（2002）建立的 CLUE 模型在全栅格环境下，使用一系列的分层级规则耦合分数模拟单元格的转变，从而达到模拟城市空间变化。Amin Tayyebi（2010）以德黑兰为例，利用 GIS、ANN 和 RS 的优势，提出了一种用类神经网络、GIS 结合放射性参数化设置的城市增长边界模型来设定城市增长边界（Amin Tayyebi 等，2010）。

1. CA 及约束性 CA 模型

CA 模型具有模拟二维空间演化过程的能力，所以广泛应用于土地利用变化和城市发展的模拟中（Batty M. 和 Xie Y.，1994）。但是 CA 模型是一种高度抽象和概念化的模型，而城市又是一个动态的空间复杂系统，在 CA 模型的应用过程中，将城市简单地看成一个单独的自组织系统，存在着宏观因素缺乏、因素层单一、邻居和转换规则主观等明显的局限性。

鉴于 CA 模型的局限性，研究者们在传统的 CA 模型的基础上加入了约束性条件，包括了局部约束性、区域约束性和全局约束性。局部约束性主要用来强调小范围（单元之间）的差别，区域约束性用来反映较大范围（区域之间）的差别，全局约束性用来反映一些宏观的政策性影响。同时结合 GIS 和 RS 图像，获取大量的空间数据，黎夏等研究将这些数据自动获取明确的 CA 转换规则，无须使用数学表达式来定义转换规则，并在自动转换的同时对模型自动进行纠正。可以看到目前的 CA 模型还是存在一定的局限性，影响因素的全面性和数据转化的主观性都还有待继续改善。

2. SLEUTH 模型

SLEUTH 模型是美国加利福尼亚大学克拉克（Clarke）教授开发的关于城市空间增长与土地利用变化的模型（表 2-4）。SLEUTH 是所需输入的 6 种图层的首字母缩写（地形坡度 slope，土地利用 land use，排除图层 exclusion，城市空间范围 urban extent，交通网络 transportation，地形阴影 hill shade）。SLEUTH 由 2 个元胞自动机模型耦合在一起，即城市增长模型（urban growth model，UGM）和土地利用变化模型（land cover deltatron model，LCDM）。其中，城市增长模型可以独立运行，但土地利用变化模型需与城市增长模型耦合在一起才能运行（Clarke K.C. 等，1997，1998；Silca E.A. 等，2002）。SLEUTH 按照标准 CA 构成（Dietzel C. 和 Clarke K.C.，2006）：即元胞是同质的栅格空间；元胞状态为城市和非城市或者一级土地利用类型；采用八领域规则；由五个增长系数（Jantz C.A. 等，2004）（扩散系数、繁殖系数、传播系数、坡度阻抗系数和道路引力系数）

控制自发增长、新传播中心增长、边缘增长、道路影响增长四种增长规则（表 2-4）。模型给予边缘增长主导性地位。

SLEUTH 模型具有普适性，通过校正能较好地描述城市增长的自然规律。虽然其较少地考虑社会经济、管理和政治因素对城市增长的影响，但它可以通过自定义的排除图层和模型参数的选择得以弥补，给予用户更大的思维空间和视野。特别利于规划师设计多种不同的规划方案和进行不同方案未来发展格局及潜在影响的比较。可见 SLEUTH 模型的优势在于对城市空间模拟和预测的动态性，并有明确的时空位置和数量关系，使其在决策支持和预案规划中发挥较大的作用，因此在城市空间规划方面具有很大的潜在应用价值。

SLEUTH 模型模拟的增长类型描述　　表 2-4

增长顺序	增长类型	控制参数	描述
1	自发式增长	扩散	随机选择潜在的新增长单元
2	新中心增长	繁衍	自发式增长产生的新城市中心
3	边缘增长	蔓延	新、老城市中心的进一步增长
4	道路引力增长	道路引力、扩散、繁衍	沿交通网络的新城市单元增长
全局	坡度障碍	坡度	坡度对城市开发的限制概率
全局	排除层	用户定义	用户设定的保护或不可开发区域

（资料来源：Jantz C.A., 2004）

SLEUTH 模型的缺点在于不能模拟城市内部土地利用之间的转换，因此不适合研究城市内部的空间结构；同时，对于小尺度上细节城市增长的模拟能力较差，因此对于小尺度上的城市规划和场地规划的模拟效果较差（郗凤明等，2009）。

3. 基于空间发展理论和 GIS 空间分析的准动态模型

地理学中对城市空间分布及其发展进行解释的经典理论包括空间相互作用理论、潜能模式以及主要针对城市空间发展提出的主要经济联系方向论等。之所以认为基于这些经典空间发展理论进行建模的研究方法是准动态，是因为从理论依据来讲，这些理论往往是现实空间与发展趋势的简单方程，或是依据现实空间分布对未来发展可能性的评价，方程内并没有时间变量，也就是说未来在这里是一个模糊的概念，只要是不同于现在的将来理论上都可以作为方程结果的承受时刻。但确实已经反映了一定的动态性，已经不是静态意义的影响因素研究，开始试图通过这些影响因子来对未来进行某种程度的预测，只不过这里的动态所拥有的时刻标度为最小值0。并以第一时刻作为模型的初始状态，以第二时刻作为模型的检验修正参考。在模型的整个运行过程中，不涉及中间时刻。

在对空间发展的趋势进行分析的过程中，GIS 的图形动态显示和空间分析功能在这里可以得到充分发挥。GIS 一方面是数据的采集与管理，另一方面重要的作用是数据的动态图形显示与人机交互。从目前的发展阶段看，GIS 的分析和建模能力是十分有限的，对于复杂的数学模型缺乏可视化途径。由于这种研究方法的理论依据并不是复杂的数学方程，依靠 GIS 的空间分析能力足以完成模型的计算过程，得到的结果即是某一制约因素下空间发展可能性的空间分布（陈睿和吕斌，2007；李文斌，2007；徐颖和吕斌，2008）。

所以这种模型具有一定的城市空间发展的预测能力，但只是基于某些主观选定的制约因素下预测，较为简单。GIS 对模型构建以及动态模拟上还不具备强大的功能支持，因而限制了其作用的发挥。所以往往将 GIS 数据库和详实模块嵌入模型中来获得 GIS 技术支持，结合其他的模型来实现更好的资源利用。

4. 基于 BP 人工神经网络的模型

1943 年，美国心理学家 McCulloch 和数学家 Pitts 合作，提出了人工神经网络（Artificial Neural Network，ANN）的概念，并建立了有关 ANN 的第一个 M-P 数学模型。20 世纪 80 年代，Hopfield 提出了 Hopfield 神经网络，Rumelhart 等人建立了 BP 算法的人工神经网络（简称 BP 网络）。

人工神经网络是在现代神经科学研究基础上发展起来的模拟人脑行为

方式的复杂网络系统,是以人工建立的有向图为拓扑结构,通过响应连续或断续的输入状态进行信息处理的动态系统,实现了一种在不同维数空间之间并非简单线性关系的映射。BP 网络是一种按误差逆转传播算法训练的多层前馈网络,是目前应用最广泛的神经网络模型之一,在函数逼近、模式识别、分类与数据压缩等方面都有良好的表现。人工神经网络的优势主要表现在自学习功能、地理过程模拟与预测、复杂地理系统的优化计算等方面,具有广泛的适应性和有效性,应用于环境保护、生态建设、城市规划等领域。但是人工神经网络具有训练速度非常慢、局部极小点额逃离、算法不一定收敛等问题。BP 网络中对参数的具体设定不明确,以经验性的设置为主,具体问题具体分析,网络的随机性较大(常青和王仰麟等,2007)。

2.1.5 国外相关研究评述

1. 城市增长边界已经成为空间增长管理的常用政策工具

在城市空间蔓延成为全球性问题的前提下,城市增长边界在世界范围内得到了研究和应用,已经成为城市空间增长管理的主要政策工具之一。其实施的结果虽然显示出了一定的控制城市空间蔓延的作用,但如何更好地发挥其绩效还待研究。

2. 城市增长边界研究广泛但时间不长

国外对城市增长边界的研究已经涵盖了概念、机理、内涵、绩效、技术路线等各个方面,而且本着学者严谨的治学态度,也进行了较多的定量化研究,特别是对于产生绩效和城市空间增长的模型研究。但是城市空间增长变化是一个长期的动态变化过程,城市增长边界的政策应用和带来的结果都是有一定的滞后性的,因此足够长的时间对于研究是很重要的(Bengston 等,2004)。

3. 城市增长边界的设定路径与方法多样,有待建成体系

城市增长边界设定的关键技术环节是预测城市空间发展规模,常用的城

市空间发展预测的方法是元胞自动机，及在此基础上生成的约束性 CA 模型及 SLEUTH 模型。此外，学者们也研究了其他不同的空间增长预测模拟方法。这些研究提供了丰富多样的技术手段，但从设定和管理城市增长边界的整个过程来看，还有待建立起一套完整的有典型性意义的规划体系。

2.2 国内相关研究及进展

纵观中国城市发展的历程，对于城市增长的管理一直是在朦胧的和频繁摇摆的状态中进行的，缺乏完整的理论基础和逻辑构架。而随着城市化进程的加快，城市成长中的矛盾日益凸现，主要体现在：城市用地数量增长过快而耕地资源极其短缺；城市过度扩张而土地利用效率低下；新区开发建设迅猛而浪费严重；外延式增长突出而内部空间结构失衡等。美国的城市增长边界管理模式不仅仅能够限制城市的无序扩张，而且能够保护重要的自然环境和资源，维持区域的生态格局。借鉴美国的城市增长边界管理模式，对于丰富中国城市发展的思路、拓宽政策选择的范围，有着十分重要的现实意义。

2.2.1 我国城市空间增长管理的现状

1. 城市空间增长的现实态势

快速城镇化是我国城镇化进程的关键词之一，频繁出现在各种报告、论文及社会生活中。作为其在空间上的直接表征，城市空间增长的现实态势十分严峻。建设用地扩张对耕地和生态保护带来了很大的压力，每年审批的耕地占用面积占所有审批的建设用地面积的 50% 左右。这些问题对节约、集约和可持续使用土地的国家目标构成了严峻挑战，国外主要是政府和开发商主导下的住房建设，而中国在"特殊"工业化历史阶段下，城市外围最主要的增长是以工业用地为主的开发区建设，兼有少数居住用地和配套服务设施用地的开发。杨东峰等（2008）以2004年我国51个大城市的统计数据为基础，运用计量经济学的方法，分析了我国大城市空间增长机制的基本特征：在城市人口数量扩张、经济发展水平提高和道路交通条件改善等因素的共同作用下，大城市建成区空间建设呈现出了一种加速增长的严峻局面，对此，尚未形成切实有效的约束机制。

因人口规模的迅速扩大和经济的快速发展产生了对城市空间的大量需求，且相关管理制度仍不完善，许多发展中国家面临比发达国家更为严峻的控制城市增长的压力（张庭伟，2001）。由于土地资源的稀缺性和城市扩张的不可逆性，研究城市空间增长的适宜模式及策略意义重大。

2. 国内外城市空间增长的差别

在空间增长方式上，国外是以私家车为基础，以高速公路和其修建为主要条件。而我国虽然私家车已经得到了一定程度的普及，但人均保有量还很低，因而从节约资源、保护环境、缓解交通压力的角度出发，当下及其未来我国的交通出行方式依然以公交为主、私人小汽车为辅。所以，我国的空间增长方式将在很长一段时间内以紧凑式发展为主（段德罡和王峰，2009）。

在空间增长的动因上，国外是由于小汽车普及及道路基础设施的同步建设和市场经济的综合作用（张庭伟，1999；马强和徐循初，2004），而在我国，一方面城市的经济发展和人口增长成为推动大城市空间增长的基本需求动力，另一方面城市的道路交通网络和土地资源条件构成了城市空间增长的外在供给约束。当前人口规模迅速扩展使得需求动力增加，而道路交通条件改善带来的空间供给约束放松，使得土地资源并未对空间增长形成有效的约束作用。在两者的共同作用下，我国城市空间扩展现象日益严重（杨东峰和熊国平，2008）。

其次，中西方城市在城市化阶段、城市化发展速度、土地所有制基础、城市行政基础及市场化程度等方面存在着一定的差异，这些差异必将对"城市增长边界"管理模式的"中国化"产生影响。

最后，正如前面所述我国的城市空间扩展与国外存在差异，只有认真区分国外城市蔓延的动力与我国城市空间扩展的驱动因素，才能够结合中国城市自身发展的特点，有针对性地借鉴"城市增长边界"管理模式（张京祥，2003）。

2.2.2 我国城市空间增长的动力机制

部分学者从理论层面对我国城市空间增长的动力机制进行了较为充分的探讨（宁越敏，1998；张兵，1998；张庭伟，2001；丁成日，2005）。实证研究主要集中在微观层面，大多局限于特定地区和单个城市的案例分析（石崧，2004；陈波翀等，2004；章波等，2005；王志强，2005；修春亮等，2005），而对宏观层面的定量研究相对不足。

其中，宁越敏（1998）借鉴哈维的资本城市化理论，认为从城市化资本来源的角度来看，中国的城市化是政府、企业、个人联合推动的；张兵（1998）认为从利益主体的角度来看，推动城市空间发展的动力主体包括政府、城市经济组织和居民；张庭伟（2001）也认为城市空间变化包括外向扩张和内部重组这两个互相关联、互为因果的方面，它们是"政策力"、"经济力"、"社会力"三者合力共同作用的结果。还有学者从动力类型角度出发，将城市空间的驱动力划分为基础驱动力（技术过程）、内在驱动力（城市经济）、外在驱动力（社会组织与政治权力）；城市生态环境因素作为城市空间增长的外部约束（石崧，2004）。杨东峰和熊国平（2008）认为在我国快速工业化和城市化的特定历史条件下，一方面城市的经济发展和人口增长成为推动城市空间增长的基本需求动力；另一方面，城市的道路交通网络和土地资源条件构成了城市空间增长的外在供给约束。具体而言，从空间需求方面看，城市经济快速发展和人口大规模增长之间形成互促互动、互为因果的循环过程，而这个循环过程中以二、三产业集聚为特征的经济发展进程和城乡人口大规模转移主导的人口增长进程必然引发对城市生活空间的内在需求；从空间供给来看，道路交通设施提供便利的空间可达性，耕地占用保护构成对城市空间利用的基本约束条件，城市扩张说明了城市开发建设的空间占用现状和未来空间扩张潜力。总的来说，我国大城市空间增长是由城市人口数量扩张和经济发展水平提高的空间需求动力增加，道路交通条件改善带来的空间供给约束放松，土地资源条件为对空间形成有效的约束所共同决定的。

2.2.3 对城市增长边界的引介及解读

张进（2002）、刘海龙（2005）、冯科等（2007，2008）、黄明华等（2008）、吴次芳等（2009）、郭湘闽（2009）等从不同的角度对美国的城市增长边界进行引介并结合中国城市空间增长特征进行解读。有的学者认为中国的禁（限）建区和建设用地边界与美国的城市增长边界类似，吴次芳等（2009）认为一些传统的城市规划手段如土地利用区划（Zoning）、土地细分规则（Subdivision）和开发许可（Development Permit）都属于城市空间增长管理的实施工具，但都需要依靠区划、开发许可证等土地使用调控手段加以实施。刘盛和（2007）则提出在社会发展不同阶段城市增长边界的作用会不同，在区域社会经济平稳或者缓慢发展时，城市增长边界能有效抑制城市蔓延和促进土地集约利用；而在社会经济快速发展阶段，积极开辟城市发展空间，引导城市职能与人口转移比单纯的空间控制策略更为有效。段德罡（2009）和皇甫玥等（2009）认为城市增长边界是指导城市规划编制的依据而非城市规划编制的结果，城市增长边界的编制应相对独立并成为城市规划编制的前提和基础,应提出构建一套相对独立的"委托—编制—审批—管理—修订"的完整的城市增长边界编制—管理体系。

张庭伟（1999）对城市增长边界的弹性进行诠释，对城市蔓延的控制是通过划定允许城市发展的界限来实现的，划出若干"拟发展区"，根据需要选择不同的开发密度，并赋予边界一定的灵活性，在必要的时候允许调整。林肯土地政策研究所（2003）认为城市增长边界管理模式具有以下目标：①城市人口增长的长远需要应与州土地保护和开发委员会（LCDC）的目标相一致；②满足住房、就业机会和生活质量的需要；③有序并通过经济手段提供公共设施和服务；④最高效地利用现有城区以内和边缘地区的土地；⑤关注开发活动对环境、能源、经济和社会的影响；⑥保护基本农田，可对农田质量分等定级按优先顺序进行保护；⑦使城市对土地的使用与附近的农业活动和谐一致。

2.2.4 城市增长边界的设定路径与方法的探讨

虽然城市增长边界在国外已经得到了较成熟的应用，针对我国目前出现的问题，在中国设定城市增长边界很重要，但是我国还缺乏基本的运用空间，不能简单地"复制"（张京祥和程大林，2003；冯科等，2008）。国内城市增长边界设定的技术方法主要分为两类：一是模型预测，为边界设定提供依据；二是以相类似的概念——界限代替城市增长边界。

1. 模型预测途径

周成虎等1999年在《地理元胞自动机》一书中对目前的相关工作作了介绍和总结，建立了一个地理元胞自动机（Geo-CA）模型。黎夏等（1999，2004）从保护环境及土地资源、合理的城市发展形态和紧凑式城市布局、适宜的建设密度等城市土地可持续发展的约束性条件出发，构建了环境约束性CA城市模型、基于城市形态性的CA模型、基于发展密度约束性的CA模型和基于综合约束性的CA模型，并应用于东莞市可持续发展规划模拟。另外，海口、包头、南京、深圳等地区也都成功地进行过此类尝试（张岩等，2007）。郗凤明等（2009）、刘勇等（2008）应用SLEUTH模型分别对沈阳市、抚顺市和杭州市进行空间增长模拟。龙瀛（2006，2008，2009）等用约束性CA模型模拟城市增长形态，根据模拟结果制定中心城、新城和乡镇三个层次的城市增长边界，以北京市域为例，实证表明该方法与传统方法所制定的城市增长边界存在一定的差异，更加符合实际。

2. 以类似概念代替城市增长边界

与城市增长边界相类似的概念有城镇建设用地边界、"四区"边界、"四线"边界。其中，规划城镇建设用地的边界对城市增长控制起着不可忽视的作用，2008年颁布的《城乡规划法》明确赋予规划城镇建设用地以控制城市增长的法律地位，规划建设用地的边界是城市规划行政主管部门核发建设用地规划许可证的基本依据。因此，有学者提出以城镇建设用地边界作为中国的城市增长边界（龙瀛等，2009；吴次芳等，2009）。香港在《香港2030年规划远景与策略》（1991）中提出"划出一些发展'禁区'，从而保护一些拥有珍贵天然财产和具有景观价值的地区"。重庆将中心城区内的绿地保护区分为禁建区和重点控建区、一般控建区；深圳制定了基本生态控制线；北京以《北京市城市总体规划（2004-2020年）》为基础拟建绿色限建区（龙瀛等，2006）。无锡市、成都市、厦门市、杭州市及深圳市在2007年也开展了非建设用地的相关规划研究（刘海龙，2005）。梁伟等（2011）提出落实《城乡规划法》"四区"划定的技术规定，认为在划定时对"四区"内涵的理解差别较大，导致不同规划中对具体内容的界定不一致，特别是"限建区"向"禁建区"的转化门槛太低，对空间开发管制的具体要求也不同，规划仅提出了原则性的要求，图纸表达也只是结构性示意，对空间开发的现实指导意义有限，严格确定"限建区"、"禁建区"是保障城市建设的安全底线。

针对我国城市蔓延不断侵蚀周边耕地的现状，我国城市总体规划采取了"四线"的保护措施来抑制这种现象。这分别为"城市黄线"、"城市蓝线"、"城市绿线"和"城市紫线"，每条线代表着关乎城市发展的相关用地的规划控制边界线。但是，各城市在进行用地界线控制时工作的侧重点和工作深度却表现得各不相同。广州市曾做过类似的尝试，目前尚缺乏相关绩效评价。

从上述可以看出，国内对城市建设用地边界线的研究更多的是集中在城市规划控制区内的限建区部分，即明确了一个城市的发展在总体规划确定的范围内如何更好地保护城市规划区内的自然环境和城市资源，而对于在城市总体规划确定的规划期内，城市规模边界线是否适应城市未来的发展这一问题却没有很好地解决。

2.2.5 国内相关研究评述

1. 对城市增长边界的研究还处于起步阶段

城市增长边界理念在我国的引入是在 1990 年代后期，但对其开展研究的时间仅 8 年，而且目前主要以概念介绍、理论探讨为主，深层次的研究则很少。至 2010 年 6 月，根据对清华同方中国期刊网（CNKI）以关键词"城市空间增长"或者"城市增长边界"进行的搜索，共计 53 篇，其中博士论文 1 篇，硕士论文 4 篇，期刊论文 48 篇；论文研究方向主要集中于城市增长空间增长的理论研究，包括空间增长的动因、影响等各方面。对于空间增长的变化模型模拟、结合实践的空间规划以及城市增长边界的理论等也有不少研究（图 2-2）。从论文发表的年份看，主要还是在 2000 年之后（图 2-3）。

由此可见，目前对城市增长边界的研究还处于理论探讨阶段，还有很多值得研究和需要回答的问题。

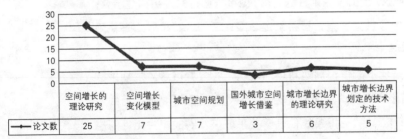

图 2-2 关于城市空间增长各研究方向的论文数统计
（资料来源：作者自绘）

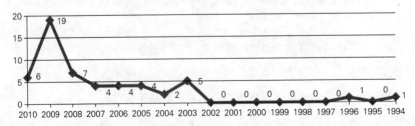

图 2-3 关于城市空间增长各年份论文数统计
（资料来源：作者自绘）

2. 缺乏城市增长边界的设定路径与方法的研究

城市增长边界的设定需要一定研究路径和技术方法的支持，类似概念的边界线不能完全实现城市增长边界的预期目标；而模型预测中还有许多关键技术问题没有解决，最集中的是关于城市空间增长规则的制定。学者的研究大量集中在空间预测模型的开发与实践，但当前的空间预测模型大多从城市空间发展的需求出发，模型预测的结果大大超出土地供应总量，因此表明模型的前设条件不正确，缺乏深入探讨及后续研究。

3. 对自然要素的研究不足

影响城市建成区空间增长的基本因素包括社会经济和自然地理两方面。当前的空间增长管理及城市增长边界研究多从社会经济发展的需求出发，与我国的土地资源供应紧缺的现状不符。有必要重点展开对土地资源供给约束条件下的城市增长边界研究。

4. 本土化的系统实证研究不多

国内已开始城市增长边界的实证研究，但存在数量少、系统性不强、深度不够等问题。系统性不强体现在研究多集中于空间预测模型及部分大城市的实证研究，缺少对地域适宜性的研究，对于空间预测模型与城市增长边界进一步的结合缺少系统研究；深度不够体现在对城市增长边界理念的尝试性研究，对于中国城市化特征下的城市增长边界的适宜性研究深度不够。

2.3 国内外研究总体评价

2.3.1 国内外相关研究特点及差异

国外在城市空间增长的研究和实践上比我国早了很多年，研究体系更加完整和成熟。国外学者的研究基本聚焦在对增长管理概念、内涵的讨论，绩效的评价和城市增长边界定量设定技术的研究，尤其是对城市增长边界绩效的研究,这与国外城市增长边界的实践是密不可分的。从城市增长边界的发展历史可以看到,国外特别是美国从1960年代就开始了城市增长边界的实践活动,而且此后更广泛地运用于城市和乡村。由此可见,国外学术与实践相结合,体现了其研究的务实精神。从对城市增长边界的绩效和设定的方法来看,国外更注重采用定量研究的方法,提倡实证量化。

国内对城市增长边界的研究还处于起步阶段,但学者能够较敏锐地发现国外学术的最新动态,并结合中国的特殊国情,将其引入并有选择和辨析地运用于国内的学术研究。因此,国内学者更注意从制度层面、体制层面来展开对城市增长边界规范性的研究。但由于我国的城市增长边界的实践活动才刚刚展开,所以对其的实证研究还是一片空白,国内研究也更偏向于定性研究。这也从一定程度上反映出我国学者在研究上对实效研究和政策机制及效用研究的忽视。

2.3.2 研究展望

(1)国家层面的在节约、集约土地等宏观目标和城市规划行业层面法律法规等实施后,将促进城市增长边界相关研究的深入开展。未来在了解我国历史背景、运行机制等的基础上,将结合中国的制度环境、自然环境和社会经济状况建立起一套我国的城市增长边界理论体系、制度体系和管理体系。特别是针对我国国民经济发展计划、城市规划与土地利用规划分属不同部门、协调混乱的局面,进行整合管理,从而实现我国城市空间增长边界规划管理的有序进行。

(2)设定城市增长边界的技术手段研究已经展开,但是对于复杂的城市空间增长,需要更准确的城市发展预测,从而更有效地设定城市增长边界。紧密地结合GIS、MAS(Multi-Agent System)、CA模型等复杂巨系统来设定城市增长边界,是未来的研究重点。GIS具有强大的数据分析和管理能力,MAS有很好的信息协调能力,可以进行信息决策,CA可以较强地模拟城市空间的动态变化,三者相结合,扬长避短。

(3)面对城市空间快速增长的严峻态势,尚未形成切实有效的约束机制。乡村城市化的进程是对空间需求压制的回应,相应的乡村城市化的规划研究、政策响应对空间增长起到积极作用;设定增长边界是对空间需求的定量计划和定量管理,并将定量空间化的方向。

2.4 小结

城市增长边界是应对城市空间蔓延而生的政策工具,研究广泛(如概念、机理、内涵、绩效、技术路线等)但时间不长,其划定的技术手段多样,有待成体系,在国内的研究中对自然要素的研究不足且缺乏对其划定技术手段的适宜性研究。国际研究比较注重定量化和实证研究,而国内研究更偏重定性化,且在一定程度上忽视对实效研究和政策机制及效用研究。

第 3 章 GIA 体系及其应用

改革开放以来，我国经历了一个快速城市化时期，在经济高速发展的同时生态环境遭到了比较严重的破坏。吴良镛（2002）提出了保护好留空的非建设用地的重要性，这里的非建设用地范畴与 GI 基本相同，这种提法和思想也代表了很长一段时间以来国内学者对于 GI 的关注。

3.1 GI 概念及内涵解读

3.1.1 GI 概念的提出与发展

1. 概念的提出

1999 年美国保护基金会和美国农业部森林服务组织组成一个由政府机构和非政府组织联合的工作小组，以制定一个大纲帮助 GI 成为地方、区域及国家政府规划和法律政策的一个有机组成部分，这个工作小组被称为"GI 工作小组"。其给出的 GI 的定义是：GI 是人类自然生活的支撑系统——一个由水系、湿地、林地、野生动植物栖息地和其他自然区域（如绿道、公园和其他类型保护地；农场、牧草场和森林；未利用地及其他开放空间）构成的紧密连接的网络，可以支持地域物种、保持自然生态过程、保持空气和水资源的洁净，有益于美国社区和人民的健康和生活质量。

美国可持续发展总统委员会在其 1999 的报告《走向一个可持续的美国——致力于 21 世纪的财富、机遇和健康环境》中明确了将 GI 作为达到可持续发展目标的几项关键战略之一，并将其意义提升到了国家的自然生命支持系统——一个由保护土地和水系相互联系组成的网络，支持当地物种，保持自然生态过程，维持空气和水资源，并且致力于改善社区和居民的健康及生活质量的高度（Williamson，2003）。这份报告中国家、区域和地方层面的有关创新项目大大促进了 GI 一词的概念及应用和对其价值的肯定。

2. 概念的发展历程

自从 1999 年 GI 概念被正式提出以来，各国研究者都对此概念进行进一步延伸，使其逐渐明朗化，其概念发展历程如表 3-1 所示。

GI 概念发展历程　　　　　　　　　　　　　表 3-1

时间	阶段	代表组织或人物	主要观点	著作
1983 年	概念萌芽	世界环境与发展联合委员会	人口规模及其增长与生态系统潜在的生产能力相协调方可实现可持续发展	—
1984 年	概念提出	联合国教科文组织	生态城市规划的五项原则：①生态保护战略；②生态基础设施；③居民生活标准；④文化历史的保护；⑤将自然引入城市。MAB 的研究推动了生态城市研究在全球内的进展，其五项原则也奠定了后来生态城市理论发展的基础	人与生物圈计划（MAB）
1988 年	概念发展	塞尔门（Selm）	从生物栖息地网络出发对 EI 的研究被认为是较早针对景观连续性并运用过程的方法来分析景观格局的探索	—
1990 年	概念发展	荷兰农业、自然管理和渔业部	提出的自然政策规划研究也采用了过程导向的方法来建立 EI，同时还提出了两个重要的思路：EI 的层次性和区域尺度作为战略性生态联系。这表明 EI 研究开始走向建立为人服务的生态网络的阶段	—

续表

时间	阶段	代表组织或人物	主要观点	著作
1999年	概念发展	美国可持续发展总统委员会	明确了将 GI 作为达到可持续发展目标的几项关键战略之一,并将其意义提升到了国家的自然生命支持系统——一个由保护土地和水系相互联系组成的网络,支持当地物种,保持自然生态过程,维持空气和水资源,并且致力于改善社区和居民的健康及生活质量的高度	《走向一个可持续的美国——致力于 21 世纪的财富、机遇和健康环境》
2001年		(美)麦克·A·本尼迪克特和爱德华·T·麦克马洪 (Mark A.Benedict and Edward T. McMahon)	GI 是人口快速增长下的环境保护策略……作为名词,GI 意指一互相连接的绿色空间网络(包括自然区域、公共和私人保护土地、具有保存价值的生产土地以及其他保护开放空间),用来规划管理其自然资源价值或人类联合利益;作为形容词,GI 意指国家、全州、区域以及地方对于土地保护提供系统的战略性保护过程,同时,鼓励土地规划者和实践者为自然与人类作出贡献	Mark A. Benedict, Will Allen, Edward T.McMahon, 2004 合著的《弗吉尼亚联邦战略性保护》(Advancing Strategic Conservation in the Commonwealth of Virginia)
2005年		简·赫顿联合会 (Jane Heaton Associates)	GI 代表了下一代保护行动,因为它在土地的保护与使用之间铸就了重要连接。传统的土地保护和 GI 规划注重环境的恢复和保存,但是 GI 也专注于发展的速度、形状和位置以及它与重要自然资源的关系。与比较传统的保护方法不同,GI 策略积极寻求一定程度上的土地使用与保护相结合	《可持续社区 GI》(Green Infrastructure for Sustainable Communities)
2006年		英国西北 GI 小组 (The North West Green Infrastructure Think-Tank)	GI 是一种自然环境和绿色空间组成的系统,有五个主要特征	—

(资料来源:作者整理)

2001 年美国的麦克·A·本尼迪克特和爱德华·T·麦克马洪(Mark

A.Benedict and Edward T.McMahon）指出，GI 是由多个组成部分协同形成自然网络。之后，两人与威尔（Mark A. Benedict, Will Allen, Edward T.McMahon, 2004）合著的《弗吉尼亚联邦战略性保护》（Advancing Strategic Conservation in the Commonwealth of Virginia）中提出："GI 是人口快速增长下的环境保护策略。作为名词，GI 意指一互相连接的绿色空间网络（包括自然区域、公共和私人保护土地、具有保存价值的生产土地以及其他保护开放空间），用来规划管理其自然资源价值或人类联合利益；作为形容词，GI 意指国家、全州、区域以及地方对于土地保护提供系统的战略性保护过程。同时，鼓励土地规划者和实践者为自然与人类作出贡献。"具有内部连接性的自然区域及开放空间的网络，以及可能附带的工程设施，这一网络具有自然生态体系功能和价值，为人类和野生动物提供自然场所，如作为栖息地、净水源、迁徙通道，它们总体构成保证环境、社会与经济可持续发展的生态框架。

2005 年英国的简·赫顿联合会（Jane Heaton Associates）在其文章《可持续社区 GI》（Green Infrastructure for Sustainable Communities）中指出：GI 是一个多功能的绿色空间网络，对于现有的和未来新的可持续社区的高质量自然和已建环境有一定贡献。它包括城市和乡村公共和私人的资产，维持可持续社区平衡且整合社区的社会、经济与环境组成。许多人认为 GI 代表了下一代保护行动，因为它在土地的保护与使用之间铸就了重要连接。传统的土地保护和 GI 规划注重环境的恢复和保存，但是 GI 也专注于发展的速度、形状和位置以及它与重要自然资源的关系。与比较传统的保护方法不同，GI 策略积极寻求一定程度上的土地使用与保护相结合，在这方面，它提供了可供公众、私人和非营利性组织参考的土地保护与使用结构。

2006 年，英国西北 GI 小组（The North West Green Infrastructure Think-Tank）提出 GI 是一种自然环境和绿色空间组成的系统，有五个主要特征：①类型学（typology）：组成 GI 的成分类型，可能是自然的、半自然的以及完全人工设计的空间和环境；②功能性（functionality）：GI 是多功能的，主要体现在整合性与相互影响的程度两方面；③脉络（context）：GI 存在于城市中心、城市边缘、半城市地区到农村及遥远地区等一系列相互关系中；④尺度（scale）：GI 的尺度有可能从一棵行道树（邻里尺度）到整个县域到完全的环境资源基础（区域尺度）；⑤连通性（connectivity）：GI 在网络中存在的程度，意味着一个实体连接的网络或功能性连接。

现代绿道运动同样影响了 GI 的规划及实施。虽然 GI 和绿道有相同的概念起源，GI 在至少在三个重要方面区别于绿道：其一，生态和休闲——GI 强调生态而非休闲；其二，更大些还是更小些——GI 包括大型、生态重要性极高的源斑块和关键景观连接；其三，增长的框架——GI 塑造城市形态并提供城市发展的框架，它擅长于辨识生态重要性区域和适宜发展区域。

3. GI 概念的理论基础

GI 是一个新的术语，但绝不是一个新的概念（M.A.Benedict 等，2002），其思想始于 150 多年前美国的自然规划与保护运动，其一，是受 F·L·奥姆斯特德（Frederick Law Olmsted）有关公园和其他开敞空间连接以利于居民使用的思想影响；其二，与生物学家有关建立自然区域的连接有利于生物多样性保护以减少生境破碎化的概念有关。

1903 年，F·L·奥姆斯特德提出："没有孤立的公园，不管它是多么大还是设计如何优秀，都将为市民提供与自然沟通的机会。"相反，公园需要彼此连接并与邻里环境相融合。F·L·奥姆斯特德为市民将公园连接起来的思想照亮了现代绿道运动之路。

另外，野生生物学家和生态学家很久以前就认识到，保护生物多样性和生态过程的最好的办法就是创造一个良好连接的保护地系统以减缓生境破碎化。在公园、保护地和其他重要生态地块创造、恢复或保持连接是保护生物学和生态系统管理实践的核心概念（Benedict 和 McMahon，2002）。

4. GI 的内涵解读

由于人口的增长，大城市的扩张，农村地区城市化进程的加速，以及经济率先发达地区城市带的逐渐形成，使人类聚居区蔓延，乡野和自然区域收缩，逐渐形成孤岛或斑块状态。原先郊野和自然区包围点状城市的图底关系正逐渐向相反方向转变，这从中国东部的苏南浙北区域城市带的形态上，以及英格兰的中南部区域，或者美国东海岸的大城市带上可以看出。在不久的将来，更多地区会呈现同样的格局。要应对这一趋势，单靠少量的国家公园、自然保护区等点状、片状的局部保护，是无法起到格局上与宏观上的作用的，唯一的办法，是将整个自然连贯起来，将 GI 真正作为一切可持续发展所必需依赖的"基础设施"来考虑，使它成为体系，并在必要时通过人工手段使自然区域的生态避免因人类的可能干扰而过分脆弱，并通过规划设计来限制和引导人对自然地带的使用。在土地私有的资本主义国家里，这种预期性的 GI 的规划就更加难能可贵和重要，因为土地一旦进入私有的开发程序，就很难再受到宏观格局的有效控制，而私有短期的利益总是和社会长远可持续利益相抵触的。

图 3-1 的可持续发展金字塔表达了一个多样性生态系统作为人类社会的基础提供人类和社会所需的自然资源。多样的自然过程相互作用产生了一个健康的环境，使得我们有最丰富的食物并且保持用未加工的材料来建设我们的社会（Karen S.Williamson，2003）。

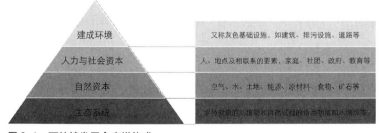

图 3-1　可持续发展金字塔构成
（资料来源：Karen S. Williamson，2003）

生态经济学认为，人类从各种生态系统或生态过程中获益，这些获益和好处即生态系统的服务功能、生态服务功能或生态服务等。这些服务功能早已被人认可，而且在生态经济学模式中，它们被看做一种非商品类的财富——

这是一个与商品经济财富相对应的概念。生态服务功能是指生态系统及其生态过程所形成的有利于人类生存与发展的生态环境条件与效用（生态功能区划暂行规程，2003），例如森林生态系统的水源涵养功能、土壤保持功能、气候调节功能、环境净化功能等。生态服务包括民众的粮食供应、水的供应、调节水灾和疾病、消遣娱乐及精神享受、整个营养链的循环以保障地球上生命的延续。要想用"可持续的、真正的福祉"来衡量经济发展，而不是仅仅从国民生产总值（GDP）的增长来衡量经济发展，就必须考虑到那些非商品因素对幸福生活的贡献，尤其是那些源于自然、社会关系、健康以及教育等方面的因素。为了能够很好地衡量那些非商品因素对人类幸福生活的贡献，生态经济学家们提出了另外一些发展指标。他们也强调，经济增长总存在着局限性。新古典主义理论认为，技术能够解决一切因环境问题而造成的障碍，而生态经济学则认为这些障碍不仅客观存在，而且不可逾越。生态经济学认为，与其片面追求增长，不如转而鼓励提高质量，这样可以用很少的资源产生出更多的经济益处，也就是说能够提高效率（皮埃尔·雅克，2010）。

GI 建设是一项重大公共投资，合理布局可减少对灰色基础设施的需求，节省国家公共资源投资，减少对自然灾害的敏感性。且相互连接的网络状 GI 有益于人类健康、野生动植物繁育及社会稳定发展。

3.1.2　GI 空间单元组成及尺度

1. GI 空间单元

较普遍的观点认为 GI 是由源斑块（hubs）与连接要素（links）组成的天然与人工化绿色空间网络系统（Mark A.B.& Edward T.M.，2001；Benedict & McMahon，2002；Karen S. Williamson，2003），其空间单元如图 3-2 所示。

源斑块作为多种自然过程中的"锚"，为野生生物与植物提供起源地或目的地。源斑块指大片的自然区域，但其规模也随着不同层级有所变化，如

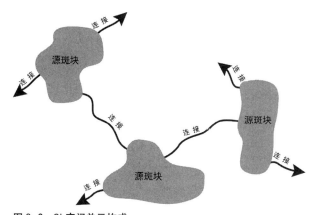

图 3-2 GI 空间单元构成
（资料来源：Karen S.Williamson 等，2003）

美国马里兰州制定的 GI 体系规定其各核心区面积不小于 100hm^2，而郡一级的 GI 体系，如马里兰州第一个启动 GI 体系建设的安阿让都郡（Anne Arundel County）则将其层级内核心区定位为不小于 20hm^2 的开放绿地。源斑块包括：①保留地：保护重要生态场地的土地，包括野生生命区域，尤其是处于原生状态的土地；②本土风景：公众拥有土地，如国家森林，具有自然和娱乐价值；③生产场地：私人的生产土地，包括农场、森林、林场等；④公园和公共空间区域：在国家、州、区域、县、市和私人层面可能保护的自然资源或提供娱乐机会的地方，包括公共公园、自然区域、运动场和高尔夫球场等；⑤循环土地：公众或私人过度使用和损害的土地，可重新修复或开垦，例如对矿地、垃圾填埋场或棕地全部或部分进行改良以形成良好环境（Benedict 和 McMahon，2002，2006）。

　　连接要素用来连接源斑块，促进生态过程流动。连接要素包括：①保护走廊：线性区域，为野生生物提供导管作用的河道和溪流，并且可能具有娱乐功能。绿道和河岸的缓冲区域即是保护走廊的例子。②绿带：受保护的自然土地或发展结构功能的生产性风景，同时也保存本土生态系统或农田、大农场。它们时常担任一个社区内分割带的角色——以视觉和实质存在的形式，分开毗连土地使用且缓冲使用的冲击，如农地保存区域。③风景连接：连接野生生命保护地的开放空间、公园，管理和生产土地以及为本土植物和动物繁荣提供充足空间。除了保护当地生态之外，这些连接可能包含文化元素，如历史性资源、提供游乐机会而且保有在社区或区域中能够提高生活品质的风景好的视域，包括街景和游乐走廊等（Benedict 和 McMahon，2002，2006）。

GI 中的源斑块和连接要素包含了各种尺度的天然和人工的景观与生态要素，如绿道、湿地、森林、公园、岸线等。源斑块是 GI 的起点和终点，为野生动物的生长或迁徙提供栖息地。而连接要素则紧密地连接整个系统，使得系统网络化。源斑块和连接要素互相连接保证生态功能的景观连接性，且对于野生动植物的迁徙是至关重要。GI 组成部分共同维持自然过程的网络，这些组成部分的尺度与形状随着保护资源的类型与尺度而变化。每个组成部分自然特征的生态稀缺性决定这些资源需要保护的程度。同时，环境对人类活动的敏感性决定交互作用在人类与自然之间的作用及适宜性程度。就商业价值而言，靠近 GI 的地块比其他同类地块价值至少高 10%~30%（Benedict 和 McMahon，2002，2006）。

2. 空间尺度

尺度是景观生态学研究中的一个基本概念，代表着研究对象在空间或时间上的量度。由于尺度效应的存在，景观格局与过程的关系只有在一定尺度下才有意义（Wu，J.Marceat D.，2002）。目前，对中小尺度区域的研究成果并不能满足大规模综合治理与开发的需求，尺度问题与尺度分析方法也越来越受到学者的重视。而 GI 规划通常涉及跨区域协调等复杂问题，并且常与地区的经济增长计划相联系，从而使得不同地域尺度所关注的 GI 从规模、等级和类别上有所差异。基于此，在 GI 规划之前通常需要对其景观尺度进行解析，确定适合本次规划尺度的 GI 类型。如英国西北部地区在编制 GI 导则时，即将其尺度类型从小到大依次分为社区尺度、县域／城市尺度、城市区域尺度和战略尺度四级（TEP，2008），并对不同空间尺度规划中需要重点关注的 GI 类别、解决的主要问题以及方案编制深度作出了诠释。

通过规划前的尺度解析，不仅可以从景观生态学的基本概念和原理出发，在空间上对区域景观进行合理分类和解析，同时也将城市、郊区、荒野景观衔接起来，在区域、地方、社区乃至棕地尺度上分层解析绿地要素，使规划更加有针对性和可操作性（The North West Green Infrastructure Think-Tank，2008）。

从尺度上来讲，克服孤立自然保护区的不足，建立整个区域乃至大陆范围内的生态网络，正日益被越来越多的区域和地方政府接受（Jongman，1995）。1995 年欧洲提出了泛欧洲生物和景观多样性战略，计划建立跨欧洲的生物保护网络（Sanderson and Harris，2000）。因此，多尺度和多层次成为 GI 的重要特征。

3.1.3 GI 的多元功能

GI 的概念核心是由自然环境决定土地使用，突出自然环境的"生命支撑"（life support）功能，是人类生活的支撑系统和社会可持续发展的基本保障。GI 具有提供新鲜的空气、洁净的水环境、保护野生物种和生态的多样性、减少洪灾、吸收碳排放等必要的生态服务功能及休闲、游憩、自然及文化遗产保护等多种社会功能。（LUC，2005；Kambites & Owen，2007）提出 GI 的作用和功能包含了娱乐、公共权力、生物多样性、文化遗产教育资源、自然风景和乡镇景观、空气和噪声等环境问题、自然危险和可持续能源利用和生产等方面。F.Kaid Benfield 等（2001）认为 GI 作为精明保护的典型战略，是在充分考虑土地开发、城市增长以及灰色基础设施规划需求的基础上，强调通过优先设定需要保护的非建设用地来控制城市扩张和土地资源保护（图 3-3），形成可持续发展的城市形态。在当前土地资源稀缺、城镇地域的空间扩张迅猛的普遍背景下，一方面，GI 以其在城市空间结构改善、土地价值提升、房产增值、生态优化等方面具有不可估量的价值而

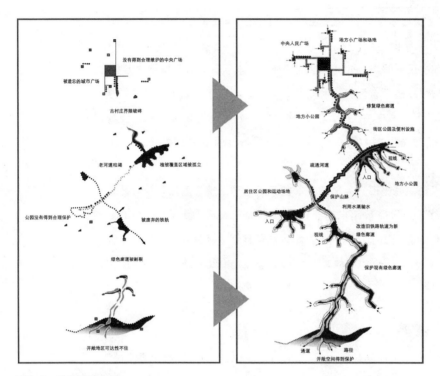

图 3-3　GI 的系统功能
（资料来源：Rogers, 1999）

在社会发展中取得独特的地位与话语权；另一方面，GI 空间往往以城镇空间增长的"潜在土地供给区域"、较高的建设适宜性而成为城市扩张蚕食的对象（张换兆和郝寿义，2008）。比较美国和英国的文献，在英国发布的文献中强调社会效益，而美国更偏向于生态作用。但不同的方法并不是排外的以及"本身就是矛盾的"（Malgorzata Talska，2007）。

在城市气候的控制上，通过分析对于水的滞留和释放、空气温度、风速和人体健康方面的有效数据，发现 GI 在调节城市微气候方面起积极作用（Kloss & Calarusse，1995；Gill 等，2007；Brown & Gillespie，1995；Ekins，2007）。其中 Gill（2007）等以带卫星城镇的大曼彻斯特为例，指出在当代和未来的气候背景下，能量改变的结构和水文模型所表明的表面温度和表面径流与 GI 有关。

3.2 GIA 体系

在全球生态环境碎化、生境丧失、生态系统功能下降的背景下，现代土地开发的分散布局加速了土地资源的消耗和生物多样性的下降，生态危机愈演愈烈。各国学者积极从 GI 规划的途径寻求解决之道。James D.Wickham 等（2010）将空间形态模式分析（MSPA）作为一种 GI 规划的补充方法，MSPA 应用了一系列栅格化的地表地图的常规影像处理方法来区分斑块、廊道和地表相关的结构分类。在一定程度上体现了地表数据的连续性变化。生态学家梅瑞艾姆（Gray Merriam）提出 CCC 模型来评价一个区域的绿地结构，CCC 分别指绿地结构的三大要素：①构成（composition），即斑块廊道的种类和丰富度；②布局（configuration），即空间格局、分布、方向、形状等；③连接度（connectivity），即孤岛绿地的多少、绿地内连通的比例。马里兰州自然资源部（Department of Natural Resources，DNR）开发了 GIA 方法作为快速辨识区域内重要生态资源的实用工具，在马里兰州绿图计划（Maryland's Green Print Plan）中的州、县、社区等层面得到广泛应用，以实证研究的方式验证了 GIA 方法的适用性。作为一种能够快速识别并评估土地优越性的框架和规划工具，在平衡土地开发与保护、自然资源保护和生物多样性保护等领域得到推广和广泛应用，成为近年来 GI 理论与实践的典范。

本书构建的城市增长边界模型就是以 GIA 方法为技术原型，基于长三角城市扩张特征和平原水网地域特征对 GIA 进行适宜性研究，调整其中的评价参数体系和权重体系，并以城市增长边界为目标导向，对 GIA 的输出端进行调节以适应模型的需要。下文将详细阐述 GIA 的研究背景、实践流程及核心技术问题、成果应用等方面。

3.2.1 GIA 的理论与实践背景

1.GIA 开发的研究背景

尽管马里兰有最悠久的土地保护传统和历史，如制定于 1963 年的"开放空间项目"，但早期的人口增长的发展模式忽视了生态影响，因此土地的生态价值保护并没有作为其保护的重点。而快速城市化、分散的低密度土地消费模式加速了当地景观的破碎化和退化，降低了生物多样性。对比马里兰 1900~1960 年、1961~1997 年的发展模式可知，按照当时的土地发展趋势，到 2030 年，80 万英亩具有重要生态价值的土地将被开发，预计大约 180 种乡土植物和 35 种动物将消失，另外 310 种本土植物和 165 种动物将被列为州级稀有、濒危物种（Ted Weber 等，2006）。

显然这种发展策略是不可取的。1997 年在马里兰州自然资源部的资助下，巴尔的摩县环保部门和资源管理部门（DEPRM）开发了基于 GIS 的 GIA，并以巴尔的摩县为试点开展实践，继而马里兰州的绿道委员会及 DNR 景观和流域管理部门将此模型推广至整个州的 GI 规划。在 Chesapeake 海湾项目中 GIA 在多尺度下发挥景观生态优化的作用，在区域尺度下，模型主要用来对区域土地保护项目中的地块进行排序或定位；在当地政府规划中，模型被翻译成相关地方标准以支持国家尺度的 GI 倡议。并且，模型中基于栅格单元的排序方法可以结合地块优化用于帮助国家及州政府、地方和私人土地信托保育的决策制定（Ted Weber 等，2003，2006；Maryland DNR，2001）。

2.GIA 的实践流程

见表 3-2。

GIA 的实践流程（以马里兰州 GIA 为例）　　　表 3-2

步骤	内容	相关负责部门	主要任务
步骤一	提交数据到 GIS 系统	开放空间项目；乡村遗产管理部门；马里兰农业土地保护基金会；马里兰环境信托部门	构建评估过程框架；指定地块项目分组
	内业——土地特性分析	流域地理信息服务部	CIS 系统划分地块边界；GIS 系统为验证 GI 模型而设定地块筛选；GIS 系统数据库构建；提交地块相关数据；创建地块网站地图文件并连接网络
步骤二	内业——GIA 评价	景观与流域分析部门流域服务区域团队（LWAD）	地块得分资料；GI 面积统计信息；为 GIS 补充提供数据库信息；GIS 部门对数据库信息的处理；GIS 部门通告所形成的数据库信息
步骤三	初步实地调查	区域评估项目；开放空间项目；当地合作方文献处；评估与文献处	确定土地覆盖类型；评估当地资源状况的脆弱性；形成书面文件并上传至数据库
步骤四	实地详细调查	—	—
步骤五	规划公示	开放空间项目	补充鉴定土地产权特征并形成文件；合作方补充各项资料信息；更新数据库

（资料来源：Maryland DNR，2001）

3.2.2　GIA 核心技术问题

1.GI 空间要素的辨识

1）源斑块（hub）的辨识

源斑块可以定义为至少 809hm² （有一定的主观性，主要是为了确保地图可输出不同比例）、连续的、生态特征显著的区域。它是区域内重要的区域物种、野生物种、敏感物种、受威胁或濒危动植物所需生境或许多物种特定的生命周期阶段的生境或其他独特的自然区块。保留这些地区作为开放空间或者进行限制性开发，将对维持或提升整个地区因人类随意开发而降低的生态多样性，有着至关重要的作用。比如，内陆森林为鸟类筑巢提供了良好的环境，自然保护区则为濒临灭绝的生物种群提供特定的生存空间。大块的、连续的森林是必要的，以支持林业的可持续发展及区域重要的经济行为。这些信息可以从以下资料中获得：

特殊州立湿地 / 敏感物种监测区域（包括受威胁和濒危物种）/ 连续的、至少 202hm^2 的内部森林，外加 152m 过渡区 / 原生湿地，至少 202hm^2 加上 168m 山地缓冲区 / 现存保护地等。

辨识源斑块，需要符合以下条目之一（Maryland DNR，2001）：

（1）区域内有敏感的动植物种群。

（2）大面积的、连续的内陆森林（比如至少 100hm^2，加上 100m 的过渡区）。

（3）一定面积未被开发的湿地（至少 100hm^2）。

（4）溪流、河流，包括沿岸的湿地和森林。包含：相关的水生物种；有代表性的大量当地鱼类、两栖类、爬行类物种；稀有的冰水或者污水生态系统；重要的洄游鱼类产卵区。

（5）已经归为公共或私有组织的保护地，如自然基金会、马里兰鸟类协会等。

2）廊道（corridor）的辨识

廊道是指线性的、宽度至少 350m 的、连接源斑块以维持动植物在源斑块之间运动迁徙的带状区域。在一个区域范围内，局部源斑块中的物种灭绝通过物种在廊道中的迁徙运动抵消这种影响，便于物种进行重新扩张。

廊道的识别是基于许多数据集合，包括土地覆盖率、湿地、道路、河流、冲积平原，以及通过调查的社会、生态资料得出的。首先，因廊道连接不同生态系统时，生物运动相差较大，所以把廊道连接的生态系统分为陆地、湿地、水生三个系统类型。之后，对系统中的河流、道路、缓坡、水生群落条件等确定阻抗（阻扰物种之间迁移的程度），再通过 GIS 的成本最佳路径（成本指穿越景观的困难程度）分析确定廊道线路。廊道线路确定之后，基于相邻的地形及土地覆盖确定廊道宽度。

3) 缓冲区的辨识

环绕整个 GI 网络，确立低强度的土地开发的缓冲区。缓冲区边界依据现有的自然土地、造林、农业等到源斑块、廊道或最近的主要道路达到一定的距离（约 1km）。缓冲区的作用较大，从生态角度看，保护农业 GI 不受高强度的干扰与城市发展的影响；从经济角度看，它可以保护农业的基础，避免城市蔓延；从美学角度看，受保护的农业缓冲区可维持大片的农村景观。

2. GI 空间评价及排序

为了合理评价 GI 网络要素在整个生态系统中的作用以及制订相应的保护措施，需要在其所属地形分区内评价其生态重要性、开发风险性和排序。评价和排序均同时在两个层面进行：GI 网络要素（源斑块与廊道、缓冲区）和地图栅格单元。独立栅格单元的生态重要性排序和开发风险度排序利于在更小尺度上如具体地块的比较和优先度分析（栅格单元大小由卫星图像的像素决定）。基于栅格单元的优先度排序还需要将景观环境因素考虑在内。

开发风险度指因人为开发而导致该因素的破坏从而对整个生态造成的危害程度。对于与生态重要性相当的源斑块和廊道而言，被破坏之后可能造成最大危害的区域需要优先保护。相对于与生态重要性同等的源斑块而言，廊道缺失的风险更大。因此，潜在保护途径应该是保护而不是开发廊道，进行生态友好设计。或获得地役权的方式，而不是仅仅获得土地，土地获得对于源斑块则更有效或更适合。由于缺乏足够信息确定评价阈值，生态数据使用非参数排列。

3.2.3 马里兰州 GIA 模型

于 2001 年以众议院法案 1379 号通过的马里兰州绿图计划项目执行期限为 2001 年 7 月至 2006 年 6 月，开始以巴尔的摩县为试点开展实践，继而马里兰绿道协会及马里兰州自然资源部、景观和流域管理部门将此模型推广到整个州的 GI 规划。下文详细介绍马里兰州绿图计划中的 GIA 模型,资料来源为马里兰州自然资源部 2001 年的工作报告。

1. 研究范围及基础数据

马里兰州的范围从大西洋到阿巴拉契亚山脉,跨越五个地形区(滨海平原,皮埃蒙特,蓝岭山脊线和山谷,阿巴拉契亚高原),如图 3-4 所示。其中每个区域都有独特的地质、气候特征和植物种群。马里兰州在物种分布方面具有重要意义,它同时是许多北部动植物物种分布的最南界和许多南部动植物物种分布的最北界(Williams,1991)。GIA 研究范围的确定并不局限于城市规划的建设区范围,而趋向于以地理区域或景观区域为辅助界限。因此,除整个州以外,还包括与州内土地相连的地块及相邻州的河流。在州的西部则采用行政边界,因为那里很多森林地块深入宾夕法尼亚州而非马里兰州。GIA 从州到社区的多个尺度和层面进行评价,主要针对历年来土地类型变化频繁,即人类干扰的压力和频率大的区域。

马里兰州绿图计划的 GIS 数据来自于马里兰卫星(NAD)1927 年的卫星数据,栅格单元大小为 0.34acres。Delaware 数据则来自州卫星 1983 年的数据,三个数据是 ArcGrid 格式以 10m 栅格单元,州边界部分加上与相邻州 10km 的叠合区域;珍稀物种信息来源于州自然资源与环境管理部门;土地数据来自州或联邦代理机构或收集。分析软件为 ArcGIS 9.1,ArcInfo 工作站;ArcGrid;Arcview 3.2;Microsoft Excel;数据统计软件 NCSS 等。数据包括土地覆盖 MRLC;NWI 湿地;溪流,大西洋入河口;海拔高度(30~90m 数字高程模型);FEMA100 年漫滩;自然遗产保护地;敏感物种监测地;马里兰州生物普查资料;水生物种;保护地;道路;水体边界;自然土壤类别;州、郡边界;开发压力;国土分区。

2. 研究过程

1)GI 空间要素辨识状况

历时一年多,马里兰绿图计划的 GI 空间要素辨识结果才得以输出。研究方法经过从事过类似项目如佛罗里达州绿道项目的科学家和规划师的进一步讨论进行修正；输出结果同时得到科学家、规划师及每个县级政府及巴尔的摩县城市规划、区域规划及恢复重建部门的审查，政府官员提供关于 GI 网络中已开发（数据收集之后的开发）的地区但开发项目不能以自然资源为主导的地块信息；通常还要通过现有规划、公园、娱乐用地等功能要求来修正：在现有网络的基础上，增加上 40hm^2 以上的连续公园自然区，或者临近的已确定为源斑块的区域。还有一些廊道的控制对于现有土地的影响较大，一些线路可行性不高的，要进行修正。最后，对于 GI 系统还有一些需要增补的，主要来自于上位的相关景观保护规划。受上位区域景观规划的影响，对于一些城市之间的绿色通道需要添加进来。同时还可能根据实际情况，增加了一些区域，如沿海湾的河口、沼泽用地等，这些用地因已经有人为的干扰，而没有被识别为潜在的物种栖息地。根据他们的建议和进一步的文献资料，模型得以修订。

  模型和图纸将继续修订，依据获得的最佳资料，在 3~5 年的周期内会频繁地更新。模型作为德尔玛瓦半岛生态廊道及切萨匹克湾流域的土地资源评估规划的原型，也激励其他国家和地区的类似实践，反过来，这些实践的经验和教训在模型更新时也被考虑进去。

  2）GI 空间评价及排序指标体系

  马里兰州的五个地形分区有明显的地质、气候特征和植物种群的差异。规划依据自然资源、物种分布、主要道路和人类土地利用状况等特征，根据生态专家、自然资源管理者的反馈、前人的研究、区域的独立性和空间叠加及最小重复原则，形成源斑块和廊道[①]的评价参数和权重体系，所有数据的相关度均在 75% 以下（表 3-3~表 3-8）。

---

① 由于廊道多纵横交错，廊道也被分割成几个部分，评价其生态重要性的时候以廊道片段为单元进行评价。廊道片段（Corridor Segments），是指连接源斑块与廊道的延伸端点或与其他廊道的相交点之间的部分。廊道的生态重要性评价权重，与其连接的两个源斑块密切相关，因此廊道与相连接的源斑块的评价参数部分一致。然而，廊道的参数强调了联系的是什么类型的源斑块，以及如何增强这种联系的有效性。

地形分区内 GI 网络源斑块生态重要性评价、排序参数及权重　　表 3-3

源斑块生态重要性评价及排序参数	权重	百分比（%）
遗产与马里兰生物流调查要素排序（珍稀程度；濒危及灭绝物种；据其在国际及区域范围内的珍稀程度确定权重；国家特殊珍稀物种状况、数量、质量及生存能力）	12	16.9
德尔玛瓦内狐狸及松鼠栖息地	3	4.2
属于成熟或自然植被中的一部分	6	8.5
属于自然遗产区域的一部分	6	8.5
生物完整性的平均鱼指数	1	1.4
生物完整性的平均海底无脊椎动物指数	1	1.4
有小溪鳟鱼	2	2.8
洄游性鱼指数	1	1.4
源斑块中内部自然生境的比例	6	8.5
山地内部森林生境的面积	3	4.2
湿地内部森林生境的面积	3	4.2
其他未被改造的湿地面积	2	2.8
在内部森林生境里的溪流长度	4	5.6
溪流及节点数目	1	1.4
植物类型数目	3	4.2
地形地貌（海拔标准偏差）	1	1.4
湿地类型数目	2	2.8
土壤类型数目	1	1.4
源斑块中的地形分区数目	1	1.4
高度侵蚀土壤的面积	2	2.8
距主要道路的偏远性	2	2.8
源斑块外部毗邻区域面积	2	2.8
距最近源斑块的距离	2	2.8
源斑块形状	1	1.4

续表

源斑块生态重要性评价及排序参数	权重	百分比（%）
周边缓冲区的适宜性	1	1.4
源斑块外围 10km 内的内部森林生境	1	1.4
源斑块外围 10km 内的内部沼泽生境	1	1.4

（资料来源：Ted Weber 等，2005）

GI 网络廊道生态重要性评价、排序的参数及权重　　　表 3-4

廊道生态重要性评价及排序参数	权重	百分比（%）
廊道所连接的源斑块生态重要性排序是否最高	8	14.5
生态重要性排序最高的源斑块由廊道连接	4	7.3
平均山地生境阻抗	4	7.3
平均湿地生境阻抗	4	7.3
平均水域生境阻抗	4	7.3
总面积	1	1.8
廊道割裂的数目	4	7.3
被道路穿越，由道路类型决定权重	8	14.5
廊道断裂处面积的百分比	2	3.6
珍稀物种得分总和	2	3.6
德尔玛瓦内狐狸和松鼠栖息地面积	1	1.8
属于成熟或自然植被区的一部分	2	3.6
生态完整性平均鱼指数	1	1.8
生态完整性平均海底无脊椎动物指数	1	1.8
有小溪鳟鱼	1	1.8
山地内部森林生境面积	1	1.8
湿地内部森林生境面积	1	1.8
其他未受干扰湿地面积	1	1.8
内部森林生境中的溪流长度	1	1.8

续表

廊道生态重要性评价及排序参数	权重	百分比（%）
高度侵蚀的土壤面积	1	1.8
距最近的主要或次要道路的平均距离	1	1.8
周边缓冲区的适宜性（在源斑块内100m）	2	3.6

（资料来源：Ted Weber 等，2005）

GI网络栅格单元生态重要性评价、排序参数及权重　　　　表3-5

栅格单元生态重要性评价及排序参数	权重	加权得分范围
珍稀动植物要素	4	0~200
德尔玛瓦内狐狸和松鼠栖息地	6	0 或 60
与自然遗产区相邻	5	0~100
与其他遗产区相邻	3	0~60
土地覆盖	4	0~40
与开发区相邻	4	0~40
距最近道路的距离，由道路类别决定权重	1	0~40
高度侵蚀的土壤	2	0~20
与未开发湿地相邻	4	0~40
内部森林生境	4	0~40
与高完整度的溪流相邻	6	0~60
与低完整度的溪流相邻	2	0~20
与其他溪流相邻或在100年洪泛平原内	4	0~40
与溪流节点相邻	1	0~10

（资料来源：Ted Weber 等，2005）

GI网络源斑块开发风险评价、排序参数及权重　　　　表3-6

源斑块开发风险评价与排序参数	权重
开发过程中保护的平均水平	5
指定优先资助区域内部枢纽的百分比	3

续表

源斑块开发风险评价与排序参数	权重
现存或规划污水服务区中枢纽的百分比	3
1990~2000 年人口数量的变化	2
枢纽内部被割裂的地块数目	1
距离城市中心的通勤距离	1
华盛顿与巴尔的摩市对枢纽的土地需求	2
土地价值的平均市场价格	2
距最近主要道路的平均距离	2
滨水地区的面积	2
与被保护的开放空间的平均距离	2

（资料来源：Ted Weber 等，2005）

GI 网络栅格单元开发风险评价、排序参数及权重　　　表 3-7

栅格单元开发风险评价及排序参数	权重
开发中保护的等级	6
优先资助的内部区域或拥有原有或规划中的排污设施	4
1990~2000 年人口数量的增减	1
从产权角度划分的地块大小	1
距镇中心的通勤时间	1
邻近华盛顿和巴尔的摩的土地需求	2
从产权角度划分的每英亩土地市场价格	2
距主要道路的距离	2
距次要道路的距离	1
滨水地块特性	2
毗邻受保护的开放空间	2

（资料来源：Ted Weber 等，2005）

GI 网络开发约束及其相对强度（得分区间 0～1）　　表 3-8

数据层	限制得分
公共和私有保护土地（至 2000 年）	0.0
其他公共所有权（至 2000 年）	0.5
保护地役权（至 2000 年）	0.0
农业地役权（至 2000 年）	0.0
开放水域	0.0
湿地	0.2
陡坡（大于等于 25%）	0.3
100 年冲积平原	0.8
敏感物种项目审查地区	0.9
CBCAC 资源保护区域	0.8
国家划分的保护分区（至 1994 年）	0.7~0.9
国家划分的农业分区（至 1994 年）	0.7~0.9
农业区（至 2000 年）	0.7

（资料来源：Maryland DNR，2001）

3. GIA 成果的输出

GIA 模型相对高效地识别了生物多样性丰富的自然资源区域，然而，在识别孤立的自然遗产要素、溪流及滨水缓冲区、陡坡、湿地等要素时，尤其是对高度侵蚀土壤的信息获取方面尤其薄弱。马里兰州 GI 网络包括 719300hm^2 的源斑块与 102380hm^2 的廊道（其中开放水体、开发区、深度开发区域如农业用地、草地、采石场等地块面积被去除）（图 3-4、图 3-5），具体包括：33% 的州陆地面积；63% 的森林，其中包括 90% 的州属内部森林；87% 的未改造湿地；91% 的内部森林内的溪流；99.7% 的自然遗产区域；88% 的现存珍稀、受威胁及濒危物种；89% 的陡坡区域（大于等于 25%）；44% 的高度侵蚀土壤区域；60% 的森林内的高度侵蚀土壤区域；89% 的有鳟鱼的溪流；73% 的生物完整性指数高或有危害水生物种的溪流；90% 的确定为鸟类内部生境的高质量森林（Maryland Department of Natural Resources，2001）。图3-6为GIA模型与绿道模型输出比较，左为GIA输出结果，右为巴尔的摩环境保护与资源管理部绿道模型输出的森林保育系统。

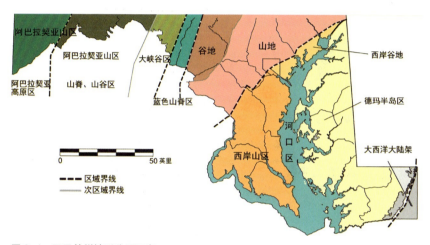

图3-4 马里兰州地形分区示意
（资料来源：根据Maryland DNR，2001绘制）

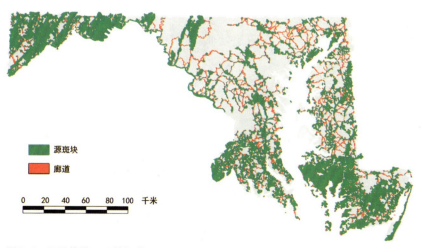

图3-5 马里兰州GI网络组成
（资料来源：根据Maryland DNR，2001绘制）

图 3-7 所示为马里兰州 2020 年 GI 网络保护模拟预计丧失 10% 的源斑块和廊道的情景。图 3-8 为马里兰州 GIA 模型多层面的评价及排序（以马里兰州南部的 Charles 地区为例）。

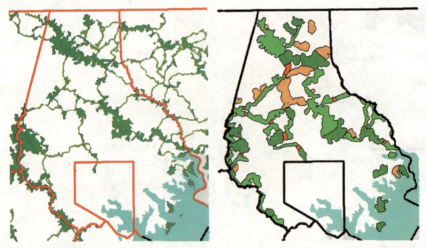

图 3-6　马里兰州 GIA 模型（左）与绿道模型（右）输出结果比较
（资料来源：根据 Maryland DNR，2001 绘制）

图 3-7　马里兰州 2020 年 GI 网络保护模拟图（预计丧失 10% 的源斑块和廊道）
（资料来源：根据 Maryland DNR，2001 绘制）

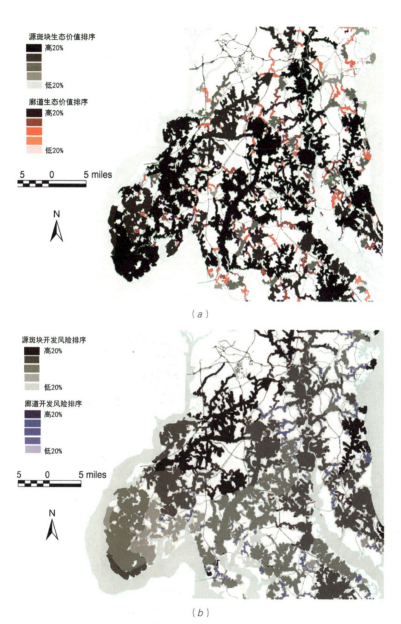

图 3-8 马里兰州 GIA 模型多层面的评价及排序(以马里兰州南部的 Charles 地区为例)
(a) GI 网络要素层面源斑块和廊道生态重要性评价及排序;(b) GI 网络要素层面源斑块和廊道开发风险评价及排序

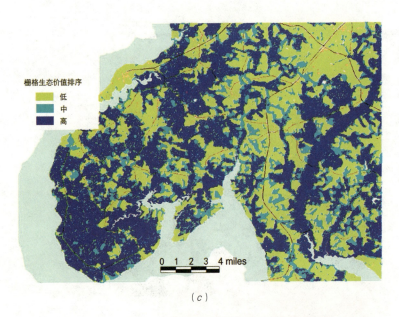

(c)

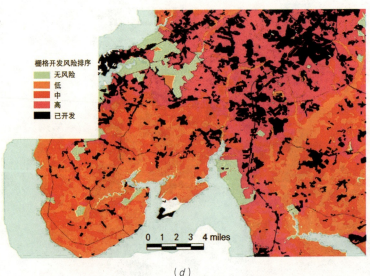

(d)

图 3-8 马里兰州 GIA 模型多层面的评价及排序（以马里兰州南部的 Charles 地区为例）（续图）
（c）GI 网络栅格层面栅格单元生态重要性评价及排序；（d）GI 网络栅格层面栅格单元开发风险评价及排序
（资料来源：根据 Maryland DNR，2001 绘制）

4. GIA 成果的应用

1) 确定重点保护区域

在 GI 网络要素和栅格单元尺度上生态重要性与开发风险的评价与排序需要经过空间叠合与平衡，才能确定优先保护的重点保护区域。实践证明分散的生态保护行为最不可取，而在保护主题相对明确的情况下适度集中在重点保护区域才是最明智的途径。

在马里兰州绿图计划中，如果不存在购买或者地役权分散或者需保护源斑块或廊道部分已被开发的情况，则以下组合确定为重点保护区域：生态排序在前 33%（所属地形分区内），未受保护部分中的开发风险排序在前 50%（全州和所属地形分区内）的源斑块；连接上述源斑块且开发风险排序在前 50% 的廊道；或连接现存受保护的 GI 土地且开发风险排序在前 50% 的廊道。

也有更狭义的观点认为正在开发的源斑块或廊道，且具有特定保护主题（如生物多样性、水质、林业及休闲娱乐）的为重点保护区域。

2) 生态保护与生态恢复

通过对重点保护区域的进一步资源调查和分析，并综合评估其在整个 GI 网络中的功能与作用，确定其生态保护或恢复的目标并制订详细保护计划。具体措施如：湿地恢复、溪流与滨水地带恢复、酸性矿山径流的修复、道路与铁路的地下埋设、电力廊道的关闭、沟渠填埋、外来物种侵入的隔离、现有恢复项目的协调等。生态恢复会产生一些直接或间接的经济成本，但 GIA 模型提供了生态经济成本和生态系统服务价值的评价工具，为生态恢复的经济核算提供了包括社会生态服务在内的真实、全面、可持续的评价依据。

3) 生态缺口与生态恢复

生态缺口指土地覆盖类型为农业、矿业开采、人工清理或源斑块、廊道或节点中已建设的地块，这些地块可以确立生态恢复目标，主要途径是转换成具有综合的、多功能的自然条件的湿地或者森林。自然生态缺口作为健康生态系统的一部分对自然干扰作出快速反应，所以应慎重人为恢复，而由于人类干扰而造成的生态缺口的恢复能促进 GI 网络功能的扩充与完善，从而极大地改善物种栖息地质量。其修复的先后次序由其相对生态效益和复垦排序及参数组合所决定。生态缺口的相对生态效益的计算在四个不同尺度下进行：大尺度流域（50hm²）、中尺度流域（10hm²）源斑块或廊道、独立生态缺口或地块。表 3-9 及表 3-10 列出了生态效益评价及复垦评价的参数及相对权重。

GI 网络生态效益的评价参数的相对权重
（恢复目标决定生态缺口的得分）　　　　　　　表 3-9

生态缺口的生态效益评价参数	分析尺度	重要性	恢复目标为森林的权重	恢复目标为湿地的权重
较大尺度流域排序	较大尺度流域	高	30	30
中尺度流域稀有鱼类贝类排序	中等尺度流域	高	20/17	20/17
中尺度流域有鳟鱼	中等尺度流域	高	0/9	0/9
中尺度流域不透水面层	中等尺度流域	高	20/17	20/17
中尺度流域自然覆盖面积百分比	中等尺度流域	高	20/17	20/17
景观元素的重要性	源斑块或廊道	高	24	24
源斑块或廊道的生态重要性排序	源斑块或廊道	中	48	48
生态缺口是否处于廊道断裂处	源斑块或廊道	高	24	24
景观元素的相对增益	源斑块或廊道	高	32	32
生态缺口是否在内部生境	源斑块或廊道	高	24	24
生态缺口的面积	独立生态缺口	高	16	13
除去生态缺口面积的内部森林增益	独立生态缺口	高 / 中	16	8
位于滨水带的缺口的百分比	独立生态缺口	高	16	16
溪流等级	独立生态缺口	较低	1	1
临近自然残遗要素（珍稀或敏感物种、社区或生态系统）	独立生态缺口	高	16	12
土壤为高度侵蚀的生态缺口的百分比	独立生态缺口	高	12	0
地形起伏（平均坡度）	独立生态缺口	低	4	0
土壤为含氢的生态缺口百分比	独立生态缺口	无 / 高	0	24
与完全未干扰湿地的平均距离	独立生态缺口	中	9	16

（资料来源：Maryland DNR, 2001）

GI 网络复垦评价参数及相对权重　　　　　　　　表 3-10

生态缺口复垦评价参数	重要性	权重
改变土地覆盖类型以达到生态修复	高	4
生态缺口的面积	高	4
现有的开发公有性或地役权	高	4
临近公共用地	低	1
临近道路	低	1

（资料来源：Maryland DNR，2001）

4）其他类型的生态恢复及经济成本

类似的评价和整合手段用于其他类型的生态恢复如湿地恢复、溪流的疏通和恢复、酸性矿山径流的恢复、侵蚀的控制与修复、外来物种侵入的隔断、道路与铁路的地下铺设及维护等。生态修复会产生一些直接或间接的经济成本，但 GIA 模型提供了生态经济成本和生态系统服务价值的评价工具，为生态恢复的经济核算提供了包括社会生态服务在内的真实、全面、可持续的评价依据。

3.3　GIA 应用及案例分析

3.3.1　GIA 是 GI 规划的主要技术手段

GIA 能够针对城市快速扩张中重要 GI 资源的保护问题作出快速准确的判断，在 GI 规划中应用广泛。GI 规划能够促进当地风景的管理、保护和进步，成功保护、保留、管理历史风景、考古发现和历史文化遗产；维持并且提高生物多样性，确保发展和落实生物多样性行动计划（Biodiversity Action Plan）；通过提高现有林地和创造新的林地和森林来传递 GI；创造新的休闲设施，特别是那些有机会连接城市和农村区域的娱乐设施；考虑与整合自然过程与系统；在城市的区域中管理、资助容纳自然、野生生物和历史文化的资源，提供运动和娱乐；持续性提高社会、经济和环境的利益；关注社会的包容、社区发展和永久生命发展。环境质量改善方面能提高空气和水的质量，有利于可持续排水与减少洪水；在居民居住感方面可促进地区社区感、场所感和生态安全感，而且可帮助减少犯罪、恐惧感和反社会行为。

GI规划为我们的土地保护提供了一种精明的解决办法，同时促进了精明增长与精明保护。精明增长计划是针对城市无序发展与蔓延，由精明保护计划战略性指导保护实践。它强调土地开发、城市增长以及市政基础设施规划的需求。对比传统的开放空间规划途径，GI途径被认为是先见性而非反应、系统性而非偶然性、整体的而非零碎的、多权限而非单一权限、多功能而非单目标、多尺度而非单一尺度（Benedict and McMahon, 2002）。而精明保护以这样的方式推行规划和保护：前瞻式而非被动反应式、系统而非随意、整体全局而非片面化、多功能而非单目标、多元管辖权和司法权而非单一管辖权、多尺度而非单一尺度。

3.3.2 GI规划的原则

Benedict与McMahon（2003）认为GI规划有利于土地可持续与永久利用，并对人类、动植物以及社会经济发展提供策略性指导框架，提出七条规划设计原则：

（1）GI为保护与发展提供指导框架。如果将自然保护区隔绝开，野生动物种群就无法大量繁衍，而且生态过程也不会发挥作用，因此，这些"孤岛"不可能达到其保护目的。我们应当有计划地建设和维护道路和公路，使之成为连接公园和保护区的系统，为未来的开发和发展提供一个框架。这样社区才能规划其内部相连的绿地系统。

（2）在开发前设计和规划GI。通常，用于恢复自然系统的费用远远高于用于保护未开发土地的费用。所以在土地开发前，评估土地现状，决定在何处恢复GI将更有利于土地的永久利用。GI规划设计遵循先规划后开发的优先顺序。

（3）连接是关键。GI 规划的核心是连接，这种连接是多方面的，不仅包括功能上的、空间策略上的，也是不同机构之间的连接。其中最重要的是自然系统网络连接，使得绿地"网络"能够充分发挥其整体生态作用。

（4）规划尺度不同，并且不受限于行政管辖。GI 规划的目的是将城市、郊区、荒野连接起来，以及将城市内的各部分网络化，是多尺度联结绿色的空间体系。GI 战略可用于任何规模或尺度的开创计划，包括：单块棕地或者单向房地产开发；社区和区域尺度，包括公园、休闲以及其他空地项目；景观尺度，包括全国和地区的保护区和空地资源。

（5）GI 应建立在可靠的科学和土地利用规划理论及实践上。保护生物学、景观生态学、城市规划、地理学和土木工程等都对 GI 系统规划有帮助。

（6）绿地基础设施应作为一种重要的公共性投资。GI 对于人类和生态系统的生存质量举足轻重，所以应以与国家建设基础设施相同的方式获取资金，从而保证各个组成部分的衔接，并使它们发挥最大作用。

（7）应在绿地基础设施设计中考虑多利益主体的需求。GI 的利益相关者具有不同的背景和需要，因此要在公共组织与私人组织之间建立联盟关系。

3.3.3　GI 规划的步骤

GI 规划是一个从资料收集到目标方案决策的完整过程，规划步骤因规划区环境的差异而变化。一个有意义的 GI 研究与定义和 GIA 有关（Lewis P.H., 1964；Noss & Harris, 1986；Hoctor 等, 2000, Benedict & McMahon, 2002；Carr 等, 2002；Weber, 2004；Weber 等, 2006；Hoctor 等, 2008）。在具体的规划编制和实施方面，国外已积累了大量经验。规划步骤因规划区环境的差异而变化，如 ECOTEC（2008）提出以目标为导向的五步骤规划方法，McDonald 等（2005）归纳的目标设定、分析、综合和实施四步骤法，Williamson（2003）提出的六步骤建立 GI 体系：提出方法、列举资源、规划远景、确定源斑块和连接要素、制订计划、最后建立体系。

ECOTEC 和 McDonald 等分别以西欧和美国的 GI 规划案例为基础，对其规划的一般步骤进行了梳理。

1. ECOTEC 以目标为导向的五步骤规划方法

（1）合作伙伴和优先事宜的确定。通过对现有地方或区域战略的解读，识别 GI 建设的利益相关者，确定 GI 能够促进的战略重点及其优先事宜，制定政策评估框架。

（2）数据整理和制图。通过资料的收集和综合分析与整理，辨识现有 GI 的组分、质量、分布、连接性及其与周边土地利用、人口分布特征等之间的相互关系。依托地理息系统分析平台，分析土地利用、地理信息数据以及其他各种数据信息，建立基础数据库，为后期的方案编制提供支撑。

（3）功能评估。综合土地利用、历史景观、城乡布局以及生态等多个因子，详细解析规划区内的 GI 组分及其质量，剖析现有 GI 所具有的功能和能够提供的潜在效益并图解。

（4）必要性评估。包括时势评估和未来预测两个部分，要求在功能评估的基础上，以生态和经济社会效益最大化为出发点，结合本地特色，判断现有 GI 对当地发展的支持情况；结合城市战略重点，判断当地 GI 当前建设的不足及其潜在可塑的功能，并结合图示直观表达。

（5）干预性计划。即指导 GI 规划实施的行动方案。在上述基础上，制订 GI 规划方案；积极参与到区域、次区域及战略伙伴的地方政策的制定和磋商中，形成现实可行的执行机制；积极推广 GI 规划的思想和策略，将其植入土地利用等发展规划中，实现规划编制的统筹协调；关注规划实施的可行性，制订切实可行的资金筹措计划（ECOTEC，2008）。

2. McDonald 等归纳的四步骤法

根据 McDonald 等的概括，GI 规划包括目标设定、分析、综合和实施四大步骤。目标制订过程中应强调融合由利益相关者、专家、政府等组成的领导组或咨询委员会的规划指导目标，注重从景观尺度上开展规划，强调对区域资源如何受益、如何相互作用以及如何被周边区域生态系统影响等综合作用过程的分析。

分析过程强调生态学理论、土地利用相关理论以及景观尺度方法等的运用，注重生态系统与生态过程以及景观特征和人工环境等之间的关系。到目前为止，以生态学理论为基础，并辅以多样化的土地利用，在地理信息系统的技术支撑下，通过生成和提取生态"汇集区"和"廊道"来构建区域 GI 网络的处理和分析方法普适性较高。

综合过程是 GI 规划的核心部分，通过探究现有 GI 的保护状况，并以 GI 网络为理想分析模型，比较和分析两者的差异，从而找出经济发展过程中正在和即将面临的巨大威胁、需要重点保护的区域并以地理图件的形式表达出来。最终通过构建优先保护体系作为规划实施的决策支持系统，并在此基础上生成一个能够指导规划实施结果的土地保护战略，形成实施机制和资金筹措计划，推进实施过程（Leigh Anne McDonald，2005）。

3.3.4 案例分析

1. 马里兰州绿图计划

1）项目概况

GI 网络的建设大多始于绿道体系。在美国，马里兰州较早开展 GI 方面的实践。1991 年美国马里兰州绿道体系的建设成为该区域 GI 网络建设的先声。这一绿道规划用来提供迁移廊道，并提供水道与陆地边缘的生态缓冲区域和保护区域。但是该早期绿道建设基本上是以步径与游憩功能为重点的，这实际上削弱了整个网络针对生态的效应，因此在 20 世纪 90 年代中期，马里兰州以生态为目标的 GI 评估全面展开，多个部门通力合作[其中包括马里兰州自然资源部（Maryland Department of Natural Resources），马里兰州绿道委员会（Maryland Greenways Commission），巴尔的摩郡环境保护与资源管理部（Baltimore County Department of Environmental Protection and Resource Management）]，利用 GIS，确立了一个绿色网络，对现有的绿地网络进行保护，对缺失的部分进行修复。2001 年，马里兰州以法案的方式（众议院法案 1379 号）通过了绿图计划（Green Print Program），项目起止期限为 2001 年 7 月至 2006 年 6 月。绿图计划保护通过 GI 评估的具有生态价值的 80.9 万 hm^2 绿地，同时还以 GI 评估所确立的绿色网络为依托，展开了开放空间计划（Program Open Space）、乡野遗产计划（The Rural Legacy Program）（李咏华和王竹，2010）。

2）项目资金支持及土地征用

马里兰州政府以立法的形式建立了绿图计划的基金体制，以便能通过购买或保护地役权的方式系统保护 GIA 的重点保护区域。资金主要来自于普通信用担保债券。项目每年约获 35000000 美元财政资助，其中 25% 将用来资助马里兰农业土地保护基金（MALPF）以构成保护农业区划的 GI。2000~2003 年的财政数据显示，项目共收到 230500000 美元，大致在两个项目上对半开：一个是州属基金分配给州内每个县，另一个是巴尔的摩市。市场价值是最直接的土地收购标准，地役权的售价约为市场价值的 50%，只要土地所有者维持依据马里兰州自然资源部制定的管理规划，同时这个活动也不影响绿图计划的目标，那么他就可以继续保持现有的土地开发方式。在各个县中，只有少于 9% 的 DNR 所有的土地有优先购置权，而多数都是计算地役权。此外，开放空间项目（POS）资金部分也用于购买 GI 网络的土地。开放空间项目由州立法机构以年度拨款的方式提供资金，资金来源于州综合债务处提供的州房地产转换税（Maryland DNR，2001；李咏华和王竹，2010）。

从 1999 年开始，88000 英亩土地已经通过 GIA 信息保护起来，而到 2001 年 7 月，其中大约 1/3 的土地通过绿图计划的资金保护起来。GIA 的这种形象的、体现 GI 网络中的土地之间相互关系的能力，在一些土地的利用中被证明是非常关键的。马里兰州最大的一宗土地保护交易，1999 年的 Chesapeake 森林财产案例，保护了 58000 英亩具有高价值的林地。这些土地通过开放空间项目拍卖，是自然保护基金会用私人的账户买下的。在马里兰州，像这种尺度的土地，大约有 460 个。交易的成功与否依赖于基金所有者能否提供一个合理的方案，从而更有利于整个 GI 网络。DNR 成员和当地的县级政府部门和土地信托一起保护这些财产（Malgorzata Anna Talska，2007）。

3）项目实施管理与公众参与

项目主要由 DNR 成员实施管理。针对 GI 网络模型评估的生态缺口，DNR 成员基于 GIA 信息识别出优先保护区域或者能够从生态恢复中赢取最大收益的区域，重点对湿地、河流、沿河森林缓冲区等区域进行生态恢复。项目在巴尔的摩县试点获得成功后在全州推广，如德尔玛瓦（Delmarva）半岛与特拉华州（Delaware）（Theodore C.Weber，2007）和弗吉尼亚的合作项目、切萨匹克湾流域土地资源的评估、安娜阿伦德（Anne Arundel）县的绿道计划、凯托克廷山（Catoctin Mountain）的勘察等（Benedict，2002）。

安娜阿伦德县是第一个基于已批准生效的绿道规划建立 GI 网络概念，并勇于创新的，例如该县确定源斑块最小栖息地的大小为 50 英亩，而不是州层面评估时所采用的 250 英亩。县公园与休闲部门职员致力于接受公众对计划的反馈，并进行生态保护方面的社会教育。县建立一个包含了规划信息及评估过程的网站，以及问卷、宣传册、接受反馈的 E-mail 地址等。广播、电视、报纸进行了进一步的宣传、教育，成立公众会议，发行大尺度地图以便于市民可以识别其所在区域的 GI 要素。2002 年该县绿道规划工作的政府创新获得了州长精明增长奖励，和美国规划协会马里兰分会颁发的勋章（Benedict 等，2002，2006）。

2. 佛罗里达绿道体系规划

同一时期，佛罗里达州在 1994 年开始进行绿道体系规划，1998 年出台了全州范围的生态网络规划与游憩和文化网络规划，二者共同构成全州绿道系统，或可称之为 GI 网络。2001 年，美国东南区域的八个州通过佛罗里达大学地理规划中心完成了以 GIS 分析为基础的东南区生态框架规划（Benedict 等，2002，2006）。这些生态框架、绿道体系都可以统称为

GI。从以上实例来看,大规模 GI 网络主要从已经有一定规模的绿道体系开始,随后通过资源评估、规划、GIS 分析等进行进一步的 GI 规划,并通过各相关管理部门的相互合作以及研究与规划部门制订可实施性的保护、建设、弥补方案,从而全面开展实施。这一过程在马里兰州的实践中用了 10 年时间。规划的前期研究工作可能只需要几年,但具体的实施过程可能相当漫长。

3. 利物浦和曼彻斯特城市地区的 GI 实践

英国西北部的环境部门比较强势,在利物浦和曼彻斯特城市地区特别活跃。据估计区域环境经济在该地区提供了 101200 个岗位和每年 2.9 亿英镑的收入。这个环境部门与其他部门的合作程度将继续提高,通过公众、私人和志愿者部门能提供大量良好的工作实践。但是在这些活动中存在着一个比较严重的缺陷——区域规划尺度,因而强调在战略层面上 GI 规划需要逐步改变。为了探寻在这方面潜在的方法,五个不同尺度的 GI 辖域调查当前正在东中部地区进行。这五个案例的调查尺度从小到大包括了绿色街道、斯坦福德布鲁克住宅区开发项目、圣海伦城市边缘活动规划、摩西河和红玫瑰森林计划以及东中部 GI 辖域研究(Benedict 等,2002,2006)。

绿色街道是一项由社区领导的城市绿化工程,目前在曼彻斯特、特拉福德和索尔福德实施。这项工程有成功的递送记录,并且已经改变了很多内城居住街道的物质环境。绿色街道的景象集中于"居住和商业的社区融合,通过邻里和市中心绿化来提高生活的质量"。其核心价值在于:社区领导的方法改善了促进终生学习、社区融合和技能提高的环境;给予社区在最大需求上的优先权;与现存重建行动结合和互补;确保创新和高质量的设计解决方法;确保通过一个可复制的模型的创建来宣传最好的实践,该模型能促进绿色街道方法的主流化;设计、实施和长期管理围绕着可持续性的核心;最重要的价值在于使服务可递送;财政说明和特别强调在时间维度上的传递;保证长期管理的健康机制;保证长期监督和工程评估;通过高质量城市环境的创建来提升西北部的形象(Benedict 等,2002,2006)。目前绿色街道已经在居住区更新地区取得了部分成功。

1）斯坦福德布鲁克住宅区开发项目

斯坦福德布鲁克住宅区开发项目是由国民托管组织、Redrow Homes 和 Taylor Woodrow Developments 共同合作的，是一个如何将 GI 作为一个新住宅开发的核心特征被全面整合的杰出案例，同时也是如何使大量的住宅建筑提高在建设和居住的能量消耗中的环境标准的有力证明。这个项目完整且多功能的 GI 由以下景观组成部分构成：恢复和加强开发区北部和西部的两条河流廊道；建立良好的绿色通道和野生生物廊道联系；用本土树种和灌木种植和恢复扩大社区的林地范围；在发展框架下建立附带的公共开放空间等级制度；暴雨雨水衰减特征与开放空间结合；用街道树木和灌木篱墙确定边界。GI 规定提高当地新的和已有社区居民的生活质量。它将展现其便利、休闲娱乐、生态景观、防洪安全、教育、社区价值等许多重要的功能。并且通过创建一个由居民提供资金的管理公司（Benedict 等，2002，2006），使 GI 得以长期管理。

圣海伦城市边缘活动规划试图创造一种健康的景观构架，能够使一系列的规划和传送机制有效地运作。它已经准备用来支撑圣海伦镇的森林美景计划，聚焦于由为城镇内及周边的乡村服务的乡村中介和基层定义的十大功能。每个功能主题可以通过一系列的标识符在空间上得到表达。

2）默西河森林计划和红玫瑰森林计划

默西河森林计划和红玫瑰森林计划采用了不同的规划方法来传送 GI，但都将重点放在 GI 的多功能贡献和了解不同类型的栖息地和绿色空间的价值上，通过其所阐述的原则和目标影响社区森林的活动。森林计划不仅仅是关于种植树木，而且它们也在寻求传送一种邻近人们生活的多样的环境资源，并且通过多年的记录证实 GI 在一个大范围的合作组织下的传送。红玫瑰森林计划确认了大量的以主要河流、山谷廊道为基础的核心森林地区。核心森林地区的建议包括林地和栖息地的建立、战略上的和当地通道的规定以及增加人们对 GI 资源的理解和享用的设施。默西河森林计划将其在地方管辖区域的战略基于对坚实的地方支持的重要性和对建议和计划的所有权的认识上。将对这些区域的建议整合到一张范围更广的战略地图上，能够涵盖全部的森林地区，并能图示林地所占的比重，从而提出更详细的项目和规划（Benedict 等，2002，2006）。这两个森林计划的方法是基于景观特色评价和战略的原则。全面的景观特色评价应用以保护、保留和创建景观特色为基础的战略，提供了两个计划的基础。

3）东中部整合区域战略

东中部整合区域战略已经将环境基础设施的规定看成鼓励区域范围内对环境资源可持续使用的行为优先考虑的问题。GI 已经作为环境基础设施的关键组成部分被强调。东中部 GI 辖域研究有两个方向，首先试图在一些地方研究地区通过一系列详细的绘图运用来确定跨区域的 GI 的多功能性。其次，这项研究将用相关利益者的投入和支持来明确和克服组织跨区域作用于 GI 规划和传送的障碍。解决方法在相关的政策、经费、人力资源和知识资本，土地和环境约束以及组织文化等方面探索（Benedict 等，2002，2006）。这种方法对在区域层面上的 GI 规划是有重大意义的一步，能推进很多地区从整个区域和分区政策施行公文的原则转变为行动计划和战略。

利物浦和曼彻斯特城市地区的 GI 实践已经颇具成效，但是也可以从中看到诸如未形成结构框架下的环境工作、资金保障等很多问题。目前该地的 GI 的建设正遇到了重大的机遇（Benedict 等，2002，2006）：通过 GI 的战略规划和传送提供了一个使自然环境、生物多样性和适于居住性的目标相协调的重要机遇；越来越多地强调政府内部和之间的跨部门和合作伙伴的协作；在利物浦和曼彻斯特城市地区有突出的环境部门和志愿者资源；新的税收资金比例已由创建的土地恢复信托组织确立；社区森林合作伙伴取得了很好的传送足迹记录和合作成果；有机会更好地使城区内的环境活动协调，确保消除主题活动间的隔离；一个从区域性机构到区域性公园的观念的承诺正在形成，虽然这些需要通过更广泛的 GI 规划途径来加强。

3.4 GIA 体系特征分析

3.4.1 优势

GIA 将自然资源整合入现存或潜在人类干扰景观的背景中，协调同时运作的多个保护项目并将其统一在 GI 导向的发展框架之中，扭转了以往随意性保护的状态；同时将自然资源、生物多样性、绿色游憩空间保护、历史文化遗产等多个保护目标聚焦于 GI 网络的空间保护策略之下，对于提高保护效率、降低项目实施管理的实际困难、减少不同项目之间的条块分割等起到决定性作用。虽然政府意志、发展压力与当地观念等因素都会影响土地的保护与开发，但在充分考虑各因素影响基础上而建立的开发门槛更能体现 GIA 的核心目标（李咏华，王竹，2010）。

1. 社会发展的客观需求与 GIA 成果的统一

从公共管理的角度来说，各级政府期望 GIA 的结果有利于相关公共政策的制定，如 GIA 与城市级差地租的叠加有助于制定保护与开发并重的土地开发政策；GIA 信息对于土地征用和交易的顺利进行起到不可忽视的作用；开发商等利益群体对于应用 GIA 数据以区分他们所属土地保护的优先权及生态恢复的效果表示了浓厚兴趣；而这些期望值在 GIA 结果中都能够体现出来，体现了作为精明增长的精明保护途径的独特优势。

2. 过程的高度专业与表达方式形象直观的统一

GIA 在规划技术手段和方式上表现出高度专业，并在土地生态价值、经济价值及开发风险评价等方面的研究和实践上取得显著进展，对中国"逆向思维"和"反规划"等类似项目有很大的启发和促进；另一方面，其表达方式却十分形象直观，使土地价值与其在 GI 网络中的地位高度相符，客观上帮助土地投资者确立了信心并努力实现保护目标；清晰明了地表达了土地的相互关系、生态价值与开发优先度，并能够以多尺度、多界面的地图切入查询标注的方式方便公众参与与监督（李咏华和王竹，2010）。

3. 利益诉求与公众参与监管的统一

与以 GIA 为代表的资源保护有利益关联的群体包括各级政府及相关部门、土地管理及环保等组织、公众等，利益诉求显示多主体与多样化的特征。与此相对应，各利益相关者均以直接有效的途径参与计划的制订与实施管理，监管项目的执行成效与基金的使用，可将 GI 网络的重点保护区域接受政府部门及公众的监管（李咏华和王竹，2010）。

3.4.2 局限性

由于研究尺度的原因，GIA 主要还是针对自然特征显著的土地。但实际上对于人们来说，城市内部割裂的绿色空间或者人工开敞空间也应该纳入到 GIA 体系中。GIS 所取得的地表状况、水流和湿地等数据根据实际情况更新，建立新的模型（付喜娥，吴人韦，2009）。

学者们用多种模型和评价方法等来实现 GI 规划，但没有形成标准的统一体系和方法。完整有指导意义的实证研究也仅限于马里兰州的 GI 评价，由于实践和数据的不完整导致基于实证研究的 GI 评价较少，很多研究只是提供了一种可能的评价方法，缺乏实践支撑。

此外，GIA 体系限于某一时相下的资源评估，属于静态化的研究方法，不能充分反映资源在土地利用演变过程中的动态过程及演变特征。到目前为止，GIA 结果仅限应用于土地资源保护、生物多样性保护和恢复等为主要目标的项目和规划中。本书提出的将 GIA 体系应用于城市空间增长控制，也算是对此的一个挑战和尝试吧。

3.5 小结

对于绿色基础设施这个新的术语，可以说国内外进行了全方位的综合性研究，并在理论研究的基础上展开了评价、绩效等定量研究及探索。绿色基础设施被上升为一种规划哲学和长期发展策略的高度，是一种对人类与自然共存、双赢并保持可持续发展的宏观的积极策略。绿色基础设施对于多学科的融合与交叉有很强的兼容性，如生态保护、土地利用、水资源管理体系、基础设施工程与节能利用等方面，但在具体实践层面增添了宏观的、理性的和前瞻性的体系化指导。

第 4 章 城市增长边界设定与 GIA 体系的交叉融合

城市是一个战略空间：一些对环境极具破坏力的力量与环境可持续发展的强烈需求在这里发生直接交汇，而且通常是激烈的交汇（看地球，2010）。同时，城市是个复杂的、开放的巨系统，任何断章取义的、简单化的研究都可能导致一叶障目、不见森林，甚至得出与真相相反的结果。

4.1 城市增长边界设定与 GIA 体系的"平行框架"

4.1.1 城市增长边界设定的技术体系特征

城市增长边界提出的背景决定了其侧重于对空间增长的控制。在当前的社会背景及发展条件下，还应将资源与土地保护的理念深入到空间增长管理中，故有必要对城市增长边界进行再认知。依据城市增长边界在国内外的研究综述及对其在中国体制下的适宜性讨论，笔者认为当前的城市增长边界具有如下特征。

1. 以社会经济发展为研究线索

城市增长边界把城市的发展限制在一个明确的地理空间内，并对城市的发展过程和地点进行引导和控制，其目标是满足城市发展需求的同时阻止城市无序扩张。在这个过程中，城市增长边界的角色更像一个协调者，对于各类空间、自然资源和城市发展分别进行评估，从而按照一定的导则对其进行分配和管理。但是，从当前中国城市扩张的现实来看，其评估侧重于满足社会经济发展需求，表现在人口规模增长的需求和经济发展水平的需求两个方面，而空间资源的约束和交通条件的约束作用明显失效或者约束不足。值得一提的是，这里的发展不仅仅是经济增长的概念，而且是综合了使经济增长在质量和时间上保持可持续所依赖的条件。

2．以区域竞争与协作的同时存在作为客观背景

城市、地区为了提升其在全球的竞争力，与区域内部的其他城市地区寻求合作和联盟，达成发展共识。而这个过程所对应的是城市之间、区域内部和区域之间频繁的交流和联系，其前提是区域协作机制和平台的建立（李广斌，王勇，黄明华，2009）。由于城市增长边界对于城市边缘和城乡结合部及交错带区域更加关注，研究范式符合从"城市规划"向"城乡规划"的转变趋势，有利于当前城乡一体化空间体系的建构。此外，城市增长边界对于一些超越地方范畴的问题可以就区域性协调方面提出解决措施，可规避一些行政"真空地带"。另一方面，对城市增长边界设定界限相当于也承认了区域竞争的客观存在，只不过是为区域竞争设定一定的规则和空间范围。因此，区域竞争和协作的同时存在形成了城市增长边界的客观研究背景。

3．多种模型及技术方法的探索，但基本以发展需求为城市增长边界设定依据

从当前普遍应用的划线方法来看，可以分为基于需求动力的方法和基于供给约束的方法等两大类，由于当前基于供给的方法也有很大的局限性，如主体功能区划分仅适用于较宏观的层面；如土地承载力和生态足迹法仅仅从量的角度缺少最关键的空间分布的考量；土地适宜性分析仅从开发角度而非保护与开发并重；城市四线的方法仅仅从纯保护的角度而非保护与开发并重且仅仅以个体类型及特性而非相互之间的联系网络从资源的片段和局部特征出发，因此大部分的模型和技术方法的探索还是以发展需求为设定依据。但是从当前城市扩张的动力机制和约束条件来看，一味满足城市发展需求只会导致城市迅速扩张，加强资源供给的约束才可能引导城市理性发展，因此，资源供给尤其是土地资源和交通及基础设施资源对于土地使用应该具有优先决定权。

4. 缺乏对一定时间尺度的城市空间增长总量及空间分布规律的研究

当前的城市增长边界对于未来空间增长总量的预测多采用人口规模预测法，现实中经常出现预测失效的状况；而对于空间分布规律则更多的是根据城市空间理论进行规划布置，因此对于资源特性分析及资源保护等考量不足，也凸显出对一定时间尺度的城市空间增长总量及空间分布规划的研究缺失的现状。

4.1.2 GIA 技术体系的特征

1. 以多层面、多目标的保护为研究线索

GIA 能够指导城市和区域生态环境的规划和管理。GI 理论将城市和区域内的生态要素纳入一个整体网络系统予以评价、研究和管理，通过监管和规划政策来强调或完善生境质量、完整性和生境内的生物多样性和稀缺性、标志性物种的保护，这些对于区域层面和城市层面甚至社区、具体地块等微观层面的绿色资源都很重要。不论具体规划或项目的主要目标或重点在于哪里，GI 的生态保护和生态功能服务等基本生态服务、以游憩、休闲或健身保健、文化遗产或自然遗产保护等在内的社会方面的功能在客观上也会得到整体提升。因此，GI 的系统思想保证了其多层面、多目标保护的研究线索的实现。

2. 以全局、统筹的区域协作思想为研究基础

在全球城市竞争日益激烈的年代，"区域"这一概念逐渐超越国家和城市，成为地区发展中更受瞩目的空间单元。在我国，长久以来，区域协作都是一个被广泛讨论的议题。尤其是在大都市区域，城市之间的竞争协作关系关乎该区域的可持续发展前景。

GIA 是以全局、统筹的区域协作思想作为研究基础的，主要体现在 GI 网络体系的构建经常是跨越行政边界的，区域层面的网络体系以地理单元为界，自然地理形态为基本研究单位。此外，GI 的生态价值的发挥是以网络完整性和有机性为前提的，区域 GI 规划的目的在于促进资源的合理利用和开发，避免盲目的资源开发和生态环境破坏，以增强区域社会经济发展的生态环境支撑能力，促进区域可持续发展。区域层面的环境政策对于 GI 网络的影响巨大，如果区域之间的竞争关系大于协作关系，那么就难免出现资源的争夺而不是基于统一战线的保护和协作。如果区域层面的目标一致，则更容易将地方政府的竞争性转变为协作性。地方层面和微观层面的支网络或支脉是以区域网络为研究背景的，如果区域层面的关系定性为竞争的话，那么纵使地方或微观层面的环境政策再积极，GI 的局部特征再优质，也难以保全资源的完整性，故失去区域协作思想来讨论 GI 理论犹如空中建楼阁一样不现实。

3. 注重定量研究，充分发挥 GIS 强大的空间数据挖掘能力

从当前多数国际案例来看，GI 规划更侧重以定量为主的研究方法，如空间单元辨识、评价体系等，且数据源为以遥感信息图像为主的多源信息，借助从遥感图像上提取的空间信息和其他社会经济等属性信息，将 GIS 视为进行数据输入输出、数据综合处理、空间数据可视化和建模的基本工具和平台，两者有机结合构成 GI 空间信息提取、挖掘、反演的空间数据库知识发现模式，以此完成 GI 空间结构特征的识别、不同层面的评价工作和空间模拟的开发。

4. 缺乏资源特性对于资源利用方式的约束性和引导作用的研究

从当前 GI 资源的管理和利用实践来看，资源的利用方式更多受当地经济发展水平、产业分布等条件影响，除了资源特征突出的风景名胜区、自然保护区等，大部分的资源特性对利用方式的影响不明显，体现不出资源特性对利用方式引导的经济效益或利用方式限制的优先约束性。而从当前 GI 的相关研究来看，GIA 仅仅限定于快速识别生态价值较高的区域进行积极保护，而对于生态价值排序并不高的区域来说，更重要的是寻求更积极的资源利用方案，如果建立资源特性对利用方式的有益引导的关系则更利于积极资源利用方案的制订。

从研究综述来看，GI 研究的展开是基于土地资源和生物多样性保护等保护目标而展开的，GI 评价模型的核心目标是通过评价体系快速识别生态价值高的且急需保护的土地，其目标指向仍主要锁定在资源保护。有关 GI 评价

及网络构建等各项理论与实践在生物多样性保护、土地保护与开发、区域与城市的生态建设等领域展开，其核心思想是保障和利用 GI 的生态系统服务功能。

虽然城市增长边界设定的技术路线有多种途径，但总的来说其目标指向仍侧重于发展。对于以需求动力为导向的城市增长边界研究，将对人口增长需求和经济发展需求的预测来作为未来城市空间占用的评测条件，仅仅保证了城市发展的利益而完全丧失了城市可持续发展的潜力；对于以供给约束为导向的城市增长边界研究，道路交通条件的约束是出于城市发展经济效益的追求，而土地资源条件的约束力则大多被忽视或没有显示积极的约束作用。因此，从目前的研究现状来看，城市增长边界的研究主线是促进和保证城市发展。

4.1.3 "平行框架"

如图 4-1 所示，以资源保护为主线的 GI 规划与以经济发展为主线的城市增长边界研究形成"平行框架"，虽然各自领域的研究趋于多元化和纵深化，但由于目标导向的差异导致两者没有交集。

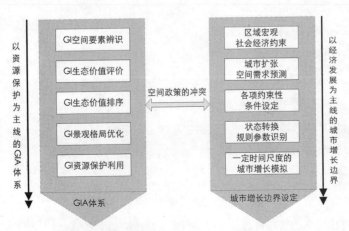

图 4-1　城市增长边界设定与 GIA 体系的"平行框架"
（资料来源：作者自绘）

4.2 城市增长边界设定与 GIA 体系的交叉点选择

4.2.1 GI 与城市建成区的共轭关系

共轭在数学、物理和化学中都有出现，本意是两头牛背卜的架子称为轭，轭使两头牛同步行走（百度百科）。共轭即为按一定的规律相配的一对。《全球千年生态系统研究报告（2002-2005）》中指出自然生态系统与人类社会的关系有两对：一个是自然给人类提供生态服务，人类对自然的生态胁迫；一个是生态胁迫到了一定程度就会出现自然的生态响应，即通过灾害等负面影响反馈城市，人类用正面建设来减缓这些响应。翟宝辉（2008）等根据这个报告提出了城市共轭生态规划的思想（图4-2），认为城市是一类双向进化型的生态系统，物理上沿着熵增方向耗散而生物学上却沿着负熵或能值增加的方向进化，生产上沿着内部效益最大化而外部环境效益最小化方向进化，共轭生态规划是指协调人与自然、资源与环境、生产与生活以及城市与乡村、外拓与内生之间共轭关系的复合生态系统规划。

大到一个国家，中到一个城市，小到一幢建筑，其空间结构形态都受到自然地理条件的影响，这里的自然地理条件与本书的 GI 的概念基本相同，都包括地质、地貌、水文、气候、动植物和土壤六大组成要素，只是二者的出发点和重点不同。以往大量研究成果表明，早期城市的形成过程和所在的地理环境因素密切相关。《齐民要术》中指出："顺天时，量地利，则用力少

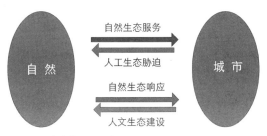

图 4-2　城市共轭生态规划
（资料来源：翟宝辉等，2008）

而成功多。"历史证明,依山傍水、地质好、资源丰富或其他有利独特之处多为城镇选址之处。对于城市空间特征来讲,自然条件的特色对其影响颇深。不同地貌形成山地城市与平原城市、沿海城市与内陆城市及水网城市的特征,城市与河流、高地、海岸、山脉、森林等共同形成城市空间特征。

我国古代从尊重自然环境出发,逐步形成关于城市建筑选址及布局的一系列思想和学说。相土、形胜与风水说对中国传统城市选址、城市内部空间结构具有深刻影响,通过对城市自然条件、地势、地质、水况、防御、形胜等方面的考察形成尊重自然环境的基本观念,如风水学说对最佳城市选址的建议。现代城市规划中的空间形态和空间规划理论顺承了这一思想,随着对自然界认识的加深,相应的自然观得到新的发展,城市空间发展的自然环境结构也将表现为多种新的形式。

由于人口的增长,大城市的扩张,农村地区城市化进程的加速,以及经济率先发达地区城市带的逐渐形成,使人类聚居区蔓延,乡野和自然区域收缩,逐渐形成孤岛或斑块状态。原先郊野和自然区包围点状城市的格局正逐渐向图底关系的相反方向转变。要应对这一趋势,单靠少量的国家公园、自然保护区等点状、片状的局部保护,是无法起到格局上与宏观上的作用的,唯一的办法是将整个自然连贯起来,将GI真正作为一切可持续发展所必需依赖的"基础设施"来考虑,使它成为体系,并在必要时通过人工手段使自然区域的生态避免因人类的可能干扰而过分脆弱,并通过规划设计来限制和引导人对自然地带的使用。由此可见,无论是城市选址还是城市空间结构的形成过程与特征,城市空间自古以来就与自然环境存在着空间上的共轭关系,这里的共轭指自然环境与城市空间这一对相矛盾的双方相辅相成、协同共生。从本书的视角来看,自然环境与城市空间的共轭关系等同于GI与城市建成区在空间、结构和功能上的共轭关系,如图4-3所示。

GI与城市建成区关系还体现为基于供需关系的空间互动。二者相互作用是由于GI的生态服务价值为城市空间所必需,而由于城市空间对生态服务价值的消费和占用行为导致GI的灾难性的生态响应,因此积极的生态建

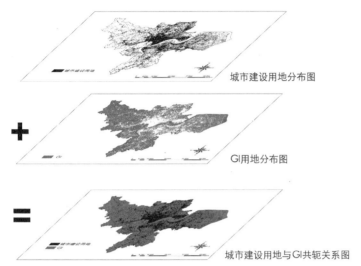

图 4-3　GI 与城市建设用地的空间共轭分析
（资料来源：作者自绘）

设又是 GI 所必需的，这种供需空间互动产生整合效用，将二者联系组合为有机的空间综合体；同时，空间的互动导致了二者对空间的竞争和相互制约的现象，于是代表着城市建成区界线的城市增长边界与以生态服务价值大小为标准的 GI 空间形成了如图 4-4 所示的对应关联，这是二者在空间互动与竞争协同下达到平衡的理想状态。

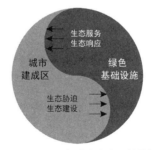

图 4-4　GI 与城市建成区的共轭概念分析
（资料来源：作者自绘）

从图 4-4 中可以看出，在 GI 与城市建成区之间存在着一个特殊的区域，它既不属于建成区范围，也不属于 GI 的核心生态价值区内，换句话说，它是处于建成区之外的生态价值低下的一部分 GI 用地。这部分用地相当于 GI 与城市建成区共轭关系中的连接轴，缺少了它则共轭关系也不完整甚至失去共轭作用。在空间互动的供需关系中，生态服务功能的供给或传送也大部分通过这部分空间来完成才能避免城市对 GI

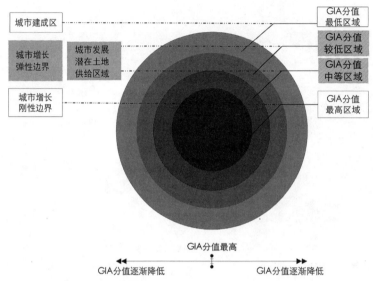

图 4-5　GI 与城市建成区的空间对应关系
（资料来源：作者自绘）

核心生态价值区和缓冲区的直接生态胁迫。如图 4-5 所示，从理论上讲，这部分用地作为城市发展潜在土地供给区域的首选，可以同时实现对 GI 的保护和城市空间增长的需求，并且从生态价值上也达到了与土地利用方式的紧密相关，符合城市共轭生态规划的基本原则。

4.2.2 "逆向思维"的启示

"精明增长"主张限定城市规模的最重要因素是自然生态环境，认为城市的发展要有一定的边界，而这一边界是有自然环境容量限定的，不能模糊和消除这一边界的存在（沈清基，2001）。

Buuren Van（1998）和 Kerkstra（2002）提出的"框架概念"认为城市建设等"高动态"活动在自然环境和生态网络的"低动态"框架网眼中进行，主张将研究重点放在"低动态"框架的合理建构上；俞孔坚（2005）提出强调通过优先进行不建设区域的控制即反规划来进行城市空间规划的方法论；刘海龙（2005）指出从管理角度出发，把城市建设用地和非建设用地的关系比作图底关系，采用"逆向思维"的方式，通过对非建设用地的划分与强制性控制，合理控制规划期内的土地开发总量与质量，这样便可避免规划师被动"找地"的局面，实现真正的内部挖潜，遏制蔓延（冯雨峰等，2003；张永刚，1999；翟宝辉等，2008）。

以上这些思想都属于"逆向思维"的范畴，其在技术方法、实例研究等方面的探索和经验为本文从绿色基础设施评价入手来控制城市空间增长思想的方法提供了有益的参考和启示。

4.2.3 交叉点的选择

对于城市空间外延式增长的控制中，对空间增量的区位控制和时间序列控制是关键环节。要实现科学合理地控制空间增量的空间分布和时序，就要在了解城市存量土地资源状况、主要特征的基础上作出土地特性与土地利用方式的适应关系的判断，而这个判断所需的信息正是 GIA 体系中的主要内容，即对应着生态价值排序靠后的部分用地，这些用地的空间分布及排序状况和与建设用地的空间关系都以简洁的图面方式显示于 GIA 成果中，故这部分用地可作为城市发展的潜在土地供给区域，其 GI 价值排序状况可作为开发时序的参考，但能否在规划期内转化为建设用地，还要受社会经济发展、区位特征及其他因素的影响。而在这两个环节中，具 GI 生态价值排序信息的城市发展潜在土地供给区域成为研究焦点也可以说是交叉点。

4.3 城市增长边界的设定与 GIA 体系的"交叉框架"

4.3.1 "交叉框架"的建构

基于以上的探讨,可以建立 GIA 与城市增长边界设定的"交叉框架"（图4-6），横轴是以资源保护为主线的 GI 规划，纵轴是以经济发展为主线的城市增长边界的研究,二者的交汇点就是城市发展潜在土地供给区域,如同上文的界定,城市发展潜在土地供给区域是位于建成区外的、GI 核心生态价值区外的生态价值低下的 GI 用地,一方面,它含有 GI 生态价值评价排序信息是下一步确定土地利用方式的重要依据,因此可以作为城市空间模拟的宏观生态约束条件,将未来城市空间模拟限定在这一特定的空间;另一方面,这一区域的辨识对于 GI 规划的意义在于,能够实现 GI 资源的保护和利用的均衡,如从可持续发展的角度来看,除了核心价值区的保护之外,尚需有计划、

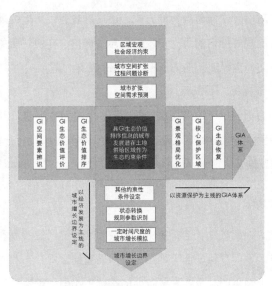

图 4-6 城市增长边界设定与 GIA 体系的"交叉框架"
(资料来源:作者自绘)

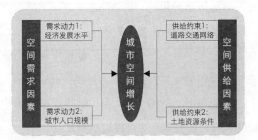

图 4-7 我国大城市空间增长机制的概念模型:需求动力与供给约束
(资料来源:杨东峰等,2008)

分时序地实现对 GI 资源的开发利用,这样才能不至于陷入唯保护的伪生态论。因此,在这个"交叉框架"中,城市发展潜在土地供给区域的辨识具有特殊意义。

与以往强调城市空间增长需求的理论不同,"交叉框架"表达了土地资源对于城市空间增长的强烈约束这一重要思想。杨东峰等(2008)提出我国大城市空间增长机制的概念模型,如图 4-7 所示,认为城市地区的土地资源条件尽管日益紧张,但并未对大城市空间增长的现实进程起到有效的调控约

束作用，许多城市频繁地调整城市用地规模，但又屡屡突破既有的建设用地指标，使城市开发建设和土地资源保护之间的矛盾日益紧张。由此可见，加强土地资源条件对于城市空间增长的约束尤为重要。"交叉框架"通过辨识平衡点即城市发展潜在土地供给区域形成未来城市空间增长的备选用地，杜绝了城市空间增长以牺牲高质量的耕地、山林和湿地等资源空间为代价的现象；城市未来空间增长只能按照一定的时序在潜在供给区域内选择开发，对空间增长总量及空间分布和时序都有相对明确的限定，大大加强了资源条件对城市空间增长的约束。从另一方面来讲，"交叉框架"对于旺盛的空间增长需求并不是一味约束和限制，而是更多地强调从时间和空间次序上进行引导和调控，如城市人口规模，这一指导思想与我国"十二五"的方针政策相吻合。对于经济发展水平这一空间需求动力而言，如果在空间增长总量不能突破的前提下，为保证生态安全水平只能采取城市空间内向增长的方式进行有计划的城市更新与土地调整等，这部分内容不在本书的讨论范畴之内。

此外，"交叉框架"对于发挥资源竞争的正面效应方面起到引导和促进作用。在城市空间的位置级差地租理论中，经济利益作为主要因素决定城市区位优劣，这是一种竞争机制的结果。这种竞争机制漠视了土地的生态价值、社会文化价值等隐形条件，这将导致资源竞争择优区位走向片面追求经济效益的模式。城市规划是进行综合区位择优的唯一途径（段进，2006），"交叉框架"的生态重要性保护评价的优先度、土地开发次序优先度内容与级差地租的经济要素相融合，可以引导更客观、全局的地租理论和城市区位择优理论。

4.3.2 "交叉框架"的主要特征

1. 以保护与开发的协调为研究线索

正如上文讨论的，"交叉框架"是以城市发展的潜在土地供给区域为轴的一对共轭关系，即 GI 与城市建成区的共轭，以资源保护为研究线索的 GI 由于潜在土地供给区域的设定而将研究线索引申至资源空间的优化与合理开发的领域；以经济发展为研究线索的城市建成区空间增长也由于潜在土地供

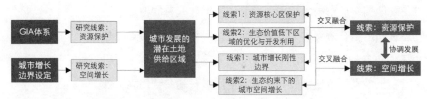

图 4-8 城市增长边界设定与 GIA 体系的 "交叉框架" 研究线索的融合
（资料来源：作者自绘）

给区域的生态价值约束条件而将研究线索扩展至宏观生态约束条件下的城市空间合理增长。因此，"交叉框架"为原本单一的两条研究线索架设了一个着力的平衡点，原本单一的价值取向也因此趋于平衡，为相关研究在保护与开发的取舍与权衡中提供参考（图 4-8）。

2. 注重区域协作，认同区域竞争

由于资源有限、分布和质量的差异导致竞争的发生，竞争后期空间自组织表现为协同，这是自然与人类社会发展中普遍存在的客观规律，认同这一点，是"交叉框架"建构的基本立足点。从区域相关原则来看，空间尺度上任一类生态服务功能都与该区域甚至更大范围的自然环境与社会经济因素相关，区域 GI 资源保护与可持续发展是区域协作的基础，也是区域内各城市可持续发展的前提；另一方面，"交叉框架"也强调各个城市在区域内抢占优势资源，承担适宜功能以达到成本最小、效益最大、市场最优和优先发展，从而形成了合理的城市增长空间和空间结构。这种由空间竞争产生的相对稳定的区域协同效应是区域可持续发展的重要因素之一。

3. 一定时空序列下的城市资源保护与开发的调控与引导

政府在城市发展的管理方面由原来的指令、指导向调控与引导转化，调控与引导不再是通过行政命令和计划指标进行，而是通过法律手段、经济手段、必要的行政手段和政策进行，达到社会、经济、环境、人口和文化等各方面之间协调相应的战略决策也向多部门、多层次的综合决策发展（段进，2006）。"交叉框架"以城市资源保护与开发在未来时空尺度上的调控引导策略为目标，即强调资源保护开发的刚性目标即城市刚性增长边界，更加强了在时间和空间层面的综合调控，利于与各阶段的社会发展多方面政策的衔接和统一，从技术上建立有利于综合决策的规划程序和规划成果。

4. 强调资源特性与土地利用方式的耦合

城市发展的潜在土地供给区域包含生态服务价值综合评价信息和排序信息，作为城市空间增长的备用土地资源，这些信息对于未来的土地利用方式的选择具有重要意义，是否被发展为城市建设用地，或未来发展为何种类型的建设用地，都将根据资源特征如资源组成、区位、质量等来决定。"交叉框架"建立土地利用方式与土地资源特征之间的高度关联或者空间耦合是城市增长边界的阶段性目标所在，与城市可持续发展的目标一致。

4.3.3 "交叉框架"建构的意义

1. 确立以 GIA 为研究路径的城市增长边界设定研究的方向

基于以上论述，以"交叉框架"为理论基础，有助于确立以 GIA 为研究路径的城市增长边界设定的研究方向，对于引领 GIA 与城市空间增长研究的融合发展趋势的意义不言而喻。虽然 GIA 与城市增长边界的概念都包含了多层面、多目标的意义，但由于研究途径、技术手段、政策背景和规划体系等多因素的影响，二者仍缺少一个充分实现其多目标价值的理论框架的支持。"交叉框架"的建构可以充分扩展二者在资源保护和经济发展方面的多元价值，并挖掘有效的技术支持和城市规划途径。

2. 为城市空间管理相关政策的制定提供依据

"交叉框架"兼顾 GI 资源保护和城市发展客观需求的思想符合我国"十二五"期间的政策导向，与当前的生态规划、反规划等指导思想是一致的，其 GI 生态价值评价和排序方法是快速辨识城市的核心生态价值区的有效途径，同时资源特征与土地利用方式的高度关联的特征也为地块开发次序的优先度、城市区位择优等方面提供重要参考，因此，在未来城市空间管理的相关政策的制定方面可以提供一定的依据。

3. 引导城市规划与管理绩效考核的价值取向

城市规划与管理的绩效考核的价值取向对于城市规划实践的开展有着决定性意义，从而间接影响相关理论研究，这样的实例屡见不鲜，城市的无序蔓延、生境质量下降等其实与城市规划与管理考核绩效的唯经济发展论、短期性的价值取向有着紧密联系。"交叉框架"平衡保护与发展的复合多元价值取向将引导绩效考核走向更健康、更持续的发展之路，这也是本书作者基于强烈的社会责任感的美好期望。

4.4 小结

本章是以建立城市增长边界设定和 GIA 体系融合发展的框架为目标，并希冀以此作为全文的理论基础和指导框架。从二者的研究线索来看，常规的模式是没有交集的"平行框架"甚至在政策制定和空间目标上存在强烈冲突。但从 GI 与城市建成区的共轭关系来看，二者存在"此消彼长"的共轭关系，从 GIA 途径设定城市增长边界与当前的"逆向思维"途径相一致，由此城市增长边界设定与 GIA 的十字协调框架将城市潜在土地供给区域锁定为研究焦点。

城市增长边界设定与 GIA 的"交叉框架"以保护和开发的协调为研究线索，以建立资源特性与土地利用方式的关联从而实现资源特性对资源利用方式的约束及对一定时间尺度的城市空间增长总量及空间分布的引导为研究目标，强调资源特性与价值与土地利用方式的耦合，注重区域协作并认同区域竞争，其竞争建立在对区域资源的全局、统筹的协作基础上。框架的平衡点为具有 GI 生态重要性排序信息的城市发展潜在土地供给区域，这些区域的生态重要性排序相对靠后。

总的来说，"交叉框架"的建立对于 GIA 体系和城市增长边界设定的命题研究是重要的突破。"交叉框架"通过平衡点的确定使本来平行的两个领域的研究有了交集，且兼顾了保护与开发这对矛盾的两个对立面，体现了科学研究所必须具备的务实的现实基础和尊重客观事实的逻辑思维。

第 5 章　基于 GIA 设定城市增长边界的模型建构

城市增长边界设定与 GIA 的"交叉框架"将城市潜在土地供给区域锁定为研究焦点，GIA 过程是识别城市潜在土地供给区域的必要步骤，GIA 的输出结果在一定条件的设定下即成为潜在土地供给区域，为下一步的城市空间增长模拟提供了宏观区域的约束。受龙瀛等（2009）提出的约束性 CA 模型的启发，笔者修正其综合约束条件和转换规则，重点突出 GIA 的约束因子及其权重，提出 GIA—CA 模拟方法，进而根据模拟结果制订城市增长边界。在这两个步骤之前，本书提出增设一定历史时期内的研究区域土地利用与景观格局变化分析的过程作为对城市空间增长机制和特征的必要探讨，为城市空间增长模拟转换规则的制定提供依据，并帮助形成下一步的城市增长政策建议。

至此，基于 GIA 设定城市增长边界的模型技术流程已经十分清晰。模型设计为三个模块的组合，每个模块之间相互关联的同时又有一定的独立性，每个模块有特定的输入端和输出端，其中第一模块和第二模块的输出端分别以第二模块和第三模块的部分初始条件与其他条件作为输入端。原始输入数据有矢量数据、栅格数据和非空间数据等多种类型，如多时相的遥感图像、数字高程模型数据、自然保护区资料、水源保护区资料、珍稀动植物种的分布、城市总体规划等。输出端则以城市增长边界的设定为目标导向，选择城市增长刚性边界和一定时间尺度的城市增长边界为最终输出端，具有 GI 生态重要性排序信息的城市增长潜在土地供给区域作为中间输出端，对于第三模块的 GIA—CA 空间模拟具有全局约束的作用，以将城市增长控制在适宜发展的生态重要性价值排序偏后的空间区域，这一点对于资源特性与土地利用方式的耦合的逻辑相吻合，也是基于供给的视角将土地资源约束作为城市增长边界的有效约束条件的具体体现。

5.1 模型概述

5.1.1 模型建构目标

基于 GIA 设定城市增长边界的模型是针对城市空间外延式增长控制和引导的现实需求而建构的，是对国家层面节约、集约土地资源的宏观目标在技术层面的积极回应。模型在分析一定历史时期内土地利用及景观格局变化的基础上，总结城市空间增长过程中的规律、特征及教学等，为下一步城市增长边界制订提供方向性及策略性的参考。GIA 分析导出具有 GI 生态价值排序信息的城市潜在土地供给区域，最后通过 GIA—CA 空间模拟得出城市增长边界。在这个过程中，模型主要以三个利益主体的需求为建构目标，具有极强的现实适应性和实用性。

1. 决策者对辅助政策工具的需求

政府在城市空间增长管理中有着多重角色，既是城市化战略的制定者和城市化进程的执行者，又是城市化绩效的评定者，地方政府面对复杂的城市空间增长管理的具体情况时，急需有效的、理性的政策工具来辅助决策者作出科学的决策，而公共决策一旦制定出来，就会在政府主导的机制下发挥巨大的调控作用。因此，城市增长边界设定不应该仅仅是技术方法的探讨，而应该从政策工具的角度思考其在政府主导机制下的责任和使命。

2. 城市规划专业人员对技术工具的需求

面对国家宏观目标和城市规划行业的具体目标，城市规划专业人员必须在现行城市规划体系中积极寻求对策，而城市空间增长在空间分布和时序上的精确控制对相应技术工具提出很高的要求，既要反映和尊重既往城市增长的规律和特征，又要体现当前宏观策略的引导，精确控制需要遥感技术、GIS 技术和 CA 模拟等先进手段支持。

3. 公众群体对参与有效性的需求

公众参与在我国城市规划管理中已经十分普遍，但许多人对其有效性存在质疑，尤其是宏观层面的策略制定和执行方面比较突出。针对我国公众参与的层次、参与的形式等特点，易于理解和接受是建立富有成效的公众参与的基础和第一步；有顺畅反馈与调整机制是公众参与真正能够影响规划和决策的先决条件；而利于系统维护和更新的机制则是公众参与可持续的必要条件。

5.1.2 模型适用软件环境

本模型在数据源方面需要有多时相的遥感图像作为支撑。同时，由于模型采用地面覆被类型监督分类，因此对遥感图像的空间分辨率、成像时间以及成像时的天气状况有较高要求，一般要求空间分辨率以 15~30m 为宜。成像时间应尽可能选取园地、林地等覆盖特征较为明显的时段。例如早春的图像就不适合本模型的运行，因为早春时有些苗圃、园地刚播种，容易被误分成高反光率的落地，产生较大的误差。同时，在选择遥感年份时应选择城市发展最有代表性的年份，有助于在不同时相间进行比较分析。此外，在选取图像时应尽可能减少大气中云层对成像的干扰，选择晴天成像的遥感图。如果在图像有限的情况下，可利用相关软件对大气误差进行校正。最后，在遥感图几何修正时，应尽量提高精确度，减少误差像元。

在软件方面本模型要利用到 Erdas 9.2、ArcGIS 9.3 以及 Fragstatus 3.3 等，对计算机硬件的要求较高。

5.1.3 模型的研究方法

1. 土地利用转移矩阵

转移矩阵（transition matrix）法是基于生态学中马尔可夫链的数学过程。马尔可夫过程（Markov process）是一种特殊的随机运动过程，它表明在一系列特定时间间隔内，一个亚稳定系统由 t 时刻状态向 $t+1$ 时刻状态转化的一系列过程。转移矩阵分析被广泛应用于当前土地利用变化研究（吴琼和王如松，2006）。土地利用变化转移矩阵的具体操作步骤为，在 ArcGIS9.3

软件环境下将研究区域土地利用 shp 格式数据转换为 grid 格式数据，利用 Spatial Analysis 模块的栅格计算器功能，对要进行土地利用转移矩阵计算的两期土地利用 grid 格式数据进行地图代数运算，运算结果作简单处理后即可表征土地利用转移矩阵。转移矩阵的意义在于它不仅可以反映研究期初、研究期末的土地利用类型结构，同时还可以反映研究时段内各土地利用类型的转移变化情况，便于了解研究期初各类型土地的流失趋向及研究期末各土地利用类型的来源与构成。采用马尔可夫随机过程对土地利用变化的预测仅仅表现在数量上，无法在空间分布上预测。

严格地说，转移矩阵并非一种指数，只是将土地利用变化的类型转移面积按矩阵或表格的形式加以列出，可作为结构分析与变化方向分析的基础。从对某一区域土地利用变化特点的反映上，它又类似于指数，不妨看做指数的特殊形式。此外，转移矩阵还可以生成区域土地利用变化的转移概率矩阵，从而利用马尔可夫随机过程来推测一些特定情景下（如政策影响不变）区域土地利用变化的未来趋势。

2. 景观组分的保留率

景观组分指环境中的基质、镶块体、廊道、动物、植物、生物量、热能、水分、空气、矿质养分等的分布和构成。景观组分的保留率是指比较时段截止年份与起始年份相比，没有发生变化的面积占起始年份总面积的比重。不同景观组分在动态转移过程中的行为特征可以通过保留率加以刻画。

3. 景观空间格局与景观格局指数

景观生态学研究最突出的特点是强调空间异质性、生态学过程和尺度的关系，研究空间异质性的空间格局分析方法可分为两大类：格局指数方法和空间统计学方法，一般由以下几个基本步骤组成：收集和处理各类景观数据，然后将景观数字化，并适当选用格局研究方法进行分析，最后对分析结果加以解释和综合（邬建国，2004）。景观指数是指能够高度浓缩景观格局信息，反映其结构组成和空间配置某些方面特征的简单定量指标。景观格局特征可在单个斑块水平、斑块类型水平及景观水平三个层次上分析,因此景观格局指数亦可相应分为斑块水平指数(patch-level index)、斑块类型水平(class-level index)和景观水平指数(landscape-level index)。通过景观格局指数描述景观空间格局具有使数据获得一定统计性质、可比较、可分析不同尺度上的格局的特点,不但可以比较不同景观之间结构特征上的差异,还可以定量描述和检测景观空间结构随时间的变化(Forman,1995)。

4. 最小累积阻力模型理论

本文利用依据 Knaapen(1992)等人提出的并由俞孔坚等人改进的最小累积阻力(minimum cumulative resistance,简称 MCR)模型来建立阻力面。MCR 是指从"源斑块"经过不同阻力的景观所耗费的费用或者克服阻力所做的功。因此,该模型主要考虑三个方面的因素,源斑块、距离和景观界面特征。基本公式如下:

$$MCR = f\min \sum_{j=n}^{i=m} (H_{ij} \times R_i)$$

公式中 f 是一个单调递增函数,反映空间中任意一点的最小阻力与其到所有源的距离和景观及面特征的正相关关系。

H_{ij} 是物种从源 j 到空间某一点所穿越的某景观的基面 i 的空间距离;

R_i 是景观 i 对某物种运动的阻力;

$\min \sum_{j=n}^{i=m} (H_{ij} \times R_i)$ 是源斑块到点 (i,j) 阻力的最小值。

在 ArcGIS 9.3 的具体操作中,源斑块可以是矢量图层也可以是栅格图层。成本图层反映了物种运动的潜在可能性,因此基于如高程、坡度、植被覆盖情况等基础数据,依据物种迁徙难易程度通过栅格计算获得。而最小成本路径的选择则由 ArcGIS9.3 的 Arctoolbox 中的相关工具选择完成。

5. 约束性 CA

城市用地在不同社会经济环境的驱动背景下,体现出不同的生长规则,其结果实质是空间个体相互作用。从空间个体行为的微观角度入手,在较高的空间和时间分辨率下,这种"自下而上"地研究城市的发展变化的方法是深入理解城市空间动态演变特征和规律的必然要求。CA 模型的核心思想是将城市的扩展看成城市单元变化的集合体，而城市单元（城市用地等空间要素）模拟为具有生命周期和生长规律的元胞，生命周期的长短由城市单元所承担的功能（如生活、生产、商业、交通等）来决定，通过类似元胞的繁衍和死亡来模拟城市单元的变化，从而建立起城市的大跨度时空扩展模型(Tobler W.R.，1970；Clark K.C.等，2008)。

过去的十余年中，许多国内外研究者开始关注CA模型及其在城市模拟中的应用。主要是由于元胞自动机具有模拟功能并使复杂的空间分布过程可视化。元胞自动机特别适用于城市模拟，城市发展的过程是在原始条件基础上通过规则的反复应用而产生的。例如，Clarke等根据城市发展的历史数据对美国西海岸的旧金山和东部的华盛顿-巴尔的摩都市区城市发展的模拟和长期预测；White等应用CA模型对美国辛辛那提市的城市增长、全球气候变化对加勒比岛的土地利用构成变化影响进行的系列研究；Wu集成CA和相关模型对我国广州市城市扩展的模拟研究等。此外，国内学者近年来也开始了类似的研究尝试。黎夏等在对广东东莞土地利用变化系统研究的基础上，利用约束CA模型对广东东莞的土地利用变化进行了成功模拟。从近几年的发展趋势看，国内外开始研究CA模型在城市扩展模拟中的空间尺度敏感性，并且开始整合于城市规划和决策的研究（黎夏等，2010）。

转换规则是CA模型的核心，如何定义这些规则成为CA模型研究的关键技术。数学公式表达转换规则的方法在当前被普遍采用,如包括矩阵(White and Engelen，1993)、多准则判断（Wu and Webster，1998）和灰度（Li and Yeh，2000）等启发式的方法、神经网络法（Li and Yeh，2002；黎夏和叶嘉安，2002）等，但这些方法在反映复杂关系时有很大的局限性。黎夏等首次提出利用数据挖掘技术由GIS和遥感图像自动生成CA转换规则的方法（黎夏，刘小平，李少英，2010），能从大量的空间数据中自动获取明确的转换规则，且无须通过数学公式来表达，能更方便、准确地描述复杂系统关系，且同时完成模型的自动纠正。

数据挖掘是从数据库中发现知识的技术，它是针对知识获取的困难和不确定性而提出来的，可以自动地从海量数据中挖掘知识。具体的知识获取过程是借助机器学习的算法来实现的。常见的机器学习算法有 ID3、C4.5、CART、IB1、IB2、MPIL1 和 MPIL2，其中 Quinlan 所提出的 C4.5 算法使用最为广泛（Quinlan，1993）。数据挖掘技术能有效地从 GIS 数据库中挖取出空间分布规律等地理知识，它与地理元胞自动机结合可以自动从观察数据中生成模拟所需要的转换规则，同时完成模型的纠正过程。通过挖掘的转换规则比一般 CA 所用的数学公式清晰简单，更能反映城市演变的机制（黎夏等，2010）。

5.1.4 模型结构设计（图 5-1）

1. 土地利用及景观格局变化分析模块

本模块主要是在一定的历史时间尺度上，审视空间尺度上的城市扩张的

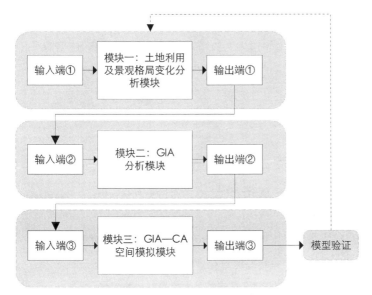

图 5-1 基于 GIA 设定城市增长边界的模型结构设计
（资料来源：作者自绘）

方向。并利用现有的 GIS 技术，通过分析由城市空间扩张所造成的具有代表性的景观格局指数变动来发现城市扩张在形态上所存在的问题及其对一定区域范围内生态环境所产生的影响，提出优化城市空间发展的策略，以实现可持续发展的必要性和紧迫性。

2. GIA 分析模块

参照国内外相关的 GIA 研究，本模块主要提出适合于本文研究的 GIA 分析模块，并立足于我国现有基础数据提出 GI 空间要素辨识的可行方案，调整传统的评价排序体系，使之适用于我国城市的 GI 评价。在此基础上结合 GIS 技术对行政边界范围内的土地进行生态评价排序，并通过设立合理的 GIA 门槛分值辨识城市发展的潜在土地供给区域，从供给资源的角度为下一个模块提出宏观约束条件。

3. GIA-CA 空间模拟模块

本模块主要是将 GIA 理论与元元胞自动机（CA）理论相结合，从而模拟得到综合考虑了区域生态发展水平和城市扩张本身适宜性的未来城市扩张情景。并在此模拟情景的基础上，经过再处理，综合从城市形态角度考虑，剔除过小城市斑块来制订未来城市增长边界。该模块一方面将城市规划传统意义上的城市增量从数据层面，科学有效地落实到空间层面，另一方面也从实际操作层面上为协调城市发展和生态保护提供一种全新的政策决策支持方案。

5.2 第一模块：土地利用及景观格局变化分析模块

依据发生学原理，区域生态环境问题、土地利用方式和规律、生态服务功能与生态系统结构、过程和格局的关系是区域生态系统服务评价的指标体系的重要依据，模块技术流程设计如图 5-2 所示。本模块设计的目的是从研究区域内的土地利用及景观格局变化过程与特征中寻求研究区域土地利用变

图 5-2 土地利用与景观格局变化分析的技术流程设计
（资料来源：作者自绘）

化的主要驱动因素和特定机制，从而将在一定时间尺度上土地利用变化的主要规律及存在的问题具体化，并尝试将其与下一模块的空间分布结合起来，并有利于针对该区域的土地利用变化的规律制定适宜性的 GI 空间要素辨识和生态重要性评价体系。

5.2.1 土地利用与土地覆被内涵及其驱动机制

1. 土地利用与土地覆被内涵

土地利用是社会的一面镜子，是人类最古老和最基本的经济活动。在人地关系地域系统中，土地利用又是一个最本质和最核心的社会经济问题。

土地利用是土地在人类活动的持续或周期性干预下，进行自然再生产和经济再生产的复杂社会经济过程，是一个由自然、经济、社会和生态等多种类型的子系统有机复合而成的生态经济系统持续运动过程，同时也是一个把土地的自然生态系统变为人工生态系统的过程（顾朝林，1999；杨志荣等，2008）。与土地利用紧密相连的一个概念是土地覆被，它是指自然营造物和人工建筑物所覆盖的地表诸要素的综合体，包括地表植被、土壤、冰川、湖泊、沼泽湿地及各种建筑物和建筑物等。一般而言，土地利用侧重于土地的社会经济属性，对土地进行长期或周期性的经营管理和治理改造活动。而土地覆被侧重于土地的自然属性，遥感影像分类可对所有地表覆盖物进行分类，土地覆盖的自然状况如植被类型、地形坡度等往往影响或决定人类利用土地的方式（谭永忠，2004）。

2. 土地利用与土地覆被及景观格局变化的主要特征

土地利用变化是不同土地利用需求和土地利用类型的耦合，土地利用结构与变化是人地关系地域系统的平面投影，成为从综合与系统的角度探讨人地关系地域系统的一个重要载体（谭永忠，2004；岳文泽等，2006）。土地利用变化基于其两个重要特性：土地用途的多宜性和土地供给的稀缺性。人们对于土地利用的改造总是趋向于使土地更加适宜于某一种用途，使土地对单一用途的质量提高、价值增大，而对于其他用途，则往往是质量下降或转移成本提高，甚至完全排除土地用于其他目的的可能性。另一方面，人类还从制度安排上影响土地用途的多宜性和土地供给的稀缺性，主要表现在对土地权属的规定和对土地用途的直接控制（谭永忠，2004；岳文泽等，2006）。

土地利用与土地覆被状况变化后，在空间上则表现为区域景观格局的演变。景观格局动态变化的研究，是景观生态学研究的核心问题之一，通常通过景观转移矩阵的形式来表征区域景观格局的变化情况，如景观组分转入与转出贡献率、持有率，特定转移过程对景观格局演变的贡献率等，并多采用景观生态学方法尤其是景观格局指数来探讨区域土地利用变化过程所导致的景观格局变化。

3. 土地利用变化的驱动机制

土地利用变化的发生受到多种因素的驱动。其驱动力主要取决于经济、技术、社会及政治等方面的变化，日益受到研究者的高度重视。通过利用遥感及地理信息系统，揭示土地利用的空间变化规律，分析引起变化的驱动力，建立区域土地利用变化驱动力模型，已成为当前国际上开展土地利用和土地覆被变化研究的最新研究热点。

HDP 计划指出，影响土地利用变化的社会经济因素可分为直接因素和间接因素。直接因素包括：对土地产品的需求、对土地的投入、城市化程度、土地利用的集约化程度、土地权属、土地利用政策及对土地资源保护的态度等。间接因素包括：人口变化、技术发展、经济增长、政治经济政策、富裕程度和价值取向。McNeil 将土地利用变化的驱动力划分为四个方面：政治的、经济的、人口的和环境的，其中人口是推动土地利用和覆被变化的根本原因，人口密度和人均耕地面积是衡量人口对土地的压力及对土地利用变化影响的重要指标。

国内诸多相关研究中，在技术层面上摆万奇、赵士洞（2001）通过运用系统论的观点和方法，对影响土地利用与土地覆盖变化驱动力的层次性、整体性、动态变化情况和不同层次的驱动力和在驱动力作用下的土地利用动态进行了深入研究，初步回答了土地利用变化的根本动力、普遍存在于土地利用变化与驱动力之间的非线性反馈关系以及驱动力系统内部分力与合力的关系等问题。此外，更多学者则通过分析具体不同城市的情况来研究一定区域内城市土地利用变化的驱动力。如顾朝林（1999）在分析了北京土地利用变化情况的基础上，通过对不同时段的土地利用遥感影像图的分析，指出在我国城市土地利用与土地覆盖变化过程中发挥至关重要作用的四大生产要素为：资本、土地、劳动力和技术。史培军等（2000）通过回归分析在对深圳市的研究中通过回归分析指出人口增长、外资的投入和第三产业的发展是当地土地利用变化的主要外在驱动力，而主要的内在驱动力是交通条件；孔祥丽等（2007）指出人口的快速增长和经济总量增长是广西河池地区土地利用变化最主要的驱动因素。

5.2.2 土地利用与土地覆被分类体系

科学合理地划分土地利用和土地覆盖类型，是实现可持续土地资源规划与管理、优化区域生态环境格局的关键环节和有效手段。土地利用的具体分类还受研究目的、规划管理实践等因素影响，尤其是土地利用变化或景观格局变化的生态环境效应研究方面，选择与研究目标相适应的土地利用分类体系对研究结果的影响往往是关键性的（彭建，王仰麟，2006）。正确、恰当的土地利用分类和景观生态分类可以全面反映一定区域景观的空间分异和组织关联，揭示其空间结构与生态功能特征，以此作为景观生态评价和规划管理的基础。

国际上土地利用与土地覆被分类体系研究主要以英美等国为代表，如表5-1所示。分类方法很多，但没有一个被广泛接受的分类系统。此外，国内外已有的土地利用分类体系大多参照土地利用的社会功能，对其生态环境功能还考虑较少，这些分类体系大多难以直接应用于相关土地利用变化的生态环境效应研究，一般还需要在已有分类体系基础上进行重新归并和分级（表5-2）。

国际上的土地利用分类体系比较　　　　　　　　表5-1

分类	国家/地区，时间	具体类型
土地资源调查	FLUS, 1930	1.居民用地；2.草地和永久草地；3.耕地、休耕地、轮作牧草和园地；4.石南荒地、林地、放牧地、起伏丘陵牧场；5.公园地；6.果园；7.鱼塘；8.无农业生产力土地；9.坑塘、水岸、湖泊
	SLUS, 1960	1.民用地；2.工业用地；3.运输用地；4.废弃地；5.开阔地；6.牧地；7.耕地；8.耕地市场园艺用地；9.果园；10.林地；11.石南荒地、未耕地；12.水面和沼泽；13.裸露地
	NLUS, 1970	1.农业和渔业用地；2.社区和保健机构用地；3.国防用地；4.教育用地；5.娱乐和休闲用地；6.加工厂用地；7.采矿用地；8.办公用地；9.居住用地；10.零售商业和服务用地；11.仓储用地；12.交通用地；13.公用设施用地；14.批发商业用地；15.未利用地、水面及建筑物。二级分类64个
地质调查	USGS(ANDERSON), 1976, 1992	一、1976年分类：1.城市；2.农业用地；3.林地；4.水域；5.湿地；6.荒。二、1992年分类：1.城市；2.农业用地；3.牧草地；4.林地；5.水域；6.湿地；7.未利用地；8.冰原苔原；9.多年积雪和结冰。二级分类37/21个
科学研究	CORINE, 1990	1.人工地表面；2.农业区；3.森林和一般自然区；4.湿地；5.水体。二级分类15个
	IGBP, 1995	1.水域；2.常绿阔叶林；3.常绿针叶林；4.落叶针叶林；5.落叶阔叶林；6.针阔混交林；7.有树木的稀疏大草原；8.热地（亚热带）稀疏大草原；9.封闭灌丛；10.开放灌丛；11.草地；12.农作物；13.永久湿地；14.城市和建筑；15.农田和自然植被；16.荒漠和稀疏植被；17.冰雪

续表

分类	国家/地区,时间	具体类型
普适分类	UNEP/FAO,1993	1.内地水域;2.木本沼泽;3.裸地;4.森林和林地;5.灌木群落;6.矮灌群落;7.耕地;8.草地;9.建设用地。二级分类,26个
	FAO/UNEP,1997	1.有植被覆盖土地;2.无植被覆盖土地,有植被覆盖的水域或规律性淹水,不同于无植被覆盖的水域或规律性淹水,物质被覆盖区域可偏向于城市用地类型及其划分。二级分类4个
政府管理	JAPAN,1950s	1.农业用地;2.森林和林地;3.原野;4.水域;5.道路用地;6.宅地;7.其他用地。二级分类27个

(资料来源:作者根据相关文献整理)

中国土地利用分类体系比较 表5-2

分类		具体类型
土地资源调查	任美锷,1942	1.水田;2.旱地;3.森林;4.道路与房屋;5.荒地;6.其他(分级不详)
	农业区划Ⅰ,1981	1.耕地;2.林地;3.园牧地;4.草地;5.荒草地;6.城乡居民地;7.工矿用地;8.交通用地;9.水域;10.特殊用地;11.其他用地(共分2级)
	农业区划Ⅱ,1984	1.耕地;2.林地;3.园地;4.牧草地;5.居民点与工矿用地;6.交通用地;7.水域;8.未利用地。二级分类46个(共分2级)
	中科院地理所,1983	1.耕地;2.林地;3.园地;4.牧草地;5.水域及湿地;6.城镇用地;7.工矿用地;8.交通用地;9.特殊用地;10.其他用地。二级分类43个(共分3级)
土地资源管理	城镇地籍调查规程,1993	1.商业金融用地;2.工业仓储用地;3.市政用地;4.公共建筑用地;5.住宅用地;6.交通用地;7.特殊用地;8.水域;9.农业用地;10.其他用地。二级分类24个(共分2级)
	土地管理法,1997	1.农业用地;2.建设用地;3.未利用地。二级分类17个(共分3级)
	全国土地分类(试行),2002	1.农业用地;2.建设用地;3.未利用地。二级分类15个(共分2级)
	土地利用现状分类,2007	1.耕地;2.园地;3.林地;4.草地;5.商服用地;6.工矿仓储用地;7.住宅用地;8.公共管理与公共服务用地;9.特殊用地;10.交通运输用地;11.水域及水利设施用地;12.其他土地。二级分类56个(共分2级)
科学研究	长江三角洲土地利用分类(周炳中),2002	1.农业用地;2.非农经济生产与服务用地;3.生态用地;4.未利用地。二级分类9个(共分2级)

(资料来源:作者根据相关文献整理)

5.2.3 土地利用变化转移矩阵分析

土地利用变化的数量分析仅能初步描述区域不同土地利用类型在面积上的变化情况,但未能说明不同土地利用方式之间如何转变的具体情况。土地利用转移矩阵分析是近年来用于揭示土地利用在变化过程中各土地利用类型之间相互转化状况的常用方法(曾辉,2003)。土地利用变化转移矩阵中行的意义在于描述某一类土地利用类型向其他类型用地转出的情况,列的意义则在于描述不同土地利用类型向某一类土地利用类型转入的情况,总体可以反映研究时段内各土地利用类型的转移变化情况,便于了解研究期初各类型土地的流失去向以及研究期末各土地利用类型的来源与构成。土地转移矩阵利用 ArcGIS 和 Excel 制作得到(表5-3)。

土地转移矩阵例表说明　　　　　　　表5-3

1991C～1994D							
	城市建设用地	耕地B	林地	园地	水域	湿地	裸地
城市建设用地	62.18	22.23	3.13	0.43	10.50	0.97	0.52
耕地	10.33	72.52	6.72	2.07	6.34	1.70	0.29
林地A	1.80	11.17	77.55	5.93	2.61	0.75	0.16
园地	3.72	30.20	31.54	29.54	3.42	0.65	0.89
水域	4.93	30.93	3.56	0.30	54.73	5.42	0.09
湿地	7.71	37.93	3.92	0.30	30.55	19.32	0.25
裸地	29.22	29.15	13.29	5.58	14.22	1.22	7.29

(资料来源:作者自绘)

如表5-3所示,ps转移矩阵表格说明:表格中,灰色格子表示1991年(C年份)为林地(A覆盖类型),1994年(D年份)转变成为耕地(B覆盖类型)的土地有11.17hm^2。

5.2.4 土地利用变化景观组分保留率分析

景观组分保留率用以刻画在土地利用变化过程中各类景观稳定性的景观

格局指标，即指研究时期初期至末期未发生变化的某类型用地面积占研究初期该类型用地面积的比例。

5.2.5 景观格局变化及特征分析

传统的土地利用变化分析方法多侧重于研究区域各个土地利用类型的面积在时间域上的变化，以及土地利用类型之间的相互转移状况，但对各个土地利用类型的空间排列方式以及不同类型土地利用斑块自己的空间拓扑关系缺少解释能力。目前各国际组织在其土地利用与土地覆被变化研究项目中，纷纷结合景观格局及变化的分析模型来研究空间结构特征并预测其变化趋势。

1. 景观格局与土地利用变化是格局与过程的关系

结构和功能、格局与过程之间的联系与反馈是景观生态学的基本命题（Turner，2989；王仰麟，1995）。景观生态学注重于研究空间格局的形成、动态及生态学过程的相互关系，这也是景观生态学区别于其他生态学学科的显著特性之一。

景观格局，一般是指其空间格局，即大小和形状各异的景观要素在空间上的排列和组合，包括景观组成单元的类型、数目及空间分布与配置，比如不同类型的斑块可在空间上呈随机型、均匀型或聚集型分布。它是景观异质性的具体体现，又是各种生态过程在不同尺度上作用的结果。空间格局的成因可分为非生物的（物理的）、生物的和人为的三种，其中生物因素通常只在较小尺度上成为格局的成因，大尺度的非生物因素（如气候、地形和地貌等）为景观格局提供了物理模板，由于其对空间异质性变化作用的缓慢而多看做是格局对过程的制约作用。因此，自然或人为干扰是一系列尺度上空间格局的主要成因（中卫军，邬建国等，2003）。此外，不同因素在景观格局形成过程中的重要性随尺度而异。景观格局可以有规律地影响干扰的扩散、生物种的运动和分布、营养成分的水平流动及净初级生产力的形成等。而过程强调的是事件或现象发生、发展的动态特征。与此相对应，已形成的结构对过程或流具有基本的控制作用。景观单元间的相关，系统源与汇的并列，以及由水、风、动物和各种人类活动所造成的流的延伸，就是最为关键的结构——功能关联（肖笃宁，2005）。

研究格局与过程的关系是景观生态学研究的核心内容，主要包括：景观结构的时间变化规律，景观格局的控制要素，景观格局对于干扰扩散的影响，利用景观格局指标度量其生态功能，利用模型模拟预测景观变化及景观格局的尺度转化规律等。格局与过程相互作用的研究趋势可概括为：理论的规范化、方法的定量化和实证内容的广泛化（王仰麟，1998）。总之，格局—过程的关系多是复杂的非线性关系，多因素的反馈作用、时滞效应及一种格局对应于多种过程的现象等，因此从格局到过程的推演和解释绝非易事，它是景观生态学研究的难点和焦点之一。

人们对于生态过程的认识和理解还很不深入，而从景观格局的表征来间接探讨与其相对应的生态过程则相对容易得多。因此，从景观格局的角度来探讨调控生态过程平衡的价值观和方法，是当前格局—过程研究的主要途径。土地利用与土地覆被变化是典型城市生态系统的生态过程，其在空间上的反映就是景观格局的变化。因此，以景观格局指数分析如土地演变过程中的数量变化、转入转出、景观保留率、多度和重要度等手段来诊断区域土地利用变化成为当前的主要研究方法（邬建国，2004，2009）。

2. 景观变化的空间过程

在自然过程和人类无计划活动作用下，景观变化包括五种空间过程：穿孔（perforation）、分割（dissection）、破碎化（fragmentation）、缩小（shrinkage）、消失（attrition）(Forman, 1995)。

穿孔是景观开始变化时的最普遍方式；分割是用宽度相等的带来划分一个区域；破碎化是将一个生境或土地类型分成小块生境或小块地；缩小则意味着研究对象规模的减小。在土地转化过程中，这五种过程的重要性不同。开始时，穿孔和分割过程重要，而破碎化和缩小过程在景观变化的中间阶段更显重要。

3. 景观格局指数的选择

基于土地利用与土地覆被图的景观格局指数是景观空间格局分析的重要方法，旨在探求生态过程与景观空间格局的相互关联关系，在土地利用变化与景观格局的分析与功能评价，以及土地利用优化调控、景观规划与管理等领域都具有重要作用。可以认为，正是景观格局指数的不断发展与广泛应用促进了景观生态学在欧洲、北美及中国的迅速发展（傅伯杰，1995；王仰麟，1998；陈文波，肖笃宁，2002；彭建，王仰麟，2006）。

景观空间格局分析的目的是从看似无序的景观斑块镶嵌中发现潜在的有意义的规律性，确定产生和控制空间格局的因子和机制。景观空间格局可通过文字、图表及景观格局指数进行描述，从而使数据获得一定统计性质，并具可比较、分析不同尺度上的格局等优点。

景观指数是指能够高度浓缩景观格局信息，反映其结构组成和空间配置某些方面特征的简单定量指标。斑块水平指数往往作为计算其他景观指数的基础，而其本身对了解整个景观的结构并不具有太大的解释价值。因此多采用类型水平和景观水平的一系列指数。斑块类型水平上，多计算一些统计学指标如斑块的平均面积、平均形状指数、面积和形状指数标准差等，此外还有描述斑块密度和空间相对位置的指数如斑块密度、边界密度、斑块镶嵌体形状指数、平均最近邻体指数等。在景观水平上，除了斑块类型水平的指数外，还有多样性指数和聚集度指数。

近年来，许多免费景观格局分析软件可以从互联网上获得，其中最常见的一种是 Fragstats。Fragstats 软件于 1995 年由美国俄勒冈州立大学森林学系设计开发，可从三个空间尺度上来计算一系列景观空间格局指数，及斑块水平、斑块类型水平和景观水平。目前可计算的斑块指数共 19 个，斑块类型指数 121 个，景观指数 130 个。使用者必须根据景观数据的特征和所研究的生态学问题合理地选择所分析景观的幅度和粒度，并进行适当的斑块分类及其边界的确定。如同任何其他计算机软件一样，数据的生态学含义不可能"编入"软件包中，而只能靠研究者将各种信息汇总并经大脑加工后而获得。

虽然景观指数数目繁多，但大多属于信息论类型、面积与周长比类型、简单统计学指标类型、空间相邻或自相关类型及分维类型。这些指标相互之间的相关性往往很高，因此，同时采用多种指数尤其是同类型的指数，往往并不增加"新"信息（Li &Reynolds，1994；Ritters 等，1995；Hargis 等，1998）。在研究中很少需要所有的指标，不同指标值之间存在很大的冗余，不仅如此，有些指标的生态学意义并不明确，甚至互相矛盾。因此，在定量研究景观格局特征时，应本着简单性、代表性和统一性的原则，在全面了解所选指标的生态意义的前提下，力求以尽量少的指标来描述有关景观格局的信息，而不是人云亦云地罗列一大堆指标数值。

5.3 第二模块：GIA 分析模块

本模块充分发挥 GIS 强大的空间数据挖掘和处理能力，由空间要素辨识与生态重要性评价排序两部分组成（图 5-3）。在充分解译遥感空间信息源及相关辅助信息基础上，以整体性的数据挖掘模式来实现空间要素特征的辨识。

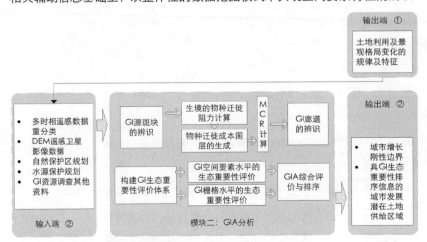

图 5-3　GIA 分析模块的技术流程设计
（资料来源：作者自绘）

RS 在本书中作为相关空间数据源而存在，GIS 是进行数据输入输出、数据综合处理、空间数据可视化和建模的基本工具和平台。输入端包括模块所得的时间尺度的问题诊断和规律总结，此外还包括重分类的遥感数据及各项资源调查和保护资料。首先基于平原水网区域资源特性设定 GI 源斑块的辨识准则，将多源空间数据和社会经济数据与空间特性相结合，完成 GI 源斑块的辨识过程。基于源斑块的生境物种迁徙阻力的计算生成物种迁徙成本图层，通过源斑块之间的最小成本路径的技术完成 GI 廊道的辨识。其次，基于数据的可得性、可重复性和低相关性，构建空间要素水平和栅格水平的生态重要性评价体系，所有评价的空间叠合得到的综合评价与排序具有丰富的内涵和信息，对于城市增长刚性边界、资源保护、生物多样性保护等具有重要的价值。本模块以城市增长边界为目标导向选择输出城市增长刚性边界、具有 GI 综合排序信息的城市增长潜在土地供给区域两个方面的内容。

5.3.1 源斑块的辨识

1. 源斑块的理论来源

源斑块的理论来源于美国景观生态学之父 Forman 提出的"集聚间有离析（Aggregate-with-outliers Pattern）"的最优景观格局的核心要素之一。"集聚间有离析"是 Forman（1995）基于生态空间理论提出的景观生态规划格局，被认为是生态学上最优的景观格局。该格局是针对回答"在景观中，什么是土地利用的最合适的安排？"这一问题而提出的。它包括以下七种景观生态属性：①大型自然植被斑块用以涵养水源，维持关键物种的生存。②粒度大小，既有大斑块又有小斑块；满足景观整体的多样性和局部点的多样性。③注重干扰时风险扩散。④基因多样性的维持。⑤交错带减少边界抗性。⑥小型自然植被斑块作为临时性栖息地或避难所。⑦廊道用于物种的扩散及物质和能量的流动。"集聚间有离析"的格局强调集中使用土地，保持大型自然植被斑块的完整性，充分发挥其生态功能。这与当前紧凑式发展的理念相吻合。Forman（1995）按"集聚间有离析"原则设计了一种理想景观格局模式,其中心思想是将相似的用地类型集中起来,但在建成区保留一些自然廊道和小的自然斑块,在大型自然植被斑块的边缘也布局一些小的人为活动斑块。其特点为:包含大型自然植被斑块;粗粒与细粒要素结合;风险分散;小斑块内的基因变异、主要用地类型之间有边界过渡带;小的自然斑块;具有自然植被廊道和边界过渡带。

Forman指出,景观规划作为第一优先考虑保护和建设的格局应该是几个大型的自然植被斑块,并且作为物种生存和水源涵养所必需的自然栖息环境。因此,源斑块应是景观格局中的重点地区,对于物种的多样化保护有至关重要的作用。

源斑块一般是指大型植被或水域斑块如城市公园、大型绿地／林地、湖泊／水库或湿地、重要风景区等,在物种保护等相关研究中可指生物活动的核心区域,大于一定面积的上述斑块或区域皆可以作为生态源斑块。作为研究区内生态保护的"核心区",这些源斑块多处于区域内生境相对良好的地带,物种资源相对比较丰富,成为景观中涵养水源和防止水土流失的"核心"地带,是生态格局的重要组成成分(王军等,1999;Ted Weber,2003)。

2. 源斑块的辨识

在马里兰州绿图计划中,源斑块定义为至少809hm^2(有一定的主观性,主要是为了确保地图可输出不同比例)、连续的、生态特征显著的区域。它是区域内重要的区域物种、野生物种、敏感物种、受威胁或濒危动植物所需生境或许多物种特定的生命周期阶段的生境或其他独特的自然区块。保留这些地区作为开放空间或者进行限制性开发,将对维持或提升整个地区因人类随意开发而降低的生态多样性,有着至关重要的作用。比如,内陆森林为鸟类筑巢提供了良好的环境,自然保护区则为濒临灭绝的生物种群提供了特定的生存空间。大块的、连续的森林是必要的,以支持林业的可持续发展及区域重要的经济行为。

但是由于美国马里兰州具有其独特的地理特征,因此该源斑块的提取流程并不完全适用于本书的研究区域。因此,在马里兰经验的基础上,本书提

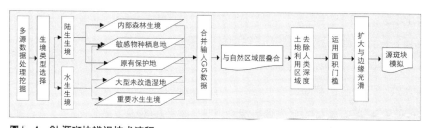

图 5-4　GI 源斑块辨识技术流程
（资料来源：作者根据 Ted Weber, 2005 改绘）

出适合于平原水网地域特征的提取方法，如图 5-4 所示。

5.3.2　廊道的辨识

美国保护管理协会（Conservation Management Institute, USA）从生物保护的角度出发，将廊道定义为"供野生动物使用的狭带状植被，通常能促进两地间生物因素的运动"。Forman 总结了廊道的五大功能：栖息地（habitat）通道（conduit）、过滤（filter）、源（source）、汇（sink）。廊道分为线状廊道、带状廊道和河流廊道三种基本类型。线状廊道是指全部由边缘种占优势的狭长条带；带状廊道是指有较丰富内部种的较宽条带；河流廊道是指河流两侧与环境基质相区别的带状植被，又称滨水植被带或缓冲带。

建立生态廊道旨在联系各孤立的源斑块，为斑块间提供生物流、物质流和信息流的流通途径，从保护生物学视角来看有助于物种的迁移、生存和延续，而从景观生态学视角来看，则增加了景观斑块之间的连通性，使得区域景观的稳定性增加。当其所连接的其中一个斑块由于城市发展或偶然因素遭到破坏时，生态廊道可以为物种提供迁徙路径，进而减少由此造成的物种多样性及生态稳定性的损失（Ted Weber, 2003）。在马里兰州绿图计划中，廊道是指线性的、宽度至少 350m 的、连接源斑块以维持动植物在源斑块之间运动迁徙的带状区域。在一个区域范围内，局部源斑块中的物种灭绝通过物种在廊道中的迁徙运动抵消这种影响，便于物种进行重新扩张。因此，通过科学的手段，找出最优生态廊道是生态网络建立的关键。

1. 廊道设计的关键性问题

不同类型的廊道在设计中都会涉及一些关键性问题，如数目、本底、宽度、连接度、构成和关键点或区等（Forman，1995）。

数目：从各种生态流及过程的考虑出发，通常认为增加廊道数目可以减少生态流被截留和分割的概率。数目的多少没有明确规定，往往根据现有景观结构及规划的景观功能来确定。在满足基本功能要求的基础上，廊道的数目通常被认为越多越好。

本底：廊道是与周围土地发生联系的，因此考虑景观中生态廊道所处的本底也极其重要。对本底的研究应从三个方面入手：第一，弄清动物利用廊道的方式；第二，调查周围的土地利用方式，或是判断出从相邻地区流向廊道的污染物的类型与强度；第三，判别由廊道连接的大型生态斑块，这些斑块的位置将会影响到廊道的位置、内部特征及长度，进而影响到迁移物种的类型。

宽度：宽度对廊道生态功能的发挥有重要的影响。太窄的廊道会对敏感物种不利，同时降低廊道过滤污染物等功能。此外，廊道宽度还会在很大程度上影响产生边缘效应的地区，进而影响廊道中物种的分布和迁移。边缘针对不同的生态过程有不同的响应宽度，从数十米到数百米不等。边缘效应虽然不能被消除，但是却可以通过增加廊道的宽度来减少。越宽越好是廊道建设的基本原理之一。

连接度：连接度是指廊道上各点的连接程度，它对于物种迁移及河流保护都十分重要。对于野生动物而言，功能连接度会根据不同物种的需要发生变化。道路通常是影响廊道连接度的重要因素，同时廊道上退化或受到破坏的片段也是降低连接度的因素。规划与设计中的一项重要工作就是通过各种手段增加连接度。

关键点：包括廊道中过去受到人类干扰以及将来的人类活动可能会对自然系统产生重大破坏的地点。当点的面积在所研究尺度上变得足够大时，就成了关键区。从某种意义上讲，关键点（区）也是廊道构成的一部分，只不过这些点或区在廊道中占有更加重要的地位。

2. 廊道的辨识流程

廊道的识别是基于许多数据集合，包括土地覆盖率、湿地、道路、河流、冲积平原以及通过调查的社会、生态资料得出的数据。建立过程包括区域生境物种迁徙阻力的计算、物种迁徙成本图层建立、生态廊道生成三个部分。首先，因廊道连接不同生态系统时，生物运动相差较大，所以把廊道连接的生态系统分为陆地、湿地、水生三个系统类型。之后，根据系统中的河流、道路、缓坡、水生群落条件等确定阻抗（阻扰物种之间迁移的程度），再通过最小累积阻力确定最佳路径（成本指穿越景观的困难程度）并确定廊道线路，辨识流程如图 5-5 所示。

3. 生境的物种迁徙阻力计算

景观单元阻力值的赋值是相对复杂的关键步骤，阻力值的大小表征水平生态流强度，即景观单元阻力值越小，则该景观单元的水平生态流强度越大。举例说明，湿地、水域、坡度平缓的景观单元，水平生态流运行越顺畅，景观单元阻力值越低，而城市建设用地、道路等景观单元，水平生态流基本难以在其中运行，阻力值一般可设定为生态流的不可通过区域（俞孔坚，1998，1999；李纪宏，2006）。大多数生态评价文献，将地形和地表覆盖类型作为影响其景观分异和变化的两个基本因素。它们不仅控制着土壤的发育、

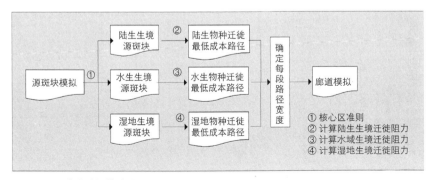

图 5-5　GI 廊道辨识技术流程
（资料来源：作者根据 Ted Weber 等，2005 整理）

水文情况的分异,还影响水土流失的发生发展,决定土地利用的空间分异(张惠远等,1999),除此以外,土壤的 pH、有效土层、质地类型等也都是需要考虑的因素。但是鉴于数据的可获得性和杭州的实际情况,本文以覆盖类型、高度和坡度来进行评价。此外,林地的生态价值因其植被覆盖状况存在较大分异,故本文添加了 NVDI 指数[①](植被覆盖指数),对林地、耕地、湿地等用地类型依据 NVDI 指数进行进一步分类。考虑不同类型的斑块内物种迁徙的差异性,参照以上研究成果制定了不同的覆盖类型阻力分级。应该指出的是,景观单元阻力值大多是一个相对数值,是经过栅格值重分类而得,属于半定量行为。

4. 物种迁徙成本图层生成

物种迁徙成本图层由上述各评价因子的图层通过栅格叠加而得。不同的物种迁徙成本图层应依据不同的迁徙阻力进行赋值后再叠加,具体公式如下:

各栅格内总阻力值 = 覆盖类型阻力值 + 坡度阻力值 + 高度阻力值

不同生境的物种迁徙廊道沿用不同的土地覆盖与利用类型阻力值。将以上生态评价因子所对应的阻力值相加后即可得到相应的斑块类型成本图层。例如,林地斑块以外用地的栅格内阻力值 = 针对林地斑块的覆盖类型阻力值 + 坡度阻力值 + 高度阻力值。以此类推。在完成矢量叠加后,考虑到成本图层中每个像元之间数据差异小,且数据的数量过大,导致廊道生成流程出现计算阻碍,因此对该图层进行重分类,减少不同数据的数量,加快迁徙廊道的生成过程。

5. 廊道的生成

在成本图层的基础上,利用北亚利桑那州大学研发的 Corridor Design 工具可得到连接两个同类源斑块的最小阻力路径,该路径是物种迁徙时最可能选择的路径,即物种迁徙廊道。

但按照以上方法所建立的物种迁徙廊道是由单栅格构成的,没有宽度,不具有现实意义。宽度对廊道生态功能的发挥有着重要的影响,太窄的廊道

---

① $NVDI=(NIR-R)/(NIR+R)$,其中,NIR,R 分别是 MODIS 中的近红外和红外遥感数据。

会对敏感物种不利，同时降低廊道过滤污染物等功能。因此，本文依据不同的迁徙物种及廊道所在的土地覆盖与利用类型来确定各廊道的实际宽度（俞孔坚等，2005）。

6. 廊道现实性的筛选

从理论上讲，各源斑块之间的生态廊道有 C_n^2 个（n 为源斑块数），则研究区域的生态廊道数目过多，各生态廊道相互交织，在实践操作中将难以实现。为突出建立核心斑块与其他斑块的廊道的联系，并考虑到源斑块的空间分布状况以及生态廊道构建实践的可操作性，应该进行廊道现实性的筛选。

廊道现实性的筛选中，首先比较研究拟构建生态廊道体系与研究区域已存在的各类廊道，依据最小累积阻力模型所拟构建的廊道与现实中的河流、道路、绿带等重叠的，则可进行现实性的确定；而对于并无已存在廊道支持的，可考虑依托相关道路绿色廊道建设来完成相关源斑块之间的生态廊道建设。

5.3.3 生态重要性评价

自以美国马里兰大学 Costanza（1997）为代表的世界上 13 位科学家关于全球生态系统服务价值的论文在《Nature》上发表以来，生态系统服务价值评估研究已成为资源环境经济学和生态经济学研究的热点问题和前沿领域。宏观层面的相关研究更多考虑地球表面的覆被状况以及相应的生态系统服务功能（赵军，2007）。谢高地（2003）结合中国土地覆被的实际情形将陆地生态系统重新分为森林、草地、农田、湿地、水域和荒漠六个一级类型。

1. 生态重要性内涵解读

大部分学者认为生态重要性等同于生态服务功能的重要性。生态服务功能是指生态系统及其生态过程所形成的有利于人类生存与发展的生态环境条件与效用，例如森林生态系统的水源涵养功能、土壤保持功能、气候调节功能和环境净化功能（生态功能区划暂行规程，2003）。因此，生态服务功能重要性评价可通过针对区域典型生态系统，评价生态系统服务功能的综合特征；根据评价区生态系统服务功能的重要性，分析生态服务功能的区域分异规律，明确生态系统服务功能的重要区域，从而可达到快速识别具有重要生态价值的区域，利于下一步的保护与开发工作的协调。依据《生态功能区划暂行规程》（2003），对各项评价的内容及要求如下。

1）生物多样性评价

主要是评价区域内各地区对生态多样性保护的重要性。生物多样性包括生态系统多样性、物种多样性和遗传多样性，重点评价生态系统多样性和物种多样性。生态系统多样性可用生态系统类型、面积、分布范围及其代表性评价；而物种多样性可用区域内国家级与省级保护对象及其数量评价，优先保护生态系统与物种保护的热点地区均可作为生物多样性保护具有重要作用的地区。

2）水源涵养和水文调蓄

区域生态系统水源涵养的生态重要性在于整个区域对评价地区水资源的依赖程度及洪水调节作用。因此，可根据评价地区所处的地理位置及对整个流域水资源的贡献进行评价。

3）土壤保持

土壤保持的重要性评价要在考虑土壤侵蚀敏感性的基础上，分析其可能造成的对下游河床和水资源的危害程度与范围。土壤侵蚀敏感性评价是为了识别容易形成土壤侵蚀的区域，评价土壤侵蚀对人类活动的敏感程度。可以运用通用土壤侵蚀方程进行评价，包括降水侵蚀力、土壤质地因子、坡度坡向因子和地表覆盖因子四个方面的因素。也可以直接运用水利部发布的土壤侵蚀分类分级标准的附录A：土壤侵蚀潜在危险分级，以及中华人民共和国行业标准《土壤侵蚀分类分级标准》（SL 190-2008）。

4）沙漠化控制

在评价沙漠化敏感程度的基础上，通过分析该地区沙漠化所造成的可能生态环境后果与影响范围，以及该区沙漠化的影响人口数量来评价该区沙漠化控制作用的重要性。

5）营养物质保持

从面源污染与湖泊湿地的富营养化问题的角度考虑，评价区域的营养物质保持的重要性。其重要性主要根据评价地区氮、磷流失可能造成的富营养化后果与严重程度。

6）海岸带防护功能

重点评价海岸防侵蚀区、防风暴潮区、红树林、珊瑚礁和其他重要陆生与海洋生物分布与繁殖区，以及其他对维护当地生态环境有安全作用的重要海岸带、滩涂与近海区等。

本文的生态重要性评价体系是在分析马里兰州 GIA 生态重要性评价指标体系的基础上，依据长江三角洲的地域特征和评价范围内的生态系统的差异性，如自然资源、物种分布、主要道路和人类土地利用状况等特征，综合数据来源的可靠性和可行性，根据生态专家、自然资源管理者的反馈、前人研究、区域的独立性和空间叠加及最小重复原则，形成源斑块和廊道的评价参数和权重体系，所有数据的相关度均在 75% 以下。各级指标的权重通过德尔斐方法计算，同时用数据重分类（re-class）方法对专题数据进行标准化，在 GIS 中调用栅格计算器采用栅格图层赋权重方式得到最后的计算结果。对于各评价指标需在仔细考察研究地域具体情况的基础上结合专家经验进行综合考虑，在实践中需要适当地调整参数以适合本地状况。

2. 源斑块的评价指标体系建构

从完整的生态服务功能来看，生态服务包括生物多样性保护、水源涵养和水文调蓄、土壤保持、沙漠化控制、营养物质保持和海岸带防护功能六项内容。评价和比较的目的是寻求差异性，故从评价的地域范围和地域特点来看，在长三角平原水网地区，湿润气候对于沙漠化侵蚀不敏感，且海岸带防护的内容也不具备可比性，故此项内容在以后的论述中略去。生态服务功能重要性评价是明确回答区域各类生态系统的服务功能及其对区域可持续发展的作用与重要性，对每一项生态服务功能按照其重要性划分出不同级别，明确其空间分布，然后在区域上进行综合。GIA 要素层面的源斑块生态价值评价体系见表 5-4。

GIA 要素层面源斑块生态价值评价体系　　　　表 5-4

评价层次	权重	评价指标	权重	指标分解	权重
生物多样性保持重要性	0.45	生境稳定性保护	0.30	景观丰富度指数	0.50
				核心区总面积指数	0.50
		生境复杂性保护	0.40	边界密度指数	0.50
				斑块形状指数	0.50
		优先区域保护	0.30	风景名胜区或自然保护区重要度	0.50
				平均斑块面积	0.50
水源涵养与水文调蓄重要性	0.25	城市水源地保护	0.50	水源地级别	1.00
		洪水调蓄功能保护	0.50	水体面积	1.00
土壤保持重要性	0.20	土壤保持敏感性	0.50	地形起伏度	0.50
				归一化植被指数	0.50
		影响水体	0.50	影响水体级别	1.00
营养物质保持重要性	0.10	湖泊湿地级别及所处河流状况	1.00	影响目标及所处区位	1.00

（资料来源：作者自绘）

3. 廊道生态价值评价

廊道的生态价值主要由其所连接的斑块生态价值以及动物迁徙的难易程度所决定，因此主要从其连通状况重要性、自身生态重要性及其所处环境的优劣来进行评价。在连通状况的重要性中，其所连接的源斑块的生态重要性评价得分所占比重最高，在评价得分中占绝对优势；其次是廊道被割裂的片段状况，如数目和割裂处面积百分比；廊道自身生态重要性评价中，影响动物迁徙成本的表面阻抗权重最大，其次是廊道宽度和面积；廊道所处环境中，优先保护区域和高等级道路穿越这两种环境视为同等重要。具体评价系统如表 5-5 所示。指标计算在 ArcGIS9.3 中矢量运算完成。

4. GI 栅格水平的生态重要性评价

栅格层面的生态价值评价主要是在栅格层面上赋值并加权相加获得，其中栅格大小为 30m×30m。栅格层面的评价主要考虑了各栅格自身重要性及

GIA 要素层面廊道生态价值评价体系　　　　　　　表 5-5

评价指标	权重	指标分解	权重
廊道连通状况重要性	0.50	所连接源斑块的生态重要性	0.60
		廊道割裂数目	0.20
		廊道割裂处面积的百分比	0.20
廊道自身生态重要性	0.30	廊道面积	0.20
		廊道宽度	0.30
		廊道平均阻抗	0.50
廊道所处环境	0.20	处于优先保护区域的等级	0.50
		被穿越的道路等级	0.50

（资料来源：作者自绘）

其所处环境两个方面，前者权重明显较大。其中自身重要性主要依据栅格内部的土地利用覆被类型、地形坡度以及植被覆盖情况三个指标来评价。土地利用与覆被类型在极大程度上决定了栅格自身生态价值的重要性得分，归一化植被指数与坡度次之。事实上自身重要性评价还可以包括许多其他的指标，例如土壤肥沃程度、与水土保持有关的所属径流的流量等，但是由于这些资料在现阶段还很难被获取，因此没有被列入评价体系之中。与保护区的距离和与 GI 空间要素的距离被视为同等重要的外围环境。尽管从表面上看，与保护区的距离比较重要，但是 GI 要素被破坏所对各个保护区带来的潜在负面影响也是不可估量的，因此在本体系中，两者的权重被设置为相等。具体评价体系如表 5-6 所示。

GIA 栅格层面栅格生态价值评价体系　　　　　　　表 5-6

评价指标	权重	指标分解	权重
栅格自身重要性	0.70	土地利用与覆被类型	0.50
		地形坡度	0.20
		归一化植被指数	0.30
栅格所处环境	0.30	与保护区的距离	0.50
		与 GI 空间要素的距离	0.50

（资料来源：作者自绘）

5. 综合评价与排序

在空间要素层面评价和栅格层面评价的基础上，将两图层进行栅格叠加运算。将最终评价结果进行归一化处理，并在 ArcGIS 中利用 quantaile 分类方法重分为 10 类，减少最终得分的分值档次，并使所有栅格得分均处于 0~1 的区间内，以利于后期 GIA 门槛分值的划定和 GIA-CA 模拟效果的测试。为避免在后期的 CA 模拟中，被转化城市建设用地，而将 GI 空间要素区域的分值重定义为 1，即最为重要。

5.4 第三模块：GIA—CA 空间模拟模块

以 GIA 的结果作为宏观生态约束条件代入约束性 CA 模型中，结合空间约束和邻域约束等条件进行空间发展模拟，从而制订城市增长边界，模块流程设计如图 5-6 所示。GIA—CA 模型相对于一般约束性 CA 来说，最大的

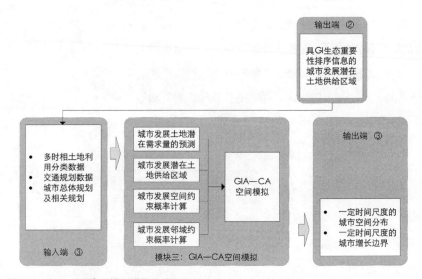

图 5-6 GIA—CA 空间模拟模块的技术流程设计
（资料来源：作者自绘）

区别在于不是以城市发展需求即过去城市发展速率等特征作为约束条件，而是以土地资源总量与 GI 资源保护为主要约束条件，这一点对于促进城市可持续发展具有积极作用。

对于传统 CA 模型的描述中，可以看出，传统 CA 模型，往往从城市土地需求的角度来模拟城市的扩张。土地是否可以转换为城市建设用地往往取决于其现有基础设施的条件等投资建设风险因素的大小。这样的模型没有从城市可持续发展的角度进行模拟，城市侵占的土地的生态价值可能在区域内十分重要，一旦其属性被改变会造成区域内生态环境不可逆转的破坏。因此，本文利用 GIA 模型从生态价值角度对城市周边的潜在土地供给区域作出界定。

由 GIA 得出潜在土地供给区域，并将此作为城市空间扩张的约束条件，体现了生态优先的思想。因为城市空间扩张在 GIA—CA 模型中，不同于传统 CA 的无限制扩张，将仅限于潜在土地供给区域。作为区域生境核心的 GI 格局将免于被开发的危险。且依据 GIA 的生态环境资源排序结果，在模拟中对应于土地利用方式，即建立了资源特性与土地利用方式的关联，使两者达到最大限度的耦合。

5.4.1 约束性 CA 模型的技术规则

约束性 CA 模型的约束条件总体上可以分为近邻约束条件 (neighborhood constrained conditions)、宏观社会经济约束条件 (macro socio-economic constrained conditions)、空间约束条件 (spatial constrained conditions) 和规划控制约束条件 (institutional constrained conditions)（龙瀛等，2008）；也可根据约束条件的影响范围归纳为三种：局部约束性、区域约束性和全局约束性。局部约束性包含了每个单元具体的空间约束信息，而区域约束性则包含了一些集合的部分空间信息，全局约束性则是一些较宏观的控制和约束信息。局部约束性主要用来强调小范围内（单元之间）的差别，主要考虑一个元胞（栅格）邻域周围的 N 个元胞对中心元胞的影响。区域约束性用来反映较大范围（区域之间）的差别，主要考虑为一些焦点，如主要铁路与道路，人口中心等对于元胞的吸引力及影响。全局约束性指宏观经济、人口发展等城市发展的宏观因素约束，常用于控制模拟的城市开发总量，作用的空间特性不明显。约束性的 CA 模型可以具体地表达如下。

1. 局部约束概率计算

城市扩展的聚集影响可以通过 CA 模型中的邻域来反映。在一般 CA 模型中，邻域被定义为包括四单元的诺依曼（Neumann）或采用 3×3 Moore 邻近窗口来构建 CA 模型。在国外一些文献中，也有不规则领域的局部概率计算，但是这往往运用于城市建设用地分类较为详尽的 CA 模拟模型中。

2. 区域约束概率计算

区域约束概率指城市中或附近出现的车站、商业中心、工业中心、交通干线等在一定时段内对周围土地转化有着强烈的影响力，导致城市扩展的速率差异。考察假定高速公路（现状约束条件）对城市发展的影响，高速公路对土地单元的吸引力就是随距离逐渐衰减的。

3. 全局概率计算

全局概率考虑为一系列二值变量的乘积，即 Cr 为绝对限制因子，其值只能取 1 或 0，分别表示 $\{i, j\}$ 处的元胞可以转化和不能转化。如果 $Cr\{i, j\}$ 为 0，则表示 $\{i, j\}$ 处的元胞可能是海、河、湖或其他被保护用地，在模型中不能被用作城市用地。

4. 最终概率计算

最终概率为同一时刻 t 的局部约束概率、区域约束概率和全局概率的乘积。CA 模型的特点在于其在不断往复的计算过程中的最终概率数据更新。当 t 时刻一定栅格的土地转化为城市用地之后，新转化的栅格又会刺激带动周边栅格的转换，此时周边栅格的转换概率也会发生变化，因此需要重新计算 $t+1$ 时的各栅格转换概率，即重新对局部概率和中观概率进行计算。一般情况下，全局概率不会发生变化。

5. 转换条件设定

而位于位置 $\{i, j\}$ 处的元胞在 $t+1$ 时刻转化为城市用地的条件为：

若 $P_{(i)r}^t >$ 阈值 k,则元胞值在 $t+1$ 时刻取值 1,即该元胞转化为城市用地;

若 $P_{(i)r}^t \leq$ 阈值 k,则元胞值在 $t+1$ 时刻取值 0,即该元胞不转化为城市用地。

一般对于门槛 k 值的设定并没有十分明确的定义。往往参照上个模拟周期内城市的扩张速度并依据经验进行设定。如果在宏观预测未来城市扩张十分迅猛的情况下,k 值可以设定偏小,而如果政策导向偏向于紧凑型城市,则 k 值可以设立得大一些。k 值的设立缺乏严格科学理论依据也是传统 CA 模型的缺陷之一。

5.4.2 GIA—CA 模块的优化设计

在充分理解和吸收约束性 CA 模型特征和转换规则的基础上,本书尝试通过转换研究视角来实现对其约束条件的优化。通过前面的论证和分析我们认为从 GIA 的视角来研究城市增长边界的设定方法对于城市发展需求与土地资源约束的矛盾现实更具针对性和现实意义;从某种角度来说,统筹城市空间增长需求动力与供给约束因素就是在城市自组织增长和他组织增长之间取得平衡,邻域约束和区位约束属于城市自组织增长机制约束,而效应最强的他组织增长机制约束应该是土地资源的强烈约束,其他的政策干预也是基于这个根本约束条件而设定和延伸的,且以规划控制约束为手段的政策干预相对多变和不稳定,阶段性强,以此作为约束条件难以模拟未来的城市发展。因此,本书提出的 GIA—CA 模块正是在保留邻域约束和区位约束条件的基础上,去除规划控制约束条件等复杂的非根本因素,以 GIA 的生态约束条件与社会经济约束条件的综合代替宏观社会经济约束条件,是 GIA—CA 模块的创新之处。

原约束性 CA 模型由宏观社会经济约束条件来确定每个阶段待开发土地的总量,而宏观社会经济约束条件更多的是从人口增长和经济增长的需求的角度设定的,故可归结为基于需求视角的空间模拟方法,且空间特性不明显。而 GIA—CA 的宏观约束条件以 GIA 结果中辨识出的城市潜在土地供给区域作为每个阶段待开发土地的总量和区域分布,并以城市总体规划中的空间增长总量为辅助,实现了"总量控制"和"空间控制"的结合。生态约束条件设定是生态优先的规划途径的具体实践,也以土地资源的节约和碳汇资源的保护策略成为当前所倡导的低碳规划的积极探索;此外,潜在土地供给区域的选择摒弃了以生态价值或建设适宜性单目标利益的最大化的做法,体现了多目标利益合集下的最优化途径的选择,因此GIA—CA模拟得出的城市增长边界符合引导城市在最适宜的区域发展的基本概念设定。

城市土地供给量依照不同的生态安全门槛分值来控制,在生态安全分值以上的土地不作为城市土地供给区域。通过设定不同的门槛分值并观察GIA—CA最终的模拟结果,当设定门槛分值过小时,城市基本无法扩张,设定门槛分值过大时,GIA就丧失了引导城市扩张的作用,因为研究区域内绝大部分土地都转变为潜在土地供给,土地的生态价值对于城市扩张的约束力大幅度下降。

5.4.3 GIA—CA 模块技术规则的设定

1. 邻域约束概率计算

城市扩展的聚集影响可以通过CA模型中的邻域来反映。在一般的CA模型中,邻域被定义为包括四单元或八单元的诺依曼(Neumann)或摩尔(Moore)邻域,采用3×3 Moore邻近窗口来构建CA模型。则局部约束(邻域影响)下元胞的转换概率计算为:

$$P_{1,\{i,j\}}^{t} = \frac{\sum_{3\times3} con\ (S_{ij}=urban)}{3\times3-1}$$

其中$P_{1,\{i,j\}}^{t}$是领域函数,这里表示3×3领域中的土地开发密度;con()是一个条件函数,如果单元状态S_{ij}是城市用地urban,则返回真,否则返回假;另外,与概率不同的是$P_{1,\{i,j\}}^{t}$标有时间符号t,这表示领域的土地开发密度在CA迭代过程中是不断变化的。

2. 区位约束概率计算

区位约束条件指城市中或附近出现的车站、商业中心、工业中心、交通干线等在一定时段内对周围土地转化有着强烈的影响力，导致城市扩展的速率差异，在其他研究中也被称为区位约束条件（龙瀛等，2008，2009）。本书为了区分 GIA 对模型的生态约束的空间分布特性，按照其约束性质统称为区位约束条件。假定高速公路（现状约束条件），来考察它们对城市发展的影响。高速公路对土地单元的吸引力就是随距离逐渐衰减的。本模型中以逻辑回归函数来量化区域约束条件的吸引力。各参数权重计算如下：

$$P_{\{i,j\},z} = \mathrm{cons} + \beta_1 \cdot D_{\{i,j\},h1} + \beta_2 \cdot D_{\{i,j\},h2} + \ldots + \beta_n \times D_{\{i,j\},hn}$$

其中，$P_{\{i,j\},z}$ 是二值变量，表示城市上一个发展阶段内，栅格 $\{i, j\}$ 是否从非城市建设用地转换为城市建设用地，如发生转换，则其值为 1，否则为 0。$D_{\{i,j\},hn}$ 是栅格 $\{i, j\}$ 到某基础设施 hn 的距离。cons、β_1 等参数通过二值线性回归原理利用最小二乘法计算获得的。由于栅格数量较为庞大，利用一般的软件无法获得计算结果，因此本文采用样本采样的方法，选取其中 20% 来计算得到上述参数。

将上面的计算结果，代入最终公式得到最终区域约束条件下的栅格 $\{i, j\}$ 的转换概率 $P_{r,\{i,j\}}$，计算公式如下：

$$P_{r,\{i,j\}} = 1/\{1 + \mathrm{Exp}[-(\mathrm{cons} + \beta_1 \cdot D_{\{i,j\},h1} + \beta_2 \cdot D_{\{i,j\},h2} + \ldots + \beta_n \cdot D_{\{i,j\},hn})]\}$$

3. 生态约束概率计算

本模型将 GIA 的评价结果 P_{GIA} 进行归一化处理作为全局约束条件，加入模型中。其中，重要斑块、廊道、风景名胜区及自然保护区等赋值为 1，并建立禁止建设区的缓冲区。并将结果乘以其余规划界定的禁止建设用地二值 0~1 图层 conf。综上可知全局约束条件下的转换概率表达式如下：

$$P_{g,\{i,j\}} = (1 - P_{GIA\{i,j\}})\mathrm{conf}$$

4. 栅格最终转换概率计算

最终任一栅格 $\{i, j\}$ 的转换概率 $P_{g,\{i,j\}}^{t}$ 的计算都综合考虑了上述三个约束条件，由其乘积构成，具体公式如下：

$$P_{g,\{i,j\}}^{t} = P_{1,\{i,j\}}^{t} \cdot P_{r,\{i,j\}} \cdot P_{g,\{i,j\}}$$

5.4.4 GIA—CA 模块的模拟过程

整个模拟过程如图 5-7 所示，其中 StepNum 为内部循环迭代次数，当内部迭代次数越多时，模拟结果越不精确，因为最终转换概率更新次数越少，但是模拟所需的时间也更长。Iteration 为外部循环迭代次数，与内部迭代次数呈反比。城市发展土地需求量依据模拟时间段内的城市总体规划初步拟订，并通过设定不同的安全水平门槛分值的 GIA 输出结果来确定。

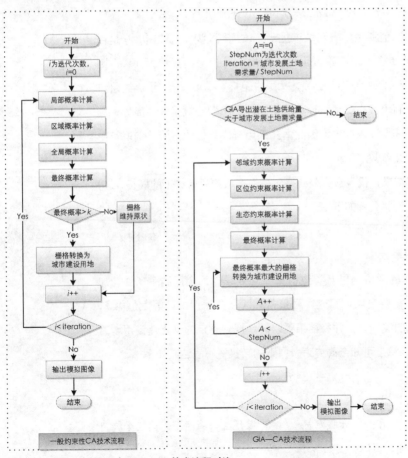

图 5-7 一般约束性 CA 与 GIA—CA 技术流程对比
（资料来源：作者自绘）

依据 GIA 结果，研究区范围内的各栅格将被赋予生态价值得分，生态价值得分小于设立的生态安全门槛分值的栅格则可用于城市建设用地。在本模型中，当土地需求大于土地供给时，模型选择采用城市内向增长模式保护城市周边的生态环境多样性。模型利用 Matlab 软件，在 Visual C++ 6.0 中，依托 MFC 框架完成编程，并将数据导入进行模拟。最终的模拟结果是 ASCII 矩阵文件，需要加入相应表头，并导入 ArcGIS 9.3，转换为栅格文件才能获得最终模拟图。

本模型中：

U_area 为未来城市发展所需要的建设用地增长量；

G_area 为在不同生态安全水平下，可以安全转为城市用地的现有 GI 用地；

Threshold 为设置的生态安全门槛，当生态价值小于门槛时，该元胞才可以进行转换；

迭代次数为模型更新基础的频繁程度，迭代次数越多，基础数据更新越快，城市增长模拟越精确，但是模型的计算时间也越长。

元胞转换最终概率的计算：$P_f = P_l \cdot P_r \cdot P_g$

在本模型中，当 U_area > G_area 时，模型选择在牺牲城市发展的前提下来保护城市周边的生态环境多样性。

模型在 Visual C++6.0 中，依托 MFC 框架完成编程，并将数据导入进行模拟。

5.4.5 城市增长边界的制定

由于前期遥感监督分类的误差，GIA—CA 模拟结果可能出现过于破碎化的不符合实际发展情况的城市建设用地斑块，对城市增长边界的制订产生阻碍。因此，在不同情景下 GIA—CA 模拟结果的基础上，在 ArcGIS9.3 中，将模拟结果矢量化后，通过 Geographical Calculation，对各城市建设用地斑块面积进行计算，并剔除小于

10hm² 的过于破碎化的城市斑块。由于城市内部部分地区存在大面积的植被，如公园和城区内的山地等，在遥感分类过程中无法提取为城市建设用地，而在后期与城市规划图作比较时会引起较大的误差，所以在制订城市增长边界时也要对城市内部的空隙（<10hm²）进行填充。此外，由于城市边界不可能过于曲折，因此在栅格图层中对城市边界进行平滑处理，得到模拟阶段内的城市增长边界。

刚性城市增长边界是城市发展的终极边界，如非社会或自然重大变化，不宜进行修编。弹性是相对于刚性而言的，必要时可以调整。弹性着重强调的是过程，而刚性则侧重于法规的终极目标。

5.5 小结

本章主要阐述了基于 GIA 设定城市增长边界模型的建构过程及技术细节。城市增长边界设定与 GIA 的 "交叉框架" 将城市潜在土地供给区域锁定为研究焦点，并为下一步的城市空间增长模拟提供了宏观区域的约束。在此之前，本书提出增设一定历史时期内的研究区域土地利用与景观格局变化分析的过程作为对城市空间增长机制和特征的必要探讨，为城市空间增长模拟转换规则的制定提供依据，并帮助形成下一步的城市增长政策建议。受龙瀛等（2009）提出的约束性 CA 模型的启发，笔者修正其综合约束条件及转换规则，重点突出 GIA 的约束因子及其权重，提出 GIA—CA 模拟方法，进而根据模拟结果制订城市增长边界。

本书对模型的建构目标、成果要求等展开探讨，并描述了模型的适用环境、研究方法、模块设计和关键技术等，以构建模型的整体认知。模型主要由三个模块组成，每个模块之间相互关联的同时又有一定的独立性，每个模块有特定的输入端和输出端，其中第一模块和第二模块的输出端分别以第二模块和第三模块的部分初始条件与其他条件作为输入端。原始输入数据有矢量数据、栅格数据和非空间数据等多种类型,如多时相的遥感图像、DEM 数据、自然保护区资料、水源保护区资料、珍稀动植物种的分布、城市总体规划等。输出端则以城市增长边界的设定为目标导向,选择城市增长刚性边界和一定时间尺度的城市增长边界为最终输出端,具有 GI 生态重要性排序信息的城市增长潜在土地供给区域作为中间输出端,对于第三模块的 GIA—CA 空间模拟具有全局约束的作用,以将城市增长控制在适宜发展的生态重要性价值排序偏后的空间区域,这一点与资源特性与土地利用方式耦合的逻辑相吻合,也是基于供给的视角将土地资源约束作为城市增长边界的有效约束条件的具体体现。

第6章 实证研究——以杭州市为例

6.1 杭州市城市空间增长概况

6.1.1 杭州市概况

杭州位于浙江省北部，地处长江三角洲南翼，杭州湾西端，钱塘江下游，京杭大运河南端，是长江三角洲重要中心城市和中国东南部交通源斑块（图6-1）。杭州市区中心地理坐标为北纬30°16′，东经120°12′。浙江省省会和经济、文化、科教中心，长江三角洲中心城市之一，国家历史文化名城和重要的风景旅游城市。

图6-1 杭州市区位及行政界限示意
（资料来源：http://www.hzplanning.gov.cn/）

杭州市区面积为3068km^2，辖上城、下城、拱墅、江干、西湖、滨江、萧山、余杭8个城区。市区常住人口近期和远期分别控制在570万人和650万人；市区户籍人口近期和远期分别控制在450万人和530万人；市区城市人口近期和远期分别控制在362万人和445万人，其中中心城区人口近期和远期分别控制在336万人和405万人。中心城区用地规模近期和远期分别控制在305km^{2}和370km^{2}以内；六大组团用地规模近期和远期分别控制在22.98km^{2}和30.98km^{2}以内（《杭州市总体规划（2001-2020）》）。

6.1.2 杭州市空间增长历程

在《杭州市总体规划（2001-2020）》中对城市发展方向及布局形态作出如下描述：城市发展方向为城市东扩，旅游西进，沿江开发，跨江发展，实施"南拓、北调、东扩、西优"的城市空间发展战略，形成"东动、西静、南新、北秀、中兴"的格局。城市布局形态为从以旧城为核心的团块状布局，转变为以钱塘江为轴线的跨江、沿江、网络化、组团式布局。采用点轴结合的拓展方式，组团之间保留必要的绿色生态开敞空间，形成"一主三副、双心双轴、六大组团、六条生态带"的开放式空间结构模式。

1. 杭州城市空间增长状况

随着萧山市和余杭市撤市建区并入杭州市区，新一轮杭州市总体规划确定"一主三副、双心双轴、六大组团、六条生态带"的开放式空间结构模式，城市空间从"西湖时代"迈向"钱塘江时代"。伴随着交通便捷化、城市郊区化，环境条件优越的中心城市郊区将成为以新经济为主导的城市空间的发展区域。疏散主城区的部分生产功能，提升综合服务功能，完善副城和组团的生活服务功能，发挥外围镇的城市功能和中心村集聚功能，变单中心的团块状结构为多中心、多层次的网络状结构，城市空间布局趋向优化。

由杭州主城与萧山、余杭共同组成的中心城市，作为都市区核心，国家宏观调控政策对城市开发建设影响较大，且有一定的随机性；各项目在空间发展上不均衡；行政区划对城市中心内部形态演变存在较强影响；主城区向"大中心"、"中心网络化"发展，而主城区东部将成为城市主要的发展方向（杨建军和陈锋义，2008）。要强化规划的综合性、整体性、前瞻性作用，通过统一认识、体制创新，打破部门利益、局部利益的束缚，促进中心城市内部功能布局的整合、交通基础设施的整合、建设时序上的整合及生态环境保护，通过内部功能空间整合，确立一个具有强大竞争力和相对完整的大都市功能体系，并促进中心城市功能由要素集聚的极化阶段向要素梯度转移的辐射阶段转变（《杭州市总体规划（2001-2020）》）。

主城按照"两疏散、三集中"的总体要求，依托各个区块的特色优势，加快疏散传统生产功能，强化游憩休闲、文化创意、技术创新、生态人居等服务功能，实现主城区功能空间的重组、分化、再聚集、再创造。三个副城是主城人口和部分市级功能转移的接纳地，重点承担主城生产、居住和高教功能分流，成为集现代制造业场地、出口场地、高教园区、物流园区、商务居住区为一体的现代化新城区。六个组团是杭州中心城市的卫星城，重点增强为主城和副城配套服务的功能，承接主城和副城的人口疏散和产业转移。总体规划中对近、中、远期用地状况的设定如表6-1所示。

杭州市用地汇总表　　　　　　　　　　表6-1

序号	类别名称	面积（km^2）			占城市总体规划用地比例（%）		
		现状(2000年)	近期(2010年)	远期(2020年)	现状(2000年)	近期(2010年)	远期(2020年)
1	城市总体规划用地	3122.00	3122.00	3122.00	100.00	100.00	100.00
2	城市建设用地	229.01	327.68	400.90	7.34	10.50	12.84
3	水域及其他用地	2892.99	2794.32	2721.10	92.66	89.50	87.16

（资料来源：《杭州市总体规划2001—2020》）

2. 土地利用结构及空间分布特征

据市国土局2004年土地更新调整数据，杭州市区各类用地在土地总面积所占的比例如下：农用地占67.35%，其中耕地占32.02%、园地占4.33%、林地占21.17%、其他农用地占9.83%，市区内无牧草地；建设用地占22.79%，其中居民点及工矿用地占19.44%，交通用地占2.77%，水利用地占0.58%；未利用地占9.86%，其中未利用土地占0.99%，其他土地占8.87%。2004年年末实有耕地面积1063.38km^2，人均耕地仅0.026万m^2，低于全国平均水平（0.08万m^2）和全省平均水平（0.036万m^2）。耕地中水田集中分布在萧山北部平原，余杭滩涂平原、水网平原和河谷平原。旱地主要分布在丘陵地区和滩涂平原地区。林地集中分布在西湖区低山高丘地带、萧山区南部低山丘陵和余杭区西北部低山丘陵。园地集中分布于西湖区低丘缓坡、中、低山山腰与山麓地带，萧山区南部低山丘陵，余杭区西北部和西南部丘陵。水域以钱塘江、京杭大运河、西湖为主，以及坑塘水面、沟渠干泾等。未利用土地仅分布在萧山、余杭区、西湖区的低山丘陵地带和沼泽地。建设用地相对紧张，居民点及工矿用地、交通用地集中连片地分布在市区中部地势平坦、城市基础设施完善的区域。建制镇的农村居民点用地沿市区边缘分布，特别是沿主干路两侧或耕地集中分布。

杭州市区土地利用历史悠久，土地利用率达到94.48%，长期的生产实践使土地利用呈多样化、综合性、区域化和专业化。市区耕地面积减少，园地面积减少，林地面积增加，居民点及工矿、交通用地面积增加，水域面积增加，未利用地面积减少。适宜城市建设和居住的土地面积有限，城市发展的用地受到限制。

杭州的城市发展在吸取美国城市无限蔓延、低密度发展的教训，针对本身的城市特征，为实现城市紧凑化布局和精明增长，政府的工作策略指向为资源节约型、环境友好型的道路，建设紧凑城市。

6.2 研究区域、研究数据及尺度

6.2.1 研究区域

研究区域总面积为3122km^2。其中杭州市区（含上城、下城、拱墅、西湖、江干、滨江、萧山、余杭八个城区）面积3068km^2；涉及富阳市范围的水源保护区（渔山、里山、灵桥、富阳等镇的临江部分）面积54km^2。

6.2.2 研究数据来源

数据源为杭州市辖区范围内多时相的LandsatTM/ETM+卫星影像数

据、乡镇行政界限空间数据、数字高程模型（DEM）数据，以及1991年以来杭州市的社会经济统计资料。影像成像时间分别为1991年7月23日、1994年6月30日、2000年10月11日、2004年10月17日的Landsat 5 TM和2008年8月12日的Landsat ETM+。以上遥感数据以及数字高程模型数据均下载自网站http：//edcsns17.cr.usgs.gov/EarthExplorer/。

6.2.3 研究尺度

如图6-2所示，本书的研究框架和技术方法涉及多个研究尺度，即多个空间尺度和时间尺度，城市土地利用与覆被变化特征和景观格局指数分析、

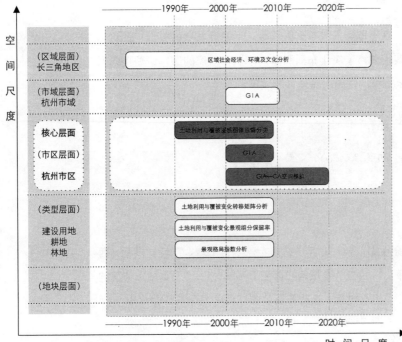

图6-2 实证研究的时间尺度和空间尺度
（资料来源：作者自绘）

GI 辨识评价、GIA—CA 模型的运行等在多个层面交互，这也是区域 GI 研究的主要特征之一。可以确定的是，核心研究尺度是杭州市区空间尺度和 2000~2020 年时间尺度。

从研究的三个模块来看，土地利用及景观格局变化的过程与特征分析模块是在市区尺度进行；GI 空间单元的辨识、评价模块是基于区域尺度的自然资源特性及其相关性而展开的，故涉及核心尺度和外延的宏观尺度；约束性 CA 是综合考虑了宏观概率和中微观概率后而进行的城市空间的模拟；城市增长边界设定及空间管制则又回到核心尺度。

6.2.4 数据预处理

为获取精确的城市扩展用地数量和边界信息，首先对多时相影像数据进行预处理，预处理包括大气校正、几何纠正和正射校正。大气校正的目的是获得地表准确的反射率特征，然后从 1:5 万的地形图上获得地面控制点对五景不同时相的遥感数据进行几何校正。此外，由于 1991 年的图像第六波段存在条带状周期性噪声，故采用傅里叶变换去除噪声，再与其余波段叠合而成，以上操作在 Erdas Image9.2 中完成。

6.2.5 土地利用与覆被类型分类

土地利用变化研究中，相应的土地利用与覆被类型分类体系往往会显著影响研究结果，因而提出与研究目标相适应的土地利用分类体系是相关研究的重要基础工作。杭州市土地利用与覆被类型分类体系主要基于以下几点考虑：

首先，我国的土地利用分类经历了多次调整，2007 年 9 月国家质量监督检验检疫总局和国家标准化管理委员会联合发布的《土地利用现状分类》，该分类体系采用综合分类和城乡一体化原则，采用一级、二级两个层次的分类体系，共分 12 个一级类、56 个二级类。本研究主要研究城市空间扩展导致景观格局变化，故将城市建设用地视为一个整体，而分类的重点则放在对非建设用地即城市空间的潜在供给区域及城市生态安全的保障区域细分。

其次，参照中国科学院"国家资源环境遥感宏观调查与动态研究"中制定的土地资源分类系统（刘纪远，1996），结合研究区的具体情况，以1:10000的杭州市区数字化地形图、各年份的Spot卫星遥感图像为基础，并结合航空相片判读，利用遥感影响处理软件GEOSTAR3.0对杭州市区土地利用进行了监督分类，用地分类结果与现状用地类型的吻合精度较高，用于分类后精度判读的KAPPA系数达86.3%，达到了研究所需要的精度要求。监督分类结果为：建设用地（交通用地、棕地及废弃地、城市绿地及其他建设用地）与耕地、林地、园地、水域、湿地、裸地七类用地类型（表6-2），不同年份杭州市区土地利用与覆盖类型遥感分类结果见图6-3。本研究首先将经预处理后的影像，根据不同地表覆盖的影像光谱特征，选择训练样区，然后选用最大似然法进行分类。然后采用Erdas9.2中的Clump与Eliminate命令去除破碎分类斑块，以提高分类的准确程度。

杭州市土地利用与覆盖监督分类类型及其含义　　　　表6-2

土地利用与覆盖类型	含义
建设用地	城市用地、城镇用地、农居点、独立工矿、铁路、公路、民用机场
水域	河流、湖泊
耕地	灌溉水田、水浇地、旱地、菜地
林地	林地、有林地、草坪（民用机场、公路旁等）、荒草地
园地	果园、桑园、茶园等
湿地	各类人工和天然湿地
裸地	无覆被，高反光地面

（资料来源：作者自绘）

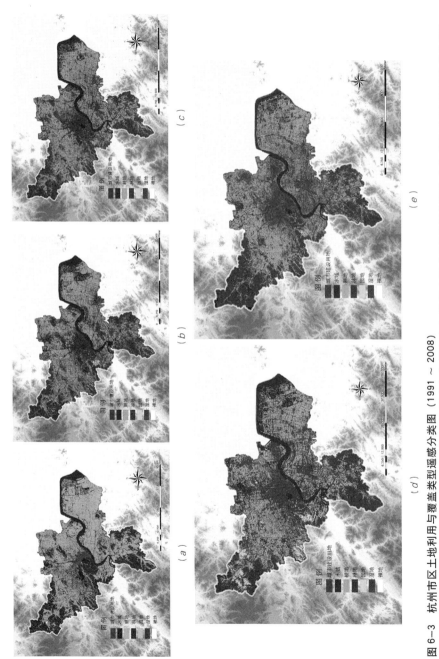

图 6-3 杭州市区土地利用与覆盖类型遥感分类图（1991～2008）
(a) 1991 年遥感影像监督分类图；(b) 1994 年遥感影像监督分类图；(c) 2000 年遥感影像监督分类图；(d) 2004 年遥感影像监督分类图；(e) 2008 年遥感影像监督分类图
（资料来源：作者自绘）

6.3 模块一：杭州市土地利用及景观格局变化分析

以杭州市区为案例区域并结合相关土地利用遥感解译数据，采用转移转出矩阵、景观组分保留率、景观格局等分析方法，对杭州市区 1991~2008 年研究时期内的土地利用变化状况进行探讨，以期揭示快速城市化区域土地利用和景观格局变化的典型过程，尤其是对于城市空间扩张对于 GI 资源的侵占数量及空间分布、城市扩张的数量、比率及方向、趋势进行探讨，并进一步分析杭州市多年来城市空间扩张的问题所在，对空间扩张较为敏感的土地利用类型及未来所需重点保护的 GI 资源类型及空间分布。对于景观格局空间单元，首先对 5 期遥感影像 TM/ETM+ 图像进行预处理。影像预处理后，根据景观分类体系，结合有关专家的判读经验所建立的遥感图像解译标志，在 Erdas 平台上进行人机交互解译，经典型样区野外调查验证，在 ArcGIS9.3 平台上进行处理，最终得到杭州市各时相的景观类型数据库。

6.3.1 杭州市土地利用变化基本过程及数量分析

为分析杭州市 20 年以来快速土地利用的变化过程，本研究以杭州市区 3068km² 面积为核心研究区域。为有效刻画杭州市土地利用和景观格局演变的连续动态过程，研究按杭州市空间增长的不同阶段各选取一个时相数据原则，共选择 1991、1994、2000、2004、2008 年五个时期的土地利用数据，土地利用类型面积变化如图 6-4 所示。

初步分析表明近 20 年来杭州市土地利用与覆被变化有如下特点：

（1）城市建设用地扩张迅猛，其中 1991~1994 年以年增长率为 24.5%、1994~2000 年以年增长率为 7.8%、2000~2004 年以年增长率为 14.6% 的速度阶梯式增长。尤以 1994~2000 年城市建设用地扩展量最大，增长量占 2000 年建设用地的 31.9%；2004~2008 年增长速率回落，城市发展由外延式增长逐步向内涵式增长模式转变，土地需求供给转向城市存量土地的盘活如旧城更新。

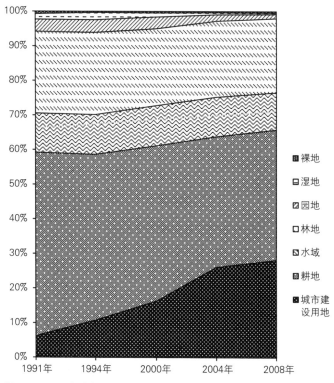

图 6-4 近 20 年来杭州市不同土地利用类型面积变化
（资料来源：作者自绘）

（2）与城市建设用地扩张迅猛相比，农田用地面积则急剧下降。

从土地转入转出分析来看，城市建设用地的增量大部分来自农田，也有少量来自林地、水体和湿地、裸地；从图 6-4 中可以看出耕地与城市建设用地面积的总和基本保持不变，也可得出以上结论。基本农田的转出多为城市建设用地，转入则多为林地、水体和湿地；裸地的动态变化明显，显示人类对土地利用与覆被类型的强烈干扰；干扰的方向明显为林地、水体等转变为裸地，而裸地则迅速转变为城市建设用地。总的来说，农田在城市扩张中被城市建设用地逐年侵蚀而迅速减少（图 6-5），为了弥补农田面积的剧烈下降，城市则将林地、水体等类型用地补充农田的损失面积，以保证耕地人均面积及基本农田的指标。

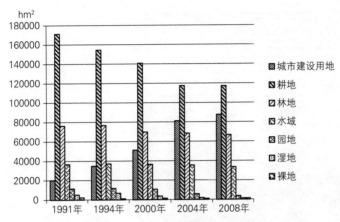

图 6-5 近 20 年来杭州市不同土地利用类型面积变化趋势柱状图
（资料来源：作者自绘）

因此，数量的特征在一定程度上掩盖了格局与生态过程的实质变化。

(3) 湿地与水体的面积在 1994~2000 年转出量显著。

6.3.2 杭州市土地利用变化转移矩阵分析

土地利用变化的数量分析仅能初步描述区域不同土地利用类型在面积上的变化情况，而土地利用转移矩阵分析可以反映研究时段内各土地利用类型的转移变化情况，便于了解研究期初各类型土地的流失去向以及研究期末各土地利用类型的来源与构成。土地利用变化转移矩阵中行的意义在于描述某一类土地利用类型向其他类型用地转出的情况，列的意义在于描述不同土地利用类型向某一类土地利用类型转入的情况（表 6-3~ 表 6-7）。

杭州市土地利用变化转移矩阵（1991 ~ 1994 年）(hm^2)　　表 6-3

一	城市建设用地	耕地	林地	园地	水域	湿地	裸地	总计
城市建设用地	12490	4466	629	86	2108	196	106	20084
耕地	17670	124045	11500	3552	10850	2921	512	171050
林地	1379	8514	59110	4522	1992	572	124	76215
园地	423	3430	3582	3354	389	75	102	11356

续表

一	城市建设用地	耕地	林地	园地	水域	湿地	裸地	总计
水域	1810	11351	1309	113	20080	1990	35	36689
湿地	393	1932	199	15	1556	984	13	5093
裸地	676	674	307	129	329	29	169	2313
总计	348408	154413	76638	11774	37306	6766	1061	322800

(资料来源：作者自绘)

杭州市土地利用变化转移矩阵（1994～2000年）(hm²)　　表6-4

一	城市建设用地	耕地	林地	园地	水域	湿地	裸地	总计
城市建设用地	38980	8908	1153	331	1610	62	153	51198
耕地	32770	91640	8619	750	6230	597	195	140801
林地	2893	8376	52770	2385	2891	259	197	69771
园地	521	2199	5466	2202	99	0	172	10659
水域	4903	6557	607	73	23440	740	236	36555
湿地	599	1184	140	5	1271	375	110	3685
裸地	732	323	84	31	84	2	123	1379
总计	81398	119187	68840	5778	35625	2034	1185	314047

(资料来源：作者自绘)

杭州市土地利用变化转移矩阵（2000～2004年）(hm²)　　表6-5

一	城市建设用地	耕地	林地	园地	水域	湿地	裸地	总计
城市建设用地	38980	8908	1153	331	1610	62	153	51197
耕地	32770	91640	8619	750	6230	597	195	140801
林地	2893	8376	52770	2385	2891	259	197	69771
园地	521	2199	5466	2203	99	0	172	10659
水域	4903	6557	607	73	23440	740	236	36555
湿地	599	1184	140	5	1271	375	110	3685
裸地	732	323	84	31	84	2	123	1379
总计	81398	119187	68840	5778	35625	2034	1185	314047

(资料来源：作者自绘)

杭州市土地利用变化转移矩阵（2004～2008年）(hm²)　　表6-6

—	城市建设用地	耕地	林地	园地	水域	湿地	裸地	总计
城市建设用地	44000	31220	1907	192	3526	41	283	81170
耕地	33650	67620	9400	946	5073	367	430	117486
林地	7753	6917	51700	1204	295	308	213	68390
园地	129	1067	3150	1250	59	67	54	5777
水域	1711	9070	295	51	24200	239	38	35603
湿地	28	1056	66	8	416	259	0	1834
裸地	278	258	168	25	68	30	258	1085
总计	87548	117208	66685	3677	33638	1312	1276	311345

（资料来源：作者自绘）

杭州市土地利用变化转移矩阵（1991～2008年）(hm²)　　表6-7

—	城市建设用地	耕地	林地	园地	水域	湿地	裸地	总计
城市建设用地	11880	6477	721	31	886	10	71	20076
耕地	56090	85248	9330	1179	13200	329	674	166050
林地	14177	11070	48460	1272	737	311	313	76341
园地	672	3445	5606	1067	215	51	103	11158
水域	3290	13930	1802	80	17130	354	44	36630
湿地	796	2965	376	15	675	253	10	5092
裸地	640	979	386	34	197	4	60	2300
总计	87545	124114	66681	3678	33041	1311	1276	317647

（资料来源：作者自绘）

1. 城市建设用地的转入转出分析

从图6-6中看出，建设用地面积呈现明显的逐年递增的趋势，且在2000年呈快速发展。建设用地的转入来源呈多元化，如图6-7、图6-8所示，主要类型为耕地、水域、林地等。建设用地的转出忽略不计。

从各年份之间的转入分析来看，城市建设用地的转入源类型主要为耕地和林地，水域次之。2004~2008年间耕地转化为建设用地的绝对值与相对值

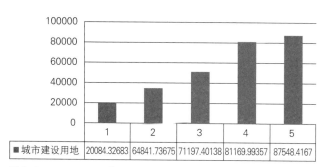

图 6-6　1991～2008 年间杭州市城市建设用地面积变化柱状图（hm²）
（资料来源：作者自绘）

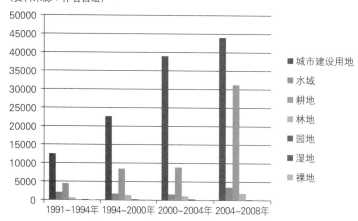

图 6-7　1991～2008 年间杭州市城市建设用地转入分析（hm²）
（资料来源：作者自绘）

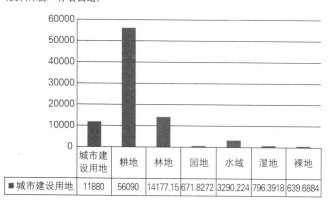

图 6-8　1991～2008 年间杭州市城市建设用地转入总量分析（hm²）
（资料来源：作者自绘）

都达到最高值。说明在 2004~2008 年间有一轮明显的城市扩张行为，而其空间扩展是以占用耕地的方式为主。

2. 耕地转入转出分析

从图 6-9 中看出，耕地面积在 1991~2004 年间呈现明显的逐年减少的趋势，在 2004~2008 年间基本持平。建设用地的转入来源呈多元化，如图 6-10 所示，主要类型为耕地、水域、林地等。建设用地的转出忽略不计。

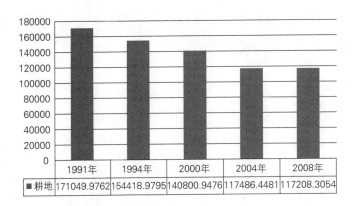

图 6-9　1991~2008 年间杭州市耕地面积变化柱状图（hm²）
（资料来源：作者自绘）

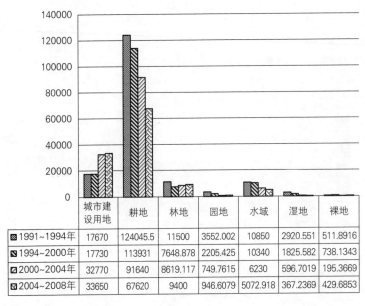

图 6-10　1991~2008 年间杭州市耕地转出分析（hm²）
（资料来源：作者自绘）

从各年份之间的转入分析来看,耕地在每两个年份之间的转化率都是最高的,但耕地转化面积起伏中有下降的趋势;水域在每两个年份之间的转化率次之,在 1994~2000 年间最高,但在 2004~2008 年间剧减;林地的转化率在逐年上升,在 2004~2008 年间达到最高。从 1991~2008 年的整个过程来看,农田、林地和水域转化为建设用地的转化率比较高。以上数据说明,建设用地面积的增长显著,与城市的空间扩张的现状符合;而其空间扩张的土地来源类型主要是农田、林地和水域这三种用地,其中农田是最主要的土地供给来源,而林地与水域的变化与西湖西进、西溪湿地的保护与开发及萧山滩涂开发有关。建设用地的转入转出分析凸显了耕地保护的必要性和紧迫性。

3. 湿地等用地转入转出分析

从图 6-11~ 图 6-13 中看出,湿地面积在 1991~1994 年间显著增加,但在 1994~2008 年间急剧下降。

从各年份之间的转出分析来看,湿地主要转化为耕地和水域两种类型,

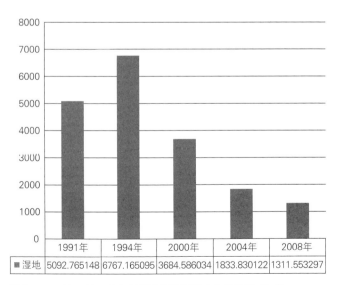

图 6-11　1991~2008 年间杭州市湿地面积变化柱状图 (hm²)
(资料来源:作者自绘)

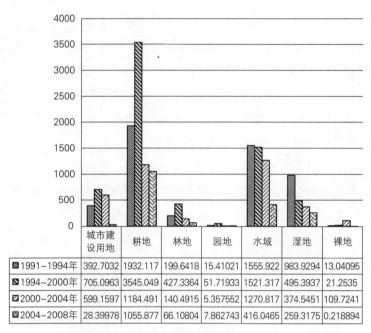

图 6-12　1991 ~ 2008 年间杭州市湿地转出分析（hm²）
（资料来源：作者自绘）

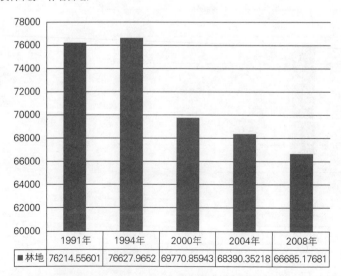

图 6-13　1991 ~ 2008 年间杭州市林地面积变化柱状图（hm²）
（资料来源：作者自绘）

其中 1994~2000 年间转化为耕地的绝对值达到 3545hm²，2000~2008 年间均保持在 1000hm² 左右；结合耕地和水域的转入转出分析综合来看，可以明显看出土地转出的轨迹是由湿地转化为耕地和水域，然后再由耕地和水域转化为城市建设用地。

林地、园地、水域三种类型用地的变化趋势都是以不同速度逐年递减，其中林地在 1994 年之后减少显著，主要转化为耕地和少量建设用地（图 6-14）；园地主要转化为林地、耕地和建设用地（图 6-15、图 6-16）；水域面积变化不大，主要通过围垦的方式转化为耕地（图 6-17、图 6-18）；裸地的变化没有规律，在 1994 年后基本保持在 1000hm² 的面积水平（图 6-19、图 6-20），但从土地转出状况可以看出在面积保持不变的背后其实是频繁的土地转化，转出类型主要是建设用地、耕地、林地和水域，可以看出人工活动的干扰频繁且程度剧烈。

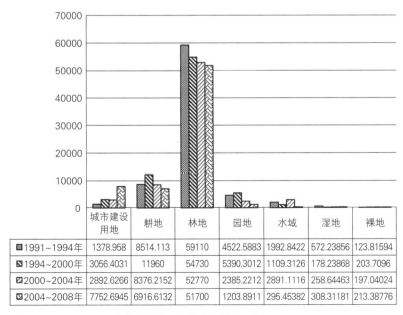

图 6-14　1991 ~ 2008 年间杭州市林地转出分析（hm²）
（资料来源：作者自绘）

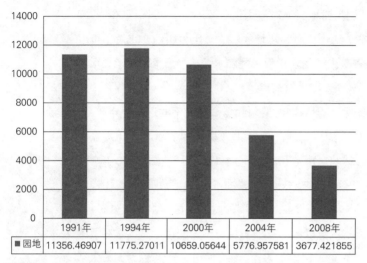

图 6-15　1991 ~ 2008 年间杭州市园地面积变化柱状图（hm²）
（资料来源：作者自绘）

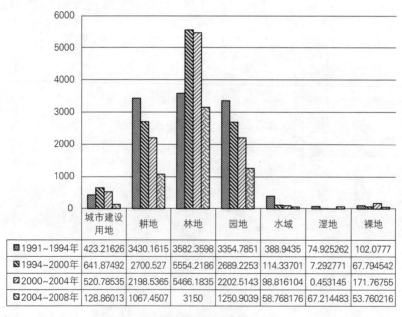

图 6-16　1991 ~ 2008 年间杭州市园地转出分析（hm²）
（资料来源：作者自绘）

第 6 章 实证研究——以杭州市为例 • 163

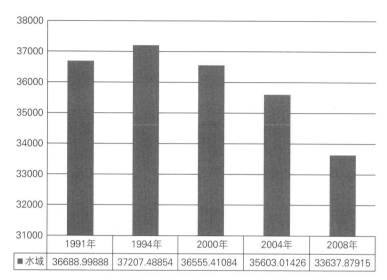

图 6-17 1991～2008 年间杭州市水域面积变化柱状图（hm²）
（资料来源：作者自绘）

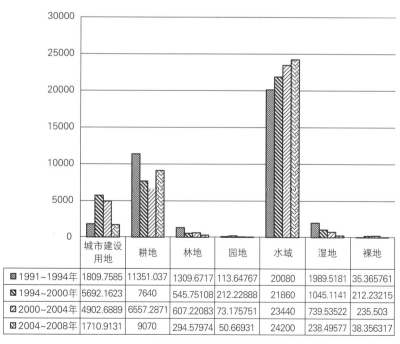

图 6-18 1991～2008 年间杭州市水域转出分析（hm²）
（资料来源：作者自绘）

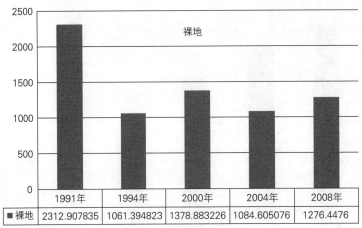

图 6-19　1991～2008年间杭州市裸地面积变化柱状图（hm²）
（资料来源：作者自绘）

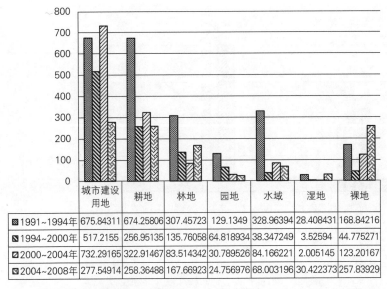

图 6-20　1991～2008年间杭州市裸地转出分析（hm²）
（资料来源：作者自绘）

6.3.3 杭州市土地利用变化景观组分保留率

景观组分保留率是用以刻画在土地利用变化过程中各类景观稳定性的景观格局指标，即指研究时期初期至末期未发生变化的某类型用地面积占研究初期该类型用地面积的比例。1991~2008年间杭州市景观组分保留率变化情况见表6-8及图6-21。

1991~2008年间杭州市景观组分保留率变化（%）　　　表6-8

一	1991~1994年	1994~2000年	2000~2004年	2004~2008年
城市建设用地	0.62	0.65	0.76	0.50
耕地	0.73	0.74	0.65	0.58
林地	0.78	0.71	0.76	0.76
园地	0.30	0.23	0.21	0.22
水域	0.55	0.59	0.64	0.68
湿地	0.19	0.07	0.10	0.14
裸地	0.07	0.04	0.09	0.24

（资料来源：作者自绘）

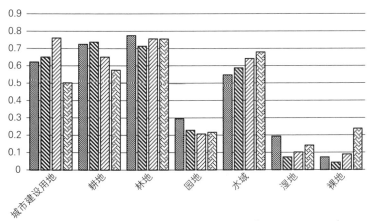

图6-21　1991～2008年间杭州市各类景观组分保留率变化柱状图
（资料来源：作者自绘）

对杭州市 20 年以来景观组分保留率的分析表明，林地的景观组分保留率基本稳定且保留率平均高达 74%；建设用地的景观组分保留率在 1991~2004 年间持续上升，但在 2004~2008 年间下降到 50%；水域的景观组分保留率在整个研究阶段持续上升，最高达到 68%；耕地的景观组分保留率持续下降，在 2004~2008 年间最低点低于 60%；园地的景观组分保留率保持在 20%~30%；湿地的景观组分保留率在 7%~19% 波动；裸地的景观组分保留率最低，最低点 1994~2000 年间低至 4%，但在 2004~2008 年间超过 20%。

总的来说，城市建设用地、水域、耕地和林地的景观组分保留率均在 50% 以上，相对而言这四类用地相对状态比较稳定；园地、湿地和裸地的景观组分保留率的最高值均在 30% 以下，用地状态变化频繁，其中裸地常作为各类用地转化的中间状态，动态变化明显。

6.3.4 杭州市景观格局变化及特征

1. 杭州市区斑块—廊道—基质模式

在一个相对独立的大地理区域系统或景观生态系统中，其空间组成的基本形态特征的要素有斑块、廊道、基质和缓冲区等，它们之间的主要区别在于观察者的空间尺度标准及被观察对象在景观体系中的功能等级层次水平。同一个物质实体在不同空间尺度标准之下，有时会代表着不同的空间基本形态要素。

基质是景观中面积最大、连接性最好的景观要素类型，对景观有明显的控制作用。从杭州市区的景观要素状况来看，耕地的相对面积最大，其连接度相对也是最大的；但是从对景观的动态控制来看，却并不十分突出，对于建设用地这个大型斑块来说，耕地的控制作用微乎其微；对于市区界限边缘的大型山林植被斑块而言，耕地甚至可以看做是小规模的引进斑块，相对面积、连接度和动态控制作用都很小。因此，在研究过程中应与具体的尺度和研究区域相联系，不能统一而论。

斑块是在外观上不同于周围的非线性地表区域（Forman and Godron，1986）。杭州市区范围内可以明显感受到人类城市建设的步伐严重影响了景观的发展与变化，本文的研究核心在于杭州市的城市空间增长管理，故将杭州市城市建设用地看做一个斑块，建设用地斑块面积大且相对集中，其形态具不稳定性；各种农业斑块相互镶嵌，在市区边缘则分布着大型植被斑块和湿地斑块、水体斑块，期间夹杂着残存的两种引进斑块：种植斑块和大小不一的聚居斑块。

从广义上讲，基质可以看做是景观中占主导地位的斑块，而廊道可以看做是狭长形斑块（邬建国，2007）。杭州市的廊道多为河流廊道、道路廊道等带状廊道及以堤坝、树篱廊道为主的线性廊道，其主要功能包括作为动植物生境、迁徙传输通道、过滤和阻抑，作为能量、物质和生物物种的源或汇等功能，同时数量较多的是河流功能，作为重要的水上运输通道、文化遗产廊道和休闲娱乐廊道，在平原水网地域特征下发挥着特殊的功能。

2. 景观格局指数的选择

土地利用与覆被变化主要表现数量特征，对于各个土地利用类型的空间排列方式以及不同类型土地利用斑块之间的空间拓扑关系缺少解释能力。尤其是对于较长时间尺度上选取研究时相，则转移矩阵等分析计算较为繁杂，且研究结果可能解释的难度增大，反而不利于研究的开展。采用景观生态学方法对研究区域景观格局在较长时间尺度上进行连续时相分析，可对区域景观格局的演变趋势予以较好的判读。采用景观格局方法对区域土地利用变化过程加以刻画已成为当前相关研究领域的主要趋势。

1）数据准备与栅格尺度的确定

在 ArcGIS 软件环境中，将杭州市区 1991~2008 年时期内共 5 个时相的土地利用解译数据导入 Fragstats 软件数据库中。基于景观格局的斑块—廊道—基质的空间单元模式，可大致将斑块类型分为陆生生境斑块与水生生境斑块，廊道类型亦可分为陆生生境廊道与水生生境廊道，故建议将土地利用分类数据进行重新归并，如林地、园地合并为林地，水体与湿地合并为水域。接着将各时相土地利用数据经过矢栅转换，土地利用矢量数据转换为一定像元大小的栅格数据，栅格数据像元大小与研究区域空间尺度与遥感数据分辨率相关。有研究采用遥感数据的最小地物空间单元作为景观格局指数分析的栅格数据像元。栅格数据格式存在对分辨率的敏感性问题，而遥感数据的分辨率普遍存在差异，年代越早的遥感影像资料受遥感技术限制而分辨率较低，故不同时期的景观格局对比时应先统一分辨率。本书数据处理过程中发现，采用 Fragstats 软件计算区域景观格局指数时，栅格大小对计算速度影响较大，且一般不小于 30m×30m。本书采用的各时相的原始遥感数据的分辨率均为 30m×30m，考虑调整分辨率会造成重采样数据引起的不必要的误差，所以没有扩大其分辨率。且由于遥感数据的投影坐标均为横轴墨卡托（UTM）北 50 区坐标系，因此不需要对遥感图像进行集合校正。如出现投影坐标系不一致的情况，需要对遥感影像进行重投影，并进行统一的几何校正，尽可能减小误差像元，避免对后期土地利用转移矩阵的制作的负面影响。

2) 不同水平的景观格局指数的选取原则

Fragstats 软件在斑块类型水平和景观水平上共有 251 个景观格局指数，但根据景观格局指数描述对象，可大致分为数量与面积（以 NP、PD、AREA_MN 等为典型指标）、形状（以 ED、PAFRAC 等为典型指标）、结构（以 IJI、COHENSION、AI 等为典型指标）、多样性（以 SHDI、SHEI 为典型指标）四类。其中多样性指数仅适用于景观水平，其他指标适用于斑块类型水平与景观水平。由于单个斑块景观指数的计算分析对区域景观格局分析贡献较小，因此实证研究中多对斑块类型和景观水平上的格局指数进行探讨（邬建国，2000；陈文波，肖笃宁，2003）。李秀珍（2004）指出，景观生态学发展当前的重要任务不在于设计和计算更加复杂的景观格局指数，而是将指数与现实景观中的生态过程、自然地理过程乃至人类活动影响下的环境过程结合起来，才是对景观生态学理论和实践的支持和贡献。从相关文献看，指标选取最重要的依据是指标应对区域土地利用变化能否敏感响应，即变化幅度和变化趋势是否较为明显。陈文波和肖笃宁（2002）认为对景观指数的评价至少应从三个方面考虑：其一，就单个指数而言，主要考虑它的提出有无较完善的理论基础，能否较好地描述景观格局、反映格局与过程之间的联系；其二，就指数体系而言，体系中的各个景观指数除了要满足对单个指数的要求，还要考虑相互独立性，即各指数是否描述了景观格局的不同方面；第三，应考虑在实际应用中，景观指数应同时具备较强的纵向和横向比较能力。总的来说，指标选择的原则应遵循：指标是否具有生态学意义；指标之间是否相关；指标对景观格局的空间域分异和时间域演变的响应是否敏感；对遥感数据的分辨率是否敏感（赵军，2008）。

3）本文选取的景观格局指标体系

依据上文所述，本文在类型水平与景观水平上选择的指标体系见表6-9。

其中，各景观指数的含义如下：

(1) 斑块面积（CA）

本文选取的景观格局指标体系　　　　　　　表 6-9

水平	指标类别	景观指数	缩写	生态学意义
类型水平与景观水平	斑块面积	斑块面积	CA	区域所有斑块或同一类型斑块面积之和
	斑块破碎度和形状复杂性	斑块数	NP	区域所有斑块或同一类型斑块的数量
		边界密度	ED	单位面积的斑块边界长度与斑块形状有关
	优势度	最大斑块指数	LPI	同一类型斑块中面积最大斑块与该类型斑块总面积的比例
		平均斑块面积大小	AREA_MN	—
	空间排列和分散聚集状况	散布与并列指数	IJI	描述景观要素在研究区域内在异质斑块间的分布状况，其值越小，表明该景观类型越接近于分散于单一斑块类型之间
景观水平	景观多样性	香农多样性指数	SHDI	反映景观要素的多少及各景观要素所占比例的变化，景观由单一要素组成时，其值为0

（资料来源：作者自绘）

生态学含义：区域某一斑块类型中所有斑块面积之和。

公式描述：CA 度量的是景观组分，也是计算其他指标的基础。其值的大小制约着以此类型作为聚居地的物种丰度、数量，食物链及其次生种的繁殖等。

(2) NP 指数

斑块个数（Number of Patches，NP），单位：无，范围：$NP \geqslant 1$，$NP=n$。

公式描述：NP 在类型级别上等于景观中某一斑块类型的斑块总个数；在景观级别上等于景观中所有的斑块总数。

生态意义：NP 反映景观的空间格局，经常被用来描述整个景观的异质性，其值的大小与景观的破碎度也有很好的正相关性，一般规律是 NP 大，破碎度高；NP 小，破碎度低。NP 对许多生态过程都有影响，如可以决定景观中各种物种及其次生种的空间分布特征；改变物种间相互作用和协同共生的稳定性。而且，NP 对景观中各种干扰的蔓延程度有重要的影响，如某类斑块数目多且比较分散时，则对某些干扰的蔓延（虫灾、火灾等）有抑制作用。

(3) ED 指数

公式：

$$ED = \frac{1}{A} \sum_{i=1}^{n} \sum_{j=1}^{n} P_{ij}$$

A 为研究范围景观总面积；P_{ij} 为景观中第 i 类景观要素斑块与相邻第 j 类景观要素斑块间的边界长度；n 为景观要素类型的总和。

边缘密度（Edge Density，ED），所指为类型或景观，单位：m/hm^2。指景观范围内单位面积上异质景观要素斑块间的边缘长度。

(4) LPI 指数

公式：

$$LPI = \frac{\max_{j=1,n}(a_{ij})}{A} \times 100$$

a_{ij} 为斑块 ij 的面积；

A 为总的景观区域的面积。

最大斑块所占景观面积的比例 Largest Patch Index（LPI），单位：百分比，范围：0<*LPI* ≤ 100。

公式描述：*LPI* 等于某一斑块类型中的最大斑块占据整个景观面积的比例。

生态意义：有助于确定景观优势类型等。其值的大小决定着景观中的优势种、内部种的丰度等生态特征；其值的变化可以改变干扰的强度和频率，反映人类活动的方向和强弱。

(5) *AREA_MN* 指数

公式：

$$MN = \frac{\sum_{j=1}^{n} X_{ij}}{n_i}$$

X_{ij} 为 i 类斑块 j 的面积；

n_i 为 i 类斑块的数量；

MN 为平均斑块面积（hm^2）。

(6) *IJI* 指数

公式：

$$IJI = \frac{-\sum_{k=1}^{m}\left[\left(\frac{e_{ik}}{\sum_{k=1}^{m}e_{ik}}\right)\ln\left(\frac{e_{ik}}{\sum_{k=1}^{m}e_{ik}}\right)\right]}{\ln(m-1)} \times 100$$

e_{ik} 表示的是斑块类型 i 和 k 之间的所有景观边界长度的总和；

m 表示的是总的斑块类型数。

散布与并列指数（*IJI*），单位：百分比，范围：0<*IJI* ≤ 100。

公式描述：*IJI* 在斑块类型级别上等于与某斑块类型 i 相邻的各斑块类型的邻接边长除以斑块 i 的总边长再乘以该值的自然对数之后的和的负值，除以斑块类型数减 1 的自然对数，最后乘以 100 是为了转化为百分比的形式；*IJI* 在景观级别上计算各个斑块类型间的总体散布与并列状况。*IJI* 取值小时表明斑块类型 i 仅与少数几种其他类型相邻接；*IJI*=100 表明各斑块间比邻的边长是均等的，即各斑块间的比邻概率是均等的。

生态意义：*IJI* 是描述景观空间格局最重要的指标之一。*IJI* 对那些受到某种自然条件严重制约的生态系统的分布特征反映显著，如山区的各种生态系统严重受到垂直地带性的作用,其分布多呈环状,IJI 值一般较低;而干旱区中的许多过渡植被类型受制于水的分布与多寡,彼此邻近,IJI 值一般较高。

(7) SHDI 指数

公式:

$$SHDI = -\sum_{i=1}^{n}(P_i \cdot \ln P_i)$$

P_i 是第 i 种景观要素类型在研究范围内所占的比例。

公式描述:SHDI 在景观级别上等于各斑块类型的面积比乘以其值的自然对数之后的和的负值。SHDI=0 表明整个景观仅由一个斑块组成;SHDI 增大,说明斑块类型增加或各斑块类型在景观中呈均衡化趋势分布。

单位:无,范围:$SHDI \geqslant 0$

生态意义:SHDI 是一种基于信息理论的测量指数,在生态学中应用很广泛。该指标能反映景观异质性,特别对景观中各斑块类型非均衡分布状况较为敏感,即强调稀有斑块类型对信息的贡献,这也是与其他多样性指数的不同之处。在比较和分析不同景观或同一景观不同时期的多样性与异质性变化时,SHDI 也是一个敏感指标。如在一个景观系统中,土地利用越丰富,破碎化程度越高,其不定性的信息含量也越大,计算出的 SHDI 值也就越高。景观生态学中的多样性与生态学中的物种多样性有紧密的联系,但并不是简单的正比关系,研究发现在同一景观中二者的关系一般呈正态分布。

(8) PD 指数

景观斑块密度 (Patch Density,PD):指景观中包括全部异质景观要素斑块的单位面积斑块数。

$$PD = \frac{1}{A}\sum_{j=1}^{n} N_j$$

A 为研究范围景观总面积;N_j 为第 j 种景观要素;n 为景观要素类型的总和。

(9) LSI 指数

景观形状指数 (Landscape Shape Index,LSI):通过计算某一斑块形状与相同面积的圆或正方形之间的偏离程度来测量其形状的复杂程度。常见的形状指数 LSI 有两种形式：

$LSI=P/2\sqrt{\pi A}$ （以圆为参照几何形状）；

$LSI=0.25P\sqrt{A}$ （以正方形为参照几何形状）。

其中，P 为斑块周长；A 为斑块面积；斑块的形状越复杂，LSI 的值就越大。

(10) COHESION 指数

公式：

$$COHESION=\left(1-\frac{\sum_{j=1}^{n}P_{ij}}{\sum_{j=1}^{n}P_{ij}\sqrt{a_{ij}}}\right)\left(1-\frac{1}{\sqrt{A}}\right)$$

P_{ij} 为斑块 ij 的周长；a_{ij} 为斑块 ij 的面积；A 为斑块类型的数量；单位：无，范围：$0<COHESION<100$。

公式描述：描述不同类型板块之间的链接性。数值越高，连通性越好。

3. 斑块类型水平上的景观格局变化

1）斑块面积

从斑块面积来看，建设用地斑块面积在 1991~2004 年间呈持续上升的趋势，且 2000~2004 年间增长速率变大，但 2004~2008 年间转为缓慢增长，占市区面积百分比从 1991 年的 7% 增长至 2004 年的 20%；耕地斑块面积与建设用地斑块面积的变化相反，在 1991~2004 年间急剧下降，但在 2004~2008 年间转为缓慢减少，占市区面积百分比从 1991 年的 52% 减少为 2004 年的 40%；其他面积稍有波动。

根据土地转化不同阶段中的面积缩小过程的相对重要性分析，耕地斑块从 52% 减少至 40%，其重要性曲线接近谷峰，在其面积比约为 38% 时达到最高点，之后则急剧下降。因此，其 2008 年的面积对于面积缩小十分敏感，应尽量避免耕地被进一步侵蚀。

2）斑块破碎度和形状复杂状况

如表 6-10 所示，在过去的 20 年间，基本所有类型的斑块数量均呈现总的上升趋势。这在很大程度上说明城市发展呈现蔓延势态，杭州城镇周边生态环境破坏比较严重，导致斑块破碎化。特别是在 2004~2008 年的 4 年间，

1991～2008年间杭州市各类型斑块数指数　　　　表6-10

NP	1991年	1994年	2000年	2004年	2008年
城市建设用地斑块	2330	2872	2114	2837	6219
耕地斑块	964	1719	1800	2868	8752
林地和园地斑块	1066	853	948	1997	3476
水域和湿地斑块	1932	2366	2197	1725	2593
裸地斑块	220	178	217	181	809

（资料来源：作者自绘）

随着城市化进程的加速，破碎化趋势尤为明显，特别是耕地斑块数量在此期间增加了205.2%（图6-22）。

边界密度除水域和湿地斑块外均呈现上升趋势（表6-11、图6-23）。其主要原因算是大部分斑块呈现破碎化的倾向，导致周长变大。而水域和湿

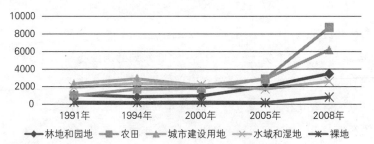

图6-22　1991～2008年间杭州市各类型斑块数指数的变化
（资料来源：作者自绘）

1991～2008年间杭州市各类型斑块边界密度指数　　　　表6-11

ED	1991年	1994年	2000年	2004年	2008年
城市建设用地斑块	15.9834	42.0699	41.6885	39.6383	65.0549
耕地斑块	41.7121	56.3802	72.6273	72.2224	76.7139
林地和园地斑块	16.3521	16.5323	23.5992	25.4859	28.6503
水域和湿地斑块	16.8307	13.2697	32.1129	16.2104	14.3984
裸地斑块	0.8092	0.6272	1.4556	0.6817	2.4318

（资料来源：作者自绘）

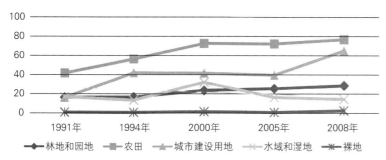

图 6-23　1991～2008 年间杭州市各类型斑块边界密度指数变化
（资料来源：作者自绘）

地斑块的起伏型波动则主要由于杭州研究区范围内城镇发展变化造成。在 2000 年之前，杭州城市建设用地开发有部分用地来自于水域及湿地，导致这些类型要素的斑块急剧减少或是由于面积变小而导致 ED 指数减少。而在 2000 年前后，由于对河流湿地进行政治保护，使得斑块面积在短时间内有所回升，而使得 ED 值迅速增加。但是 2000 年以来，城市开发和自然发展趋势使得该类型斑块面积又呈现回落势态，导致周长急剧缩减，使得 ED 值回落。

从斑块数量指数来看，各类型斑块的数目在 1991~2004 年期间变化不大；而在 2004~2008 年间，各类型斑块的 NP 指数皆呈上升趋势，其中耕地斑块数变化最为剧烈，由 2868 个增加至 8752 个，年增长率为 51.29%。建设用地斑块数次之，由 2837 个增加至 6219 个，林地斑块数由 1997 增加至 3476 个，水域与裸地则分别由 1725 个与 181 个增加至 2593 个与 809 个。

由此可见，2004~2008 年间城市建设活动频繁，城市空间扩张迅猛，建设用地通过侵蚀农业用地的途径，主要以破碎化的空间过程进行扩张；耕地、林地等趋于破碎化；裸地作为土地变化过程的短暂状态，其 NP 数增加表明土地利用状况变化剧烈。景观格局趋于破碎。

从边界密度指数来看，各类型的变化各不相同。耕地在 1991~2000 年间呈上升趋势，之后呈基本持平略有上升态势，表明耕地斑块形状在 2000 年时最复杂和不规则化；建设用地在 1991~1994 年间和 2005~2008 年间呈显著上升趋势,而 1994~2005 年则基本持平。

表明建设用地扩张过程中,在 1991~1994 年间和 2005~2008 年间建设用地多在外源扩展,故边界变化尤为明显,斑块形状趋于复杂与不规则化;林地则呈持续缓慢上升趋势,表明斑块的形状日趋复杂化和不规则化,边界被侵蚀的现象一直存在;水域则波动较大,呈略下降—急剧上升—急剧下降—略下降的波动,表明复杂和不规则性较明显的湿地在城市扩张中被侵蚀或规整化和人工化,而 1994~2000 年间的急剧上升则与萧山区的围海行为有关;裸地的 ED 指标变化甚微。

根据土地转化不同阶段中的破碎化过程的相对重要性分析,破碎化过程在斑块面积比达到 50% 时,其相对重要性达到谷峰,之后便急剧下降。耕地斑块从 52% 减少至 40%,其相对重要性曲线经历波峰后急剧下降,表明 2008 年的面积对于破碎化过程非常敏感,应尽量避免因建设用地侵蚀而导致破碎化。

3) 斑块优势度状况

从 LPI 指数变化可以得到结论,杭州从 1991~2008 年间,城市建设用地类型斑块在研究范围中的优势程度随时间推移不断上升,而耕地的优势度则不断地下降,而其余斑块类型的数值则基本维持不变(表 6-12、图 6-24),可见人类活动最为强烈的部分仍然集中在城市建设用地和耕地斑块内。

1991~2008 年间杭州市各类型斑块的优势度指数　　表 6-12

LPI	1991 年	1994 年	2000 年	2004 年	2008 年
城市建设用地斑块	1.7268	3.5357	5.6225	8.3072	17.7626
耕地斑块	27.9328	19.723	11.4014	11.4441	9.2937
林地和园地斑块	7.1485	8.2998	7.0268	7.8362	8.1038
水域和湿地斑块	5.5644	5.4681	6.4946	6.442	4.1988
裸地斑块	0.0189	0.0134	0.0085	0.0087	0.0253

(资料来源:作者自绘)

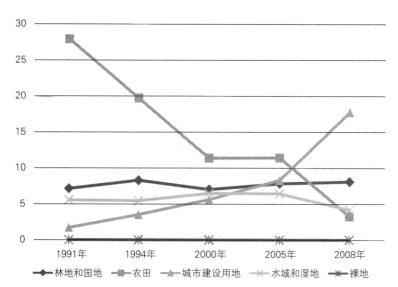

图 6-24　1991～2008 年间杭州市各类型斑块的优势度指数变化
（资料来源：作者自绘）

4）平均斑块面积指数状况

如表 6-13 所示，城市建设用地斑块在 1991~2004 年不断外向扩张使得平均面积也迅速增长，但是 2004~2008 年间，城市建设用地增长在空间上呈现一定的分散性，没有集聚发展，使得许多破碎的小斑块产生，导致平均面积有所下降。但这并不意味城市建设用地的总量在减少。其余斑块不断被城市建设用地侵占，导致平均面积急剧下降。总的来看，1991~1994 年以及

1991~2008 年间杭州市各类型斑块平均斑块面积指数　表 6-13

AREA_MN	1991 年	1994 年	2000 年	2004 年	2008 年
城市建设用地斑块	8.1527	17.1854	26.4672	25.8908	18.9066
耕地斑块	200.7764	95.3765	82.858	48.669	10.7077
林地和园地斑块	77.6564	98.4966	86.062	40.8601	20.1209
水域和湿地斑块	19.3545	25.8673	21.0308	22.2534	11.1336
裸地斑块	3.9903	3.2456	3.3988	3.1873	2.4979

（资料来源：作者自绘）

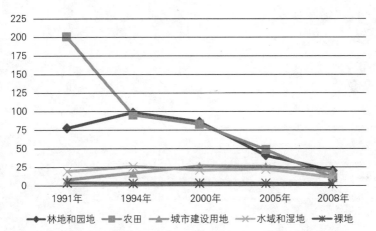

图 6-25　1991 ~ 2008 年间杭州市各类型斑块平均斑块面积指数变化
（资料来源：作者自绘）

2004~2008 年变化最为显著（图 6-25）。

从最大的斑块指数来看，耕地斑块在 1991~2000 年及 2004~2008 年两个时间段 LPI 值急剧下降，年下降率分别为 6.58% 和 17.8%，在 2000~2004 年间基本持平；建设用地斑块 LPI 值呈持续上升趋势，1991~2004 年及 2004~2008 年间的年增长率分别为 29.31% 和 28.46%；其余类型斑块波动不大。

从平均斑块面积大小指数来看，耕地斑块在 1991~1994 年及 1994~2008 年两个时间段的 AREA_MN 值分别以年下降率为 17.50% 和 6.34% 明显下降；建设用地斑块呈持续缓慢上升，变化不大；林地在 1991~1994 年间呈急剧上升，年增长率为 8.95%，之后则以年下降率为 5.68% 明显下降，其余类型斑块变化不大。

从优势度来看，耕地斑块的 LPI 值与 AREA_MN 值均为急剧下降的状态，优势度明显下降；建设用地的 LPI 值与 AREA_MN 值均为明显上升状态，表明建设用地的优势度明显上升；林地的 LPI 值基本持平，AREA_MN 值总的趋势是显著下降，故表明个别大型林地斑块的优势度明显，但总体来讲由于破碎化而导致优势度下降。

5）斑块空间排列与分散聚集状况

从散布与并列指数来看，仅水域斑块对 IJI 指数敏感，在整个研究阶段呈持续上升趋势（表6-14、图6-26），表明水域在城市扩张中越来越集中，且周边斑块类型趋于复杂化。其余斑块类型对此指标的表现不典型或不敏感。

4．景观水平上的杭州市景观格局变化

从斑块数量、平均板块面积和密度上来看，自1991年以来，呈现逐年

1991~2008年间杭州市各类型斑块散布与并列指数　　　表6-14

IJI	1991年	1994年	2000年	2004年	2008年
城市建设用地斑块	41.4706	55.4278	56.105	46.4614	50.2552
耕地斑块	83.0948	66.0343	79.4128	73.0401	58.4471
林地和园地斑块	35.8431	50.8047	50.7754	26.4535	50.6147
水域和湿地斑块	37.9926	41.0173	53.1559	61.6031	61.8406
裸地斑块	74.6778	72.2264	73.914	73.3746	80.355

（资料来源：作者自绘）

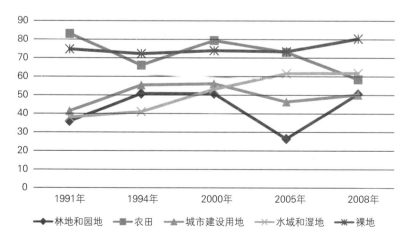

图6-26　1991～2008年间杭州市各类型斑块散布与并列指数变化
（资料来源：作者自绘）

1991～2008年间杭州市景观水平上的景观格局指数　　表6–15

—	NP	PD	LPI	ED	LSI	AREA_MN	IJI	COHESION	SHDI
1991年	135411	41.18	23.18	120.45	172.64	2.43	72.28	99.63	1.33
1994年	199884	60.79	15.75	158.55	227.28	1.65	71.37	99.45	1.45
2000年	224738	68.34	13.12	165.49	237.21	1.46	70.90	99.39	1.43
2004年	233831	70.29	8.22	98.40	141.05	1.41	71.66	99.30	1.65
2008年	325937	77.93	17.80	102.59	146.72	1.00	55.62	99.56	1.44

（资料来源：作者自绘）

上升的趋势（表6-15）。这说明在整个区域的景观层面上，斑块破碎化的情况比较严重。一方面，城市边缘地区的低效率蔓延使得城乡接壤处的耕地破碎化趋势显著；另一方面，为了使耕地数量保持稳定，大量山体被开发成为耕地，导致林园地减少，边界破碎化。

而斑块优势度指数、边界密度指数以及板块形状指数都是自1991~2004年以来呈现不断下降趋势，而至2008年出现一定幅度的回升。这主要是由于，城市建设用地斑块不断扩张并由原来的次主导性地位上升至主导性地位导致的。2004年之前，耕地在杭州一直处于主导性地位，而由于城市建设用地的侵占，导致其比例下降进而引起优势度、边界密度及形状指数的下滑。2004~2008年以来，随着城市小范围的扩张，城市建设用地成为区域内的主导用地，其面积还在不断地小幅增加，且城市形态不断地得到控制，使得这些指数有所回升。

6.3.5 杭州市土地利用及景观格局变化的主要特征

1. 杭州市土地利用变化的主要特征

1）城市空间外延式扩张迅猛，资源要素利用低效

从各类土地利用类型面积的数量变化来看，近20年来杭州经历了快速城市化过程，城市建设用地扩展显著，而耕地、水域等非建设用地类型保护

状况堪忧，折射出重发展轻保护的城市发展指导思想。

2) 耕地的保护不力及其背后问题的反思

在各类土地利用类型中，耕地面积在整个研究阶段面积逐年下降，转入转出的量都很大，其中转出的类型以建设用地为主，而转入的类型多为林地、园地、水域等，这种状况是由法定规划和政府考核指向"重指标轻内容"直接造成的。土地利用总体规划是实行最严格土地管理制度的纲领性文件，是落实土地宏观调控和土地用途管制，也是规划城乡建设和统筹各项土地利用活动的重要依据。土地利用总体规划加大了对耕地保护的力度，展现出鲜明的耕地红线意识。规划明确提出规划期的耕地保有量，但对于生境质量的评测、耕地生产能力、耕地空间分布与空间格局的问题则轻描淡写，仅提出全市耕地和基本农田规划布局，园地、林地及其他农用地规划布局，内容仅是对耕地量的空间分布而不是评测。政府的考核主要考量土地利用总体规划中的耕地保有量指标是否达标，而对于对耕地保护更为重要的空间布局、耕地生产能力和综合生境质量的评测则是空白。

3) 我们在频繁的土地利用变化中损失了什么

从历年土地利用类型景观组分保留率来看，园地、湿地和裸地的景观组分保留率均在30%以下，用地状态变化频繁。从这三种类型的转出状况来看，大部分的转出流向耕地、建设用地两种类型。现实状况是政府为了平衡耕地指标和基本农田保护指标，采取了占用耕地的同时以林地、园地或填埋水域的方式补充耕地面积的方式，虽然耕地保护的指标基本保持在缓慢下降的允许水平，但是背后是生境质量的急剧下降和生态系统服务功能的急剧降低。这种做法不仅损失了较强生产能力的农田用地，同时将生境质量较高的林地和园地转化成耕地，水域或湿地的填埋更是置水生生境系统的破碎化、质量下降等生境问题于不顾。

浙江省于2000年开始在全省范围内实行基本农田易地有偿代保，1996~2003年间，浙江省累计净增耕地3.2万hm^2，连续8年实现耕地占补平衡（国土资源情报，2010）。这种基本农田易地有偿代保的方式作为有效解决耕地保护和经济发展的两难选择问题的经验，在尝试"跨省有偿代保"甚至与西部换取易地代保指标。这些经验固然能够保障总体耕地指标落地，从表面上看既能完成辖区内基本农田的法定保护率，又能够满足经济发展需求，堪称两全其美。但是，在这个看似"完美"的途径背后，是在频繁的土地利用变化中的生境质量的急剧下降和生态系统服务功能的急剧降低。而跨区域土地资源的有偿调剂使用更是在"繁荣、和谐"的表面现象下隐藏着区域经济水平差距加大和经济发达地区资源约束力的加强。这个"两全其美"的方式实施不久便被国土资源部紧急叫停，这件事也传递了国家层面对耕地政策的谨慎态度。

4) 时间尺度选择的重要性

本书作了不同时间尺度的土地利用转移矩阵的分析比较发现，在1991~2008年间的时间尺度上某一土地利用类型的转出转入面积，往往比各个子时段内的相同转入转出面积更小，表明相同的土地利用斑块在全研究阶段发生了多次变化。从这个现象可以看出，时间尺度是影响研究结果的重要因素，时间尺度过大可能导致难以捕捉研究区域土地利用保护的详细变化，从而忽略了土地利用的多次变化的问题；反过来，时间尺度过小则可能导致被土地利用类型的阶段性状态等暂时信息所迷惑而得出错误的结论。

2. 杭州市景观格局变化的主要特征

从杭州市景观格局变化的过程来看，在1991~1994年间和2004~2008年间建设用地多在外源扩展，故边界变化尤为明显，斑块形状趋于复杂与不规则化；林地则呈持续缓慢上升趋势，表明斑块的形状日趋复杂化和不规则化，边界被侵蚀的现象一直存在；水域则波动较大，呈略下降—急剧上升—急剧下降—略下降的波动，表明复杂和不规则性较明显的湿地在城市扩张中被侵蚀或规整化和人工化；2004~2008年间虽然城市空间增量很小，但城市建设活动频繁，城市空间扩张迅猛，建设用地通过侵蚀农业用地的途径，主要以破碎化的空间过程进行扩张；耕地、林地等趋于破碎化；裸地作为土地变化过程的短暂状态，其利用状况变化剧烈。景观格局趋于破碎。

总的来说，杭州市景观格局在这 20 年间经历了巨大的变化，且其阶段性特征显著。景观格局变化主要表现在生境破碎化、面积缩小、大型斑块优势度下降等方面。耕地在未来城市空间变化中的优势度面临急剧下降的可能，且对以侵蚀为主的面积缩小的结果较为敏感。鉴于生境破碎化水平对于生物多样性的影响将呈现明显的放大效应（曾辉等，2002），故在未来的城市空间增长控制中应着重降低生境破碎化程度，重点关注耕地的面积缩小状况。

6.4 模块二：杭州市 GIA 分析

GIA 分析是一种基于静态分析的技术途径，故选择目前所获得的杭州市资料中最新年份的 2008 年的遥感图像为评价对象。

6.4.1 杭州市 GI 空间要素的辨识及空间分布

1. GI 源斑块辨识及空间分布

杭州市区目前有两个省级自然保护区，均位于余杭区，分别为窑头山自然保护小区[1]和鸬鸟红桃山自然保护小区[2]。杭州市区内现有午潮山国家森林公园[3]，以及三个省级森林公园：东明山省级森林公园、杨静坞省级森林公园、石牛山省级森林公园。

杭州市野生动物种类多样，全市国家级重点保护的野生动物共有 68 种，

---

[1] 地处安吉县、临安市、余杭区交界处的鸬鸟镇太公堂村窑头山，最高海拔 1095m，是杭州八城区的最高峰。该区域林木茂盛，有大面积常绿阔叶树种，野生动物丰富。小区面积 4716 亩，其中阔叶林 2316 亩，毛竹林 777 亩，杂竹林 1623 亩，森林覆盖率 98.9%。该小区野生动植物资源丰富，有国家级保护动物 20 余种，其中国家一级保护动物黑麂有 100 余只。该自然保护小区重点保护黑麂。
[2] 坐落于鸬鸟镇山沟沟村境内，以最高山为主，最高海拔 1026m。该小区总面积 3572 亩，其中天然硬阔叶林面积 3207 亩，毛竹林 320 亩，森林覆盖率 98.9%。保护小区野生动植物资源丰富，有红豆杉等国家重点保护植物 8 种，省级重点保护植物 8 种；穿山甲等国家级重点保护的野生动物 14 种，省级重点保护野生动物 8 种。
[3] 位于杭州西郊，离杭州之江国家旅游度假区 7km，距杭州市中心仅 22km，总面积 522hm^2。午潮山因其独特的地形地貌，构成了特殊的小气候环境，森林覆盖达 93%，植被类型丰富。

其中一级保护动物13种，以两栖动物和陆生动物为主，二级保护动物55种，以陆生动物为主（杭州市志，2008）。绝大多数保护动物分布在国家级及省级自然保护区内。此外，普通物种以陆生动物为主，主要分布在杭州西北部山区。杭州市共有陆生野生动物506种，其中两栖类有28种，占浙江省两栖类种数的65%左右；爬行类43种，占全省爬行类种数的43%；鸟类354种，占全省鸟类种数的70%以上；兽类81种，占全省陆生兽类种数的90%以上（丁平等，2008）。由此可见，杭州市是浙江省内陆生野生动物物种资源最为丰富的地区之一。这与杭州市境地形复杂、地貌类型多样、生态系统类型多样等因素有关。

依据模型中的辨识流程，结合杭州市生境及物质资源状况的有关空间信息和统计信息，综合辨识杭州市GI源斑块的空间分布。为方便廊道的辨识，对于相同或类似的生态功能的斑块类型进行适当合并，并允许源斑块内部有一定的异质性和不同类型植被、地形地貌的变化，因此将源斑块辨识结果分为林地型源斑块、湿地型源斑块、水体型源斑块等。各类GI资源源斑块类型及特征如表6-16所示。

杭州市GI资源源斑块类型及其特征　　　　表6-16

—	主要景观要素	主要生态功能
林地型源斑块	山林、草地及其上的动植物等	大型陆生动物栖息地
湿地型源斑块	湿地、湿地动植物等	两栖动物栖息地
水体型源斑块	一定面积的水体及所属动植物	水生动物栖息地

（资料来源：作者自绘）

2. 杭州市GI廊道的辨识及空间分布

依据模型的廊道辨识流程，首先计算杭州市陆生生境和水生生境的迁徙阻力（表6-17、表6-18）及物种迁徙成本图层和迁徙路径模拟图层，进而生成GI廊道空间分布，如图6-27所示。

杭州市地形坡度及海拔高度因子影响物种迁徙阻力值划分　　表6-17

因子 \ 阻力值	5	4	3	2	1
坡度（°）	>45	35～45	25～35	15～25	<15
海拔高度（m）	>150	115～150	80～115	45～80	<45

（资料来源：作者自绘）

杭州市土地利用与覆被类型的物种迁徙阻力值划分　　表6-18

土地利用与覆盖类型	山地			农田			湿地			水域		城市用地	
NVDI 指数	≤0.1	0.1～0.35	≥0.35	≤0.1	0.1～0.35	≥0.35	≤0.1	0.1～0.35	≥0.35	0.1～0.35	≥0.35	NA	NA
陆生动物迁徙阻力值	3	2	1	6	5	9	4	8	7		10	10000	
水生、两栖动物迁徙阻力值	10	9	8	7	6	3	5	2	1		4	10000	

（资料来源：作者自绘）

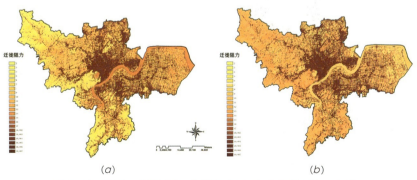

图 6-27　1991～2008 年间杭州市各类型斑块散布与并列指数变化
（a）陆生动物迁徙成本图层；（b）两栖和水生动物迁徙成本图层

186 • 城市增长边界设定的路径·技术·方法

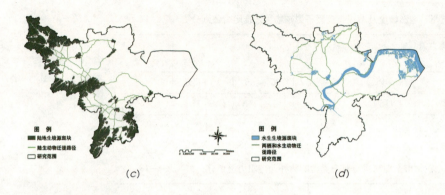

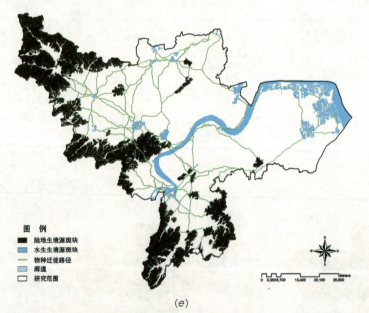

图6-27 1991～2008年间杭州市各类型斑块散布与并列指数变化（续图）
(c) 陆生动物迁徙路径；(d) 两栖和水生动物迁徙成本图层；(e) 杭州市绿色基础设施廊道分布辨识结果
（资料来源：作者自绘）

由生成廊道结果来看，由于杭州的山体集中在西翼，因此大多数的陆生物种的迁徙廊道均分布在杭州的西北及西南部，并较好地利用了山体之间的谷地，受城市发展的影响较少，但是仍有部分需要穿越城市建设用地。而水生及两栖动物迁徙的廊道则多依据杭州现有河网的走势分布，部分湿地、水域斑块由于地理位置比较偏僻只能保证1条迁徙廊道接入。从整个杭州市的物种迁徙廊道布局来看，多集中在西部地带。这一点对于下一步的城市开发建设尤为重要，不能仅仅看其局部地块的开发适宜度，还要评估其对于周围环境的关系。在廊道的实际保护与应用中，需根据所处环境状况及廊道的类型和等级确定廊道的实际宽度（俞孔坚等，2005；李王鸣等，2010）。

6.4.2 杭州市 GI 生态重要性评价与排序模块

1. 空间要素水平的杭州市 GI 源斑块生态重要性评价及相应排序

杭州行政区范围内斑块生态价值评价主要依据表 6-19 的评价体系计算，得到图 6-28，除景观指数由 Fragstats3.3 直接计算获得之外，其余主要数据来源：风景名胜区或自然保护区重要度：由斑块所属自然保护区以及风景名胜区的级别而定。杭州行政区内部自然保护区以及风景名胜区的分布由《杭州自然保护区示意图》[①]以及《杭州风景旅游规划 2006-2020》[②]获得。水源地级别：杭州水源保护区[③]的分布由 2005 年审批通过的《浙江省水功能区、水环境功能区划方案》中获得。影响水体的级别：杭州大、中、小型河流的等级是按照保护面积大小[④]来划分的。各水体矢量图形由 2006~2020 年的杭

---

① 数据来源：杭州环境保护局 http://www.hzepb.gov.cn 自然保护区名录。
② 数据来源：杭州市总体规划（2006-2020）。
③ 杭州水源保护区的分类：一级保护区是指为了保护饮用水卫生的要求而设立的保护区；二级是指正常情况下满足水质要求，在出现污染水源的突发情况下，保证有足够的采取紧急措施的时间和缓冲地带的区域；准保护区：是指保障水源水质的情况兼顾经济发展，通过对其提出一定的防护要求来保证饮用水水源水质的区域。
④ 河流等级划分：大型河流保护面积大于 30 万亩；中型河流保护面积在 1 万~30 万亩之间；小型河流保护面积小于 1 万亩。

表6-19 杭州市GI网络空间要素水平源斑块生态价值评估指标体系

评价层次	总权重	评估指标	指标分解	分权重	评估标准 1	评估标准 2	评估标准 3	评估标准 4	评估标准 5
生物多样性保护重要性	45%	生境稳定性保护	景观丰富度指数 (R)	50%	2	3	4	5	6
			核心区总面积指数 (TCAI)	50%	0～0.2	0.2～0.4	0.4～0.6	0.6～0.8	0.8～1.0
		生境复杂性保护	边界密度指数 (ED)	50%	14.4	—	17.5	NA	28.8
			斑块形状指数 (S)	50%	1.6～5.8	5.8～10.0	10.0～14.2	14.2～18.4	18.4～22.7
		优先区域保护	风景名胜区或自然保护区重要度	50%	一般保护区	—	省级保护区	—	国家级保护区
			平均斑块面积大小 (hm²) (AREA-MN)	50%	6672959.2	—	6829289.2	—	22624122.3
水源涵养与水文调蓄重要性	25%	水源地保护	水源地级别	100%	无保护区	—	准保护区	二级保护区	一级保护区
		洪水调蓄功能保护	水体面积 (m²)	100%	0～118800	118800～34939100	34939100～69859400	69859400～10477970	10477970～13980000
土壤保护重要性	20%	土壤保持敏感性	地形起伏度 (°)	50%	0～20	21～50	51～100	101～150	150～300
		影响水体	归一化植被指数 (NVDI)	50%	-0.4～-0.2	-0.2～0.0	0.0～0.2	0.2～0.4	0.4～0.7
营养物质保持重要性	10%	湖泊湿地级别及所处河流状况	影响水体的级别	100%	无河流	—	小型河流：0	中型河流：1.5	大型河流：3
			影响目标及其所处的区位	100%	无湖沿湿地	有位于河流中下游的一般湖沿湿地	有位于干河流中下游的重要湖沿湿地	有位于干河流上游的一般湖沿湿地	有位于干河流上游的重要湖沿湿地

(资料来源：作者自绘)

杭州市 GI 网络空间要素水平廊道生态重要性评价指标体系　　表 6-20

评估指标	权重	指标分解	分权重	评估标准 1	2	3	4	5
廊道连通状况重要性	50%	所连接斑块的生态重要性	60%	0~1	1~2	2~3	3~4	4~5
		廊道割裂数目	20%	9~15	6~9	3~6	0~3	0
		廊道割裂处面积的百分比	20%	0.4%~0.6%	0.3%~0.4%	0.2%~0.3%	0.1%~0.2%	0~0.1%
廊道自身生态重要性	30%	廊道面积（10000hm²）	20%	0.09~35.6	35.6~71.2	71.2~106.8	106.8~142.4	142.4~179.7
		廊道宽带（m）	30%	—	—	30	—	60
		平均阻抗	50%	16~10004	13~16	10~13	7~10	4~7
廊道所处环境	20%	处于优先保护区域的等级	50%	一般保护区	—	省级保护区	—	国家级保护区
		被穿越的道路等级	50%	其余道路类型	乡县道路	省道	国道	高速公路

（资料来源：作者自绘）

杭州市 GI 网络栅格水平生态重要性评价体系　　表 6-21

评估指标	权重	指标分解	分权重	评估标准 1	2	3	4	5
栅格自身重要性	70%	土地利用与覆被类型	50%	城市用地，裸地	耕地	林地和园地	水域	湿地
		坡度（°）	20%	0~3	3~10	10~30	30~60	60~90
		归一化植被指数 NVDI	30%	-0.4~-0.2	-0.2~0.0	0.0~0.2	0.2~0.4	0.4~0.7
栅格所处环境	30%	与保护区的距离（m）	50%	3000~5000	1500~3000	1000~1500	500~1000	0~500
		与 GI 要素的距离（m）	50%	1000~1500	800~1000	400~800	200~400	0~200

（资料来源：作者自绘）

州土地利用现状图获得，具体等级划分在 ArcGIS9.3 中完成。湖泊湿地级别及所处河流状况：本文的水体水质分类[①]主要依据杭州市区地表水环境保护功能区划分略图获得。其中重要湖泊湿地包括重要水源地、自然保护区、保护物种栖息地。值得提出的是，源斑块评价体系中的各项评价层次、评价指标及分解的权重通过德尔斐方法计算，同时用数据重分类方法对专题数据进行标准化。其中，丰富度指数：在一定范围内斑块种类的数量。其值越大景观丰富程度越高，越有利于动物多样性的保护。核心区总面积指数：在一定范围内核心区总面积数占该区域总面积的比例。边界密度指数：研究区域内某类斑块边界周长与斑块面积之比。比值越大表示边界越扭曲，与外界物质交换的频率越高。斑块形状指数：通过计算某一斑块形状与面积的圆或正方形之间的偏离程度来测量其形状的复杂程度。

2. 空间要素及栅格水平的杭州市 GI 空间生态重要性评价及相应排序

各廊道生态价值评价主要依据表 6-20 所示评价体系计算，其中被穿越的道路等级依据《杭州道路规划（2006-2020）》获得穿越廊道的道路等级，并取穿越某一廊道的最高等级作为计算数据纳入最终计算中。廊道割裂数目指廊道中由于城市建设用地的蔓延而使得廊道断裂的断裂点的数目。廊道割裂处面积的百分比指廊道中城市建设用地面积占整条廊道面积的百分比。廊道平均阻抗指廊道所在所有栅格相应物种总阻力值的平均值。其余指标均在 ArcGIS9.3 中通过计算获得。空间要素水平的杭州市 GI 廊道生态重要性评价结果见图 6-29。

杭州市 GI 栅格水平生态价值主要依据表 6-21 所示评价体系计算，评价及排序结果见图 6-30，最终通过水平叠加方式得到杭州市 GI 空间要素水平及栅格水平生态价值评价及排序结果，如图 6-31 所示。

[①] 依据地表水水域环境功能和保护目标，按功能高低依次划分为五类：
I 类主要适用于源头水、国家自然保护区；II 类主要适用于集中式生活饮用水地表水源地一级保护区、珍稀水生生物栖息地、鱼虾类产场、仔稚幼鱼的索饵场等；III 类主要适用于集中式生活饮用水地表水源地二级保护区、鱼虾类越冬场、洄游通道、水产养殖区等渔业水域及游泳区；IV 类主要适用于一般工业用水区及人体非直接接触的娱乐用水区；V 类主要适用于农业用水区及一般景观要求水域。

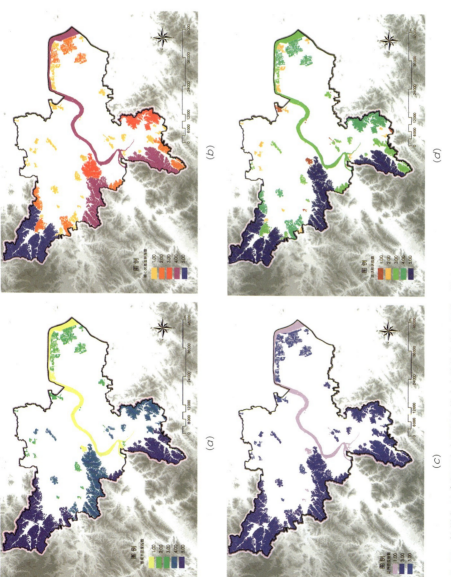

图 6-28 杭州市 GI 空间要素水平源斑块生态价值分指标评价及排序
(a) 源斑块景观丰富度指数评价及排序;(b) 源斑块核心区总面积指数评价及排序;(c) 源斑块边界密度指数评价及排序;
(d) 源斑块斑块形状指数评价及排序
(资料来源:作者自绘)

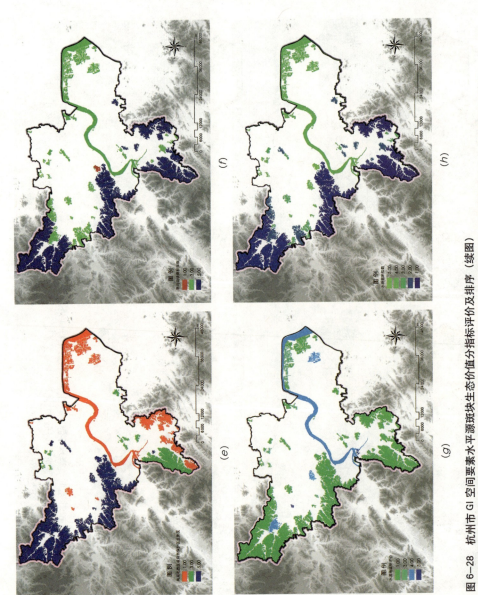

图 6-28 杭州市 GI 空间要素水平源斑块生态价值分指标评价及排序(续图)
(e) 源斑块内风景名胜区或自然保护区重要度评价及排序；(f) 源斑块均斑块面积评价及排序；(g) 源斑块水源地级别评价及排序；(h) 源斑块水体面积评价及排序
(资料来源：作者自绘)

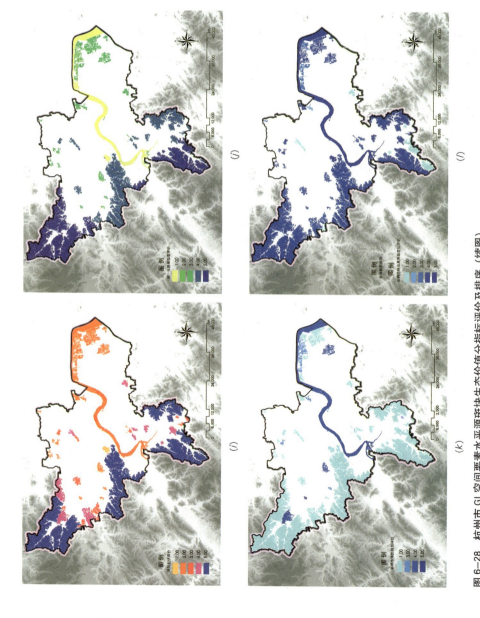

图 6-28 杭州市 GI 空间要素水平源斑块生态价值分指标评价及排序（续图）
(i) 源斑块地形起伏度评价及排序；(j) 源斑块归一化植被指数评价及排序；(k) 源斑块影响水体的级别评价及排序；(l) 源斑块影响目标及所处区位评价及排序
（资料来源：作者自绘）

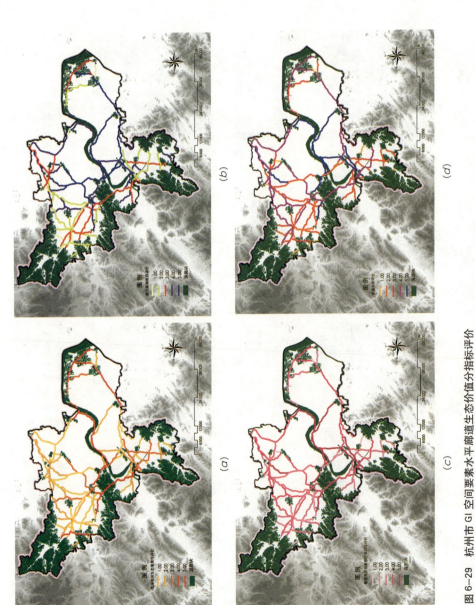

图 6-29 杭州市 GI 空间要素水平廊道生态价值分指标评价
(a) 廊道连接斑块生态重要性评价及排序；(b) 廊道割裂数目评价及排序；(c) 廊道割裂处面积的百分比评价及排序；
(d) 廊道面积评价及排序
（资料来源：作者自绘）

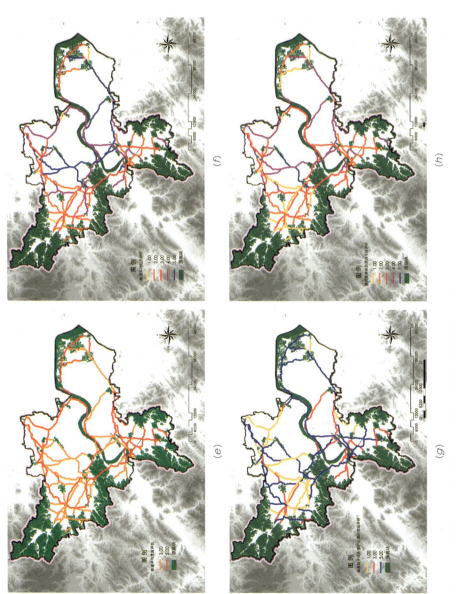

图 6-29 杭州市 GI 空间要素水平廊道生态价值分指标评价（续图）
(e) 廊道平均宽度评价及排序；(f) 廊道平均阻抗评价及排序；(g) 廊道处于优先保护区域的等级评价及排序；
(h) 廊道被穿越的道路等级评价及排序
（资料来源：作者自绘）

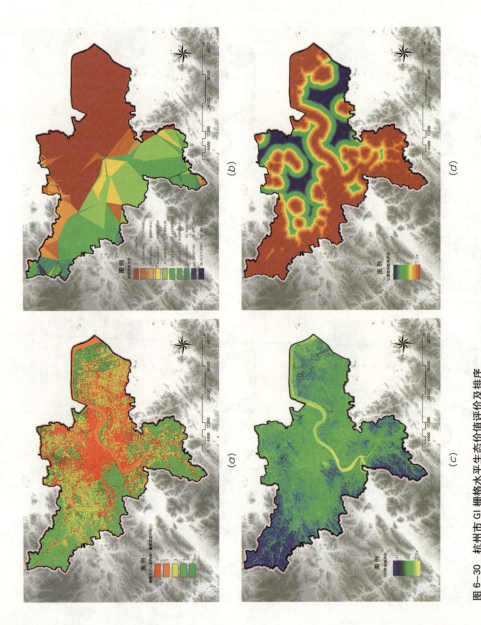

图 6—30 杭州市 GI 栅格水平生态价值评价及排序
(a) 栅格水平土地利用与覆被类型评价及排序;(b) 栅格水平地形坡度评价及排序;(c) 栅格水平 NVDI 指数评价及排序;
(d) 栅格水平与源斑块距离评价及排序
(资料来源:作者自绘)

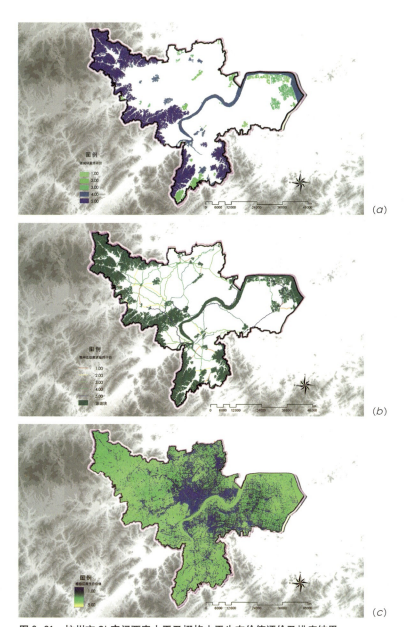

图 6-31 杭州市 GI 空间要素水平及栅格水平生态价值评价及排序结果
(a) 源斑块最终生态价值评价及排序;(b) 物种迁徙廊道生态价值评价及排序;
(c) 栅格层面生态价值最终评价及排序
(资料来源:作者自绘)

3. 杭州市 GI 资源生态重要性综合评价与排序（图 6-32）

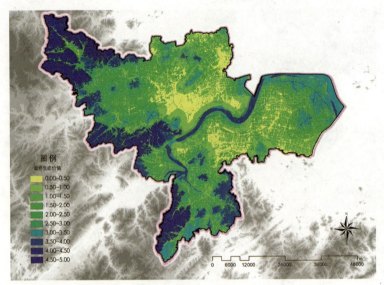

图 6-32　杭州市 2008 年 GI 资源综合评价及排序结果
（资料来源：作者自绘）

6.4.3　杭州市增长刚性边界的确定

城市增长刚性边界是城市生态安全的底线，由 GI 生态支撑功能与城市的生态服务需求比所决定。如图 6-33 所示，在城市空间增长过程中，人工干扰反映在景观上的变化主要表现为五种空间过程：穿孔、分割、破碎化、缩小和消失（Forman，1995）。不同空间过程对生物多样性、侵蚀等生态特征具有重要影响，穿孔、分割和破碎化等过程既可以影响到整个区域，也可以影响到区域中的一个板块，而缩小和消失主要影响单个斑块或廊道。景观中斑块的数量或密度随分割过程和破碎化过程的加强而增大，而随消失过程的增强而减少。内部生境的总数随着这五种过程的增强而减少。在土地转化过程中，这五种过程的重要性不同，开始时是穿孔和分割过程重要，而破碎化和缩小过程在景观变化的中间阶段更显重要。

从杭州土地利用及景观格局变化分析模块可知杭州市的生境面临的最大威胁是破碎化和缩小，而这两个空间过程在占原始土地类型 40% 的量时曲线相交达到均好特征，故选择 GI 资源量占所有土地类型 40% 的界限作为杭州市增长刚性边界，如图 6-34 所示。

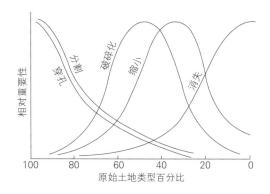

图 6-33　土地转化不同阶段中的五种空间过程的重要性
（资料来源：肖笃宁等，2003）

图 6-34　杭州城市增长刚性边界
（资料来源：作者自绘）

6.5 模块三：杭州市 GIA—CA 空间模拟

依据 GIA—CA 模块的规则，模拟思路总体上分为两部分：首先依据模拟时间段内的城市总体规划初步拟订，并通过设定不同的安全水平门槛分值的 GIA 输出结果来确定城市发展土地需求量和区域初步限定；然后设置各项约束性概率，在空间定位过程中进行最终概率最大的 StepNum 个元胞的空间识别，根据模拟的目标时间确定循环次数并完成模拟。

从杭州市土地利用及景观格局变化模块分析得知，杭州市城镇空间增长在 1991~2000 年间迅猛，是典型的粗放式增长；在 2000~2008 年间增长减缓，逐步实现了向集约式增长模式的转变，因此确定 GIA—CA 模拟设定 2008 年的城市形态为初始状态，以 2000~2008 年的模型参数识别结果作为模型输入条件，假设模拟时间段的城市增长保持 2000~2008 年的发展趋势（即包括邻域在内的所有空间变量的权重系数保持不变，为基准情景，假设这种情景实现的可能性最大）；为了与《杭州市总体规划（2001—2020）》、《杭州市土地利用总体规划（2006—2020）》及《杭州市市域总体规划（市区篇）（2006—2020）》的规划期限一致，设定 2020 年为目标时间点，利用 GIA—CA 预测 2020 年的城市增长，从而得出杭州市 2020 年的城市增长边界。

6.5.1 各项约束性概率

1. 邻域约束概率计算

在杭州遥感分类影像的基础上，利用 ArcGIS9.3 中的 reclassification 命令对其进行重分类，将城市建设用地赋值为 1，其余为 0。

并应用 Spatial Analyst—Neighborhood Statistics 命令计算得到邻域 3×3 栅格的分值之和。参照领域计算公式：$P_{1,(i,j)}^{t} = \dfrac{\sum_{3\times3} con\,(S_{ij}=urban)}{3\times3-1}$，最终计算结果应为小数，因此将栅格图层属性设置为 float 格式，否则计算结果将默认为整数，结果为 0 或 1，造成较大的误差。

2. 区位约束概率计算

区位约束概率计算中的 cons，β_1，…，β_n 等参数计算公式如下：

$$P_{\{i,j\}z}=\mathrm{cons}+\beta_1 \cdot D_{\{i,j\},h1}+\beta_2 \cdot D_{\{i,j\}h2}+\ldots+\beta_n \cdot D_{\{i,j\},hn}$$

其中，$P_{\{i,j\},z}$ 利用 2000 年杭州市土地利用再分类数据以及 2008 年杭州市土地利用再分类数据，通过异或命令获得。如 2000 年为非城市建设用地，2008 年为城市建设用地，则 $P_{\{i,j\},z}=1$，其余情况其值均为 0。

依据杭州现有可获取数据，本文提取了以下距离作为参数拟合约束条件：各栅格到杭州市主要乡镇中心、城市建设用地、杭州市铁路线、杭州市高速公路、省道、国道、乡县道路的距离。具体提取情况见图 6-35。

如果将整个矩阵导入 SPSS 进行计算将过于庞大，造成溢出现象，因此将以上变量导入 GEOSOS 中，选择抽样数为 20%，可以得到各参数的值，将其带入区位约束概率计算公式得到结果如下：

$$P_{r,\{i,j\}}=1/\{1+\mathrm{Exp}\,[-(0.209-1.633 \times D_{\{i,j\},\mathrm{towncenter}}-0.48 \times D_{\{i,j\},\mathrm{highway}}-0.323 \times D_{\{i,j\},\mathrm{express}}+0.425 \times D_{\{i,j\},\mathrm{railway}}-16.134 \times D_{\{i,j\},\mathrm{urbancenter}})]\}$$

将该结果代入 GIA—CA 模型中。

3. 生态约束概率计算

生态约束概率主要参照 GIA 评价结果 $P_{GIA\{i,j\}}$ 及杭州四线规划 conf 对整个研究范围内的生态约束概率 $P_{g,\{i,j\}}$ 进行计算。

$$P_{g,\{i,j\}}=(1-P_{GIA\{i,j\}}) \cdot \mathrm{conf}$$

其中，conf 图层的获取过程如下：首先利用 AutoCAD，将 jpg 规划文件转换为矢量图形，并将其导入 ArcGIS，并利用 Geographical adjust 对其进行几何校正，使其和现有图层叠合，通过重分类，对其进行赋值。禁止建设区则赋值为 0，其余为 1。

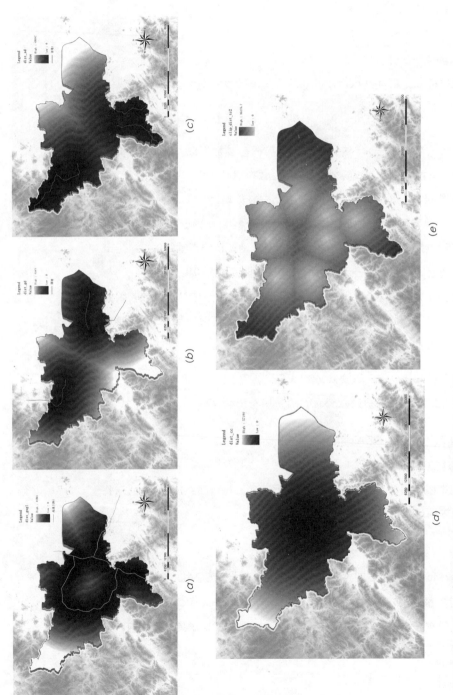

图 6—35 杭州市 GIA—CA 空间模拟的各距离参数区位约束概率计算
(a) 到高速公路的距离;(b) 到国道的距离;(c) 到省道的距离;(d) 到市中心的距离;(e) 到城镇中心的距离
(资料来源:作者自绘)

6.5.2 杭州市 2020 年城市增长模拟及增长边界

GIA—CA 模型在杭州市 2020 年城市空间模拟中的具体参数设置如下：

（1）以 2008 年的城市遥感分类图像[①]作为初始状态，以 2000~2008 年间的约束性概率作为模块输入条件，利用 GIA—CA 预测 2020 年的城市增长空间分布。图像均以 UTM N50 带为投影坐标系在 GIS 中进行几何校准。

（2）参照杭州城市总体规划中的土地需求预测，城市扩张土地需求量设置为 80000 格，大约为 73km^2；由于遥感图像分类无法自动将村镇等用地剔除，而杭州市总体规划中的新增城市用地的指标则是针对城镇建设用地设置的，因此如果在杭州市区内模拟则会出现较多模拟新增用地为乡村用地，因此本文将研究范围缩小控制在杭州主城区及六组团的主要中心城镇进行模拟。

（3）考虑到本模型运行的速率以及模型模拟的最终结果的精确程度，本书将迭代次数设置为 120，模拟某安全门槛下 2020 年的城市预期扩张图需要约 5~6h 的时间。经多次验证，最终取安全门槛值为 0.28 的杭州市空间增长模拟图（图 6-36）。经修正，杭州市 2020 年的城市增长边界如图 6-37 所示。

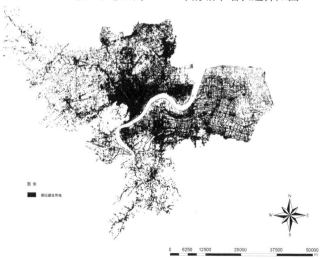

图 6-36　杭州市 2020 年的空间增长模拟结果（安全门槛值为 0.28）
（资料来源：作者自绘）

---

① 由 ArcGIS 转化为 ASCII 文件。

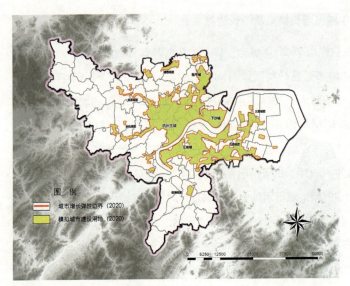

图 6-37　杭州市 2020 年的城市增长边界
（资料来源：作者自绘）

正如本书对城市增长边界概念的界定，城市增长边界的空间形态属性应该是介于城市建设用地与非建设用地之间的一个带状区域，这个带状区域的宽度由来自非建设用地的生态压力和来自建设用地的需求推力所共同决定，因此其宽度是变化的，具有一定程度的不确定性和不稳定性。本书所探讨的研究路径和技术方法均相当于城市总体规划的层面，故无法对城市增长边界的宽度进行具体限定。作者认为，有必要在今后的详细规划和专题项目中对杭州城市增长边界的宽度进行深入研究，以指导相关城市规划和设计理论与实践，并与相应法规和经济手段等公共政策相结合，共同供进和引导杭州走向集约、低碳发展之路。

6.6　模型结果的讨论

6.6.1　城市增长空间分布模拟结果分析

将 GIA—CA 的模拟结果与杭州市 2008 年遥感图像中的建设用地进行

空间叠合，可知基于 GIA—CA 的模拟用地拓展方向主要为杭州东部，主要建设用地增长区域集中在余杭区、萧山区及东部九堡、乔司、下沙一带，主要布局在依托于建成区的城乡结合部。杭州西部生态价值较高地区的建设用地增长不明显，仅在 2008 年城乡建设用地的基础上进行少量拓展。

6.6.2 与总体规划的比较分析

《中华人民共和国城乡规划法》明确赋予规划城镇建设用地以控制措施增长的法律地位，城镇建设用地边界内外的开发活动被划分为"合法"和"非法"两类，规划建设用地的边界是城市规划行政主管部门核发建设用地规划许可证的基本依据（龙瀛等，2009）。基于改进传统城市规划城市增长边界设定方法的设想，本书对基于 GIA 设定的杭州市 2020 年的城市增长边界与《杭州市总体规划（2001-2020）》中 2020 年的规划城市建设用地边界进行比较分析（图 6-38）。

与《杭州市域总体规划（市区篇）（2006-2020）》中 2020 年的城市建设用地规划方案进行比较，模拟城市建设用地与规划方案重合部分占建设用地总量（含规划与模拟相一致部分，模拟未规划部分及规划未模拟部分）的 62.9%，规划未模拟部分占总量的 19.8%，模拟未规划部分占总量的 17.3%。

对于主城区、副城区与六组团规划与模拟城市建设用地比较如下（图 6-39）：

对于主城区规划新增城市建设用地面积略大于模拟新增城市建设用地，并且在空间分布上有明显差异，新制订的城市增长边界确定东部为城市适宜的拓展方向，而对于西部生态价值较高地区基本维持现状城市建设用地规模，而规划方案沿主要交通轴线发展较大规模的建设用地，特别是三墩、蒋村、留下等地因自然环境等条件良好，成为居住及各类居住配套扩张的主要地区。

对于三个副城区，南部地区（江南、下沙副城）的城市用地扩展需求与总体规划所划定的建设用地范围基本一致，而北部地区的城市用地扩展需求将小于总体规划所划定的建设用地范围。具体到各个副城来看，江南副城新制订的城市增长边界范围与规划方案基本一致，在北部临江地区及南部略有差异。规划方案中为与主城交通联系便捷而将城市建设用地沿江铺开，对于生态廊道的保护欠缺考

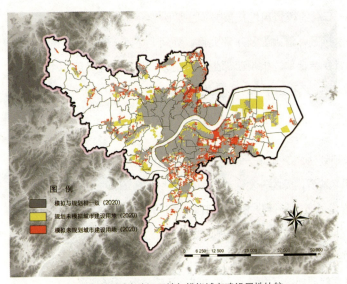

2020年规划城市建设用地与模拟城市建设用地比较

图 6-38 杭州市 GIA—CA 的模拟结果与总体规划的对比（杭州市区范围）
（资料来源：作者自绘）

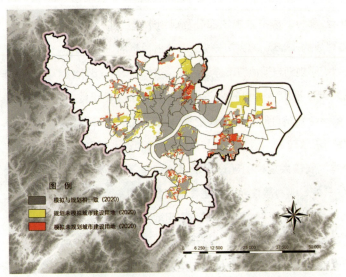

2020年主城区、副城区、六组团规划与模拟城市建设用地比较

图 6-39 杭州市 GIA—CA 模拟结果与总体规划的对比（一主三副六组团范围）
（资料来源：作者自绘）

虑；临平副城新制订的城市增长边界范围小于规划方案制订的范围，空间差异集中于西部，规划方案中对于超山风景区周边生态价值较高区域进行了开发建设，与模拟结果不符。下沙副城在城镇建设用地总量与空间形态上基本吻合。

六组团城市建设用地在空间布局与发展模式上差异较大，具体表现为南部城市用地拓展需求大于规划范围，而北部城市建设用地拓展需求小于规划范围，此外，规划方案主要采用组团中心连绵成片的发展模式，而新制订的城市增长边界则以生态优先的分散模式为主。义蓬组团是建设用地空间布局差异最明显的地区，主要体现在沿江湿地地区建设用地开发规模上。规划方案中布置了大规模综合性工业用地，而基于 GIA—CA 的模拟结果，该地区具有较高的生态价值，不宜发展城市建设用地。瓜沥组团新制订的城市增长边界范围大于规划方案制订的范围，经模拟，该区域发展条件良好，可作为未来城市建设用地的大规模拓展区。临浦组团新制订的城市增长边界范围与规划方案制订的范围大小相似，规划方案建设用地主要依托于原有镇区集中发展，新制订的城市增长边界较分散。余杭组团中心镇新制订的城市增长边界范围小于规划方案制订的范围，规划方案中，主要考虑余杭临近主城区的空间区位而作为城市居住空间拓展的延伸区规划较大规模的建设用地。良渚组团新制订的城市增长边界范围略小于规划方案制订的范围，并呈分散模式布局，强调严格控制生态敏感区人口与建设规模。塘栖组团新制订的城市增长边界范围与规划方案制订的范围基本一致，空间布局上略有差异，规划方案考虑与主城区及临平副城连绵发展，从而向东、向南拓展明显。

根据上述验证，应用本书创建的城市增长边界模型所得结果与《杭州市域总体规划（市区篇）(2006-2020)》中制订的城市建设用地范围相比较，在用地空间布局上存在较大差异，主要表现在以下几个方面：

（1）建设用地拓展方向的差异：主要体现在杭州西部地区基于模拟的城市建设用地拓展需求大于总体规划中的建设用地范围，而东部地区则相反。

（2）建设用地拓展模式差异：模拟建设用地主要依托于现状建成区，在生态成本相对较低地区以分散方式发展，规划方案建设用地则更多地考虑空间集聚性，连绵成片主要以集中方式拓展。

（3）建设用地拓展规模。从总体来看，规划方案建设用地规模略大于模拟建设用地规模，考虑到规划方案数字化过程中的误差及各地规划指标自上而下细化过程中的偏差，一定范围内的规模偏差是不可避免的，具体到主城区、副城区及各个组团内部也存在差异。

模型输出结果与总体规划方案存在差异的原因主要有以下几点：

（1）在模型预测方案中，其约束限制的对象是建设用地整体，而未对建设用地的具体分类进行区分，实际上每一类城镇建设用地的人类活动强度与开发强度等各不相同，相应地对生态造成的破坏程度也各不相同。

（2）模型模拟结果能够较好地反映城市在生态约束条件下的自发增长、交通条件约束、区位条件及规划控制下的自组织增长状态，但对于政策和随机事件的干预缺乏敏感性；而总体规划中政策导向影响空间形态的权重较大，随机事件如招商引资、重大项目投入节奏等常反向控制建设用地形态，这也是二者存在差异的重要原因之一。

（3）当前城乡发展规划的不协调导致主体功能区划、土地利用总体规划和城市总体规划之间的统计口径不一致，同一归口的数据差异较大；此外，总体规划的指标受限于土地利用总体规划，但其空间分布却往往超出总量，数据与图面自相矛盾，这也是本书在整理数据时发现的"掩耳盗铃"现象。但值得警醒的是，这并不是由于技术原因或偶然原因造成的，而是在很多城市规划中普遍存在的现象，这也从侧面反映了规划部门在面对多方面压力胁迫下的妥协和无奈。在这样的数据信息环境下得到的结果很难避免误差甚至超越误差的错误。抓了"总量控制"就丢了"空间分布信息"，这种在处理"误差"时的顾此失彼也许反而无形之中放大了这些误差。

在模型的改进工作中，可针对不同用地类型将综合约束 CA 城市模型扩展到多种土地利用（如居住、商业、工业等），对 GIA 进行分类分级的评价，以更为深入地指导实际的开发工作，实现更细化尺度的城市增长管理。

6.6.3 GI 资源保护的视角分析

城市增长边界的目标之一是保护自然资源，故从 GI 保护的视角将杭州市总体规划的 2020 年的规划建设用地边界与基于 GIA 设定的杭州市 2020年的城市增长边界进行空间比对，具体比较结果如图 6-43 所示。将 GI 资源依据其生态重要性由低到高分为三个区间，分别在规划及模拟情况下，估算各类生态价值较高土地转化为建设用地面积及对环境的影响程度。

由图 6-40（a）中可知杭州市总体规划方案对于生态价值较高区域占用较多，甚至部分位于西部生态价值极高地区，东北部沿江湿地地区大量生态价值较高斑块被城市建设用地侵占。其中，生态价值评价得分为 0.5~1.0 的地区有 188km² 规划转化为城市建设用地。主城区西侧及北侧斑块破碎化程度较高，西部 7 条廊道被现状道路及规划城市建设用地割裂，10 余条廊道将处于城市建设用地环境中，对生态敏感区压力较大。

由图 6-40（b）可知，模型模拟的城市建设用地基本位于生态价值较低及生态价值适中地区，生态价值评价得分为 0.5~1.0 的地区有 32km² 将转化为城市建设用地，避开了生态重要性高及生态重要性极高地区，可见模拟方案在 GI 保护方面优于总体规划方案。但值得注意的是，西部山区一斑块破碎程度较高，3 条廊道被现状道路割裂，4 条廊道将局部处于城市建设用地环境中，虽然远低于总体规划方案对环境的影响，但模拟方案也必须结合严格的后续空间管制措施，注重廊道的宽度和连续性的保护。《杭州市土地利用总体规划（2006—2020）》中提出规划期内允许因建设占用而减少耕地的指标是 32 万亩，经测算 GIA—CA 模拟方案中至 2020 年因城市建设占用耕地不到 10 万亩，远远低于总体规划给定的指标，说明模拟方案对于耕地资源的保护是十分有针对性和有效的。

可见，模拟方案有助于解决有限的土地资源与城市发展建设用地、生态建设用地需求间的矛盾，能够有效地将城市空间扩张控制在潜在土地供给区域内，提高建设用地利用质量，将资源保护的传统被动适应方式转变为积极

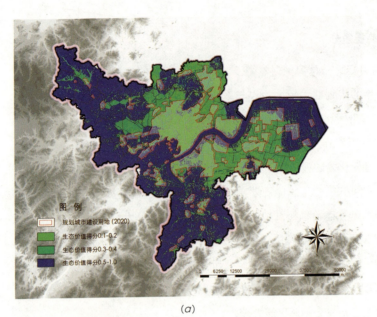

(a)

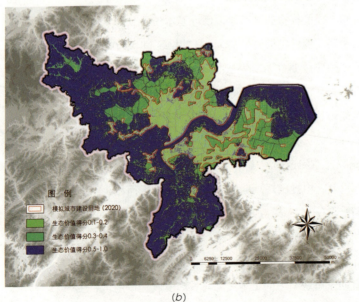

(b)

图 6-40　GI 资源保护视角下对总体规划与模型模拟方案的比较分析（一主三副六组团）
(a) 2020 年规划城市建设用地与 GI 资源生态重要性；(b) 2020 年模拟城市建设用地与 GI 资源生态重要性
（资料来源：作者自绘）

主动防御的方式,充分体现 GI 的约束,在我国特定的城市化进程中有适宜的应用空间。

6.7 小结

本章以杭州为案例城市对基于 GIA 设定城市增长边界的模型进行实证研究。从长三角地区城市空间增长的区域特点及杭州市城市空间增长概况和空间增长历程出发,了解以杭州为代表的平原水网地域特征下的东部发达地区中大型城市的空间增长特征。实证研究的展开技术细节如下。

1. 模型的准备

依据模型的初始条件和要求,确定研究区域和研究尺度,进行原始数据的收集整理、预处理。采用的遥感数据是 1991~2008 年近 20 年间五个时相的杭州市区 LandsatTM /ETM+ 卫星影像数据、乡镇行政界限空间数据、数字高程模型数据,以及 1991 年以来杭州市的社会经济统计资料。经过大气校正、几何纠正和正射校正等数据预处理后,以监督分类的方式将杭州市土地利用与覆盖类型分为建设用地、水域、耕地、林地、园地、湿地和裸地等七种类型。

2. 模块一:杭州市土地利用及景观格局变化分析

本模块通过分析杭州市土地利用变化的基本过程及数量变化,并采用转移矩阵和景观组分保留率、景观格局指数分析等方法,对 1991~2008 年间土地利用和景观格局的变化状况进行探讨,以期解释快速城市化区域土地利用和景观格局变化的典型过程和规律,并进一步分析杭州市空间扩张的问题所在及未来资源保护的重点及城市扩张应注意的方面。分析结果显示,杭州市空间扩张迅猛;耕地保护不力反映了政府工作考核导向的偏差;土地利用变化频繁的背后是生境破碎化和质量下降等现实;同时,对于时间尺度选择的重要性进行了探讨,认为时间尺度是影响研究结果的重要因素。

3. 模块二：杭州市 GIA 分析

本模块充分发挥 GIS 强大的空间数据的挖掘和处理能力，基于平原水网区域资源特性设定 GI 源斑块的辨识准则，将杭州市 2008 年的多源空间数据和社会经济数据与空间特性相结合，完成杭州市 GI 源斑块辨识过程。基于源斑块的生境物种迁徙阻力的计算生成物种迁徙成本图层，进行源斑块之间的最小成本路径的计算，完成 GI 廊道的辨识。基于数据的可得性、可重复性和低相关性，构建空间要素水平和栅格水平的生态重要性评价体系，其中空间要素水平的源斑块生态价值评价可分为生物多样性保护重要性、水源涵养与水文调蓄重要性、土壤保护重要性和营养物质保持重要性四个层次的评价；空间要素水平的廊道生态价值评价可分为廊道连通状况重要性、廊道自身生态重要性和廊道所处环境重要性等三个方面的评价；栅格水平的生态价值评价主要从栅格自身的重要性和所处环境的重要性两个方面来评价。所有评价的空间叠合得到的综合评价与排序都具有丰富的内涵和信息，对于城市增长刚性边界、资源保护、生物多样性保护等具有重要的价值。本书以城市增长边界为目标导向选择输出城市增长刚性边界、具有 GI 综合排序信息的城市增长潜在土地供给区域两个方面的内容。

4. 模块三：GIA—CA 空间模拟

本模块以约束性 CA 模型为原型提出 GIA—CA 空间模拟模块，并以此进行城市空间发展的模拟，以城市总体规划中对城市发展土地潜在需求量的预测为基准条件，将模块二输出的城市增长潜在土地供给区域作为城市空间扩展的范围，从而反推出与可供模拟的空间相对应的 GI 排序范围；选择增长数率符合集约增长模式的 2000 年和 2008 年为原始年份，以 2020 为目标年份，计算城市发展区位约束概率和邻域约束概率，并代入 GIA—CA 模型中进行空间模拟，最终得出 2020 年的杭州城市增长边界。将模拟结果与杭州市城市总体规划的 2020 年空间分布相对比讨论。讨论结果证明 GIA—CA 模型可行且合理，在我国现阶段城市空间增长管理中有很强的适用性。

第7章 研究结论与展望

7.1 研究结论

　　面对日益强烈的资源环境约束，面对日益增长的经济发展需求，我国的城市空间增长管理面临着前所未有的挑战。在"十二五"规划建议与地方政府的具体政策之间，在城市规划行业法规与切实可行的规划途径之间，我们有太长的路要走。本书仅仅走过了其中一小段路，而这段路线的正确与否，尚需时间的检验和实践的验证。

　　本书在吸取国际经验和分析国内问题的基础上，提出如何在协调资源保护与土地开发的矛盾的基础上科学合理地制订城市增长边界的命题，并围绕此命题进行解题分析，寻求解题途径并以实例验证其可行性。主要研究结论可概括为以下几个方面。

　　1. 从空间形态属性和公共政策属性两方面对城市增长边界概念进行界定

　　从空间形态属性来说，城市增长边界应该是介于城市建设用地与非建设用地之间的一个带状区域，这个带状区域的宽度由来自非建设用地的生态压力和来自建设用地的需求推力所共同决定，在多数情形下这个带状区域有着相对显著的地形地貌特征，其宽度与城市增长边界的弹性成正比。从公共政策属性来说，城市增长边界是界定城市空间增长是否"合法"的基本准则之一，边界内建设是"合法"的，而在边界外建设则是"不合法"的。

　　从城市增长边界的概念界定延伸开来，城市增长边界具有保护自然资源和敏感区等非建设用地、控制与引导相结合、需要与区域协调和相应法规和经济手段相结合的特征，是一种将开发方式和强度与空间特征建立一系列耦合对应关系的技术手段和公共政策，是对国家宏观层面节约、集约用地、促进经济社会发展与人口资源环境的协调等总体目标的积极回应，也是城市规划在缓解资源环境强烈约束方面的具体策略。

2. GIA 分析视角有助于解决城市空间增长管理领域的相关问题

我国城镇化的特殊性要求城市增长管理的政策工具能够协调资源保护与城市发展，并改变以社会经济发展需求为主导的城市空间增长管理模式为以资源供给和约束为主导的空间增长管理模式，从"逆向思维"的视角强化有限的土地资源对城市空间扩张的约束作用。俞孔坚等"逆向思维"在技术方法、实例研究等方面的探索和经验为本书从 GIA 入手来控制城市空间增长思想的方法提供了有益的参考和启示。

本书引入 GIA 分析视角来研究城市增长边界的设定方法，基于城市发展需求与土地资源约束的矛盾现实，跳出对城市空间需求动力因素的关注，提出统筹城市空间增长的需求动力与供给约束因素，充分发挥 GIA 的优先生态约束作用。相关研究表明，GI 强调空间网络结构的完整性和生态服务功能的综合性，是维护城市生态安全和地域历史文化特征的关键性空间格局，是生态导向的城市规划研究的一个重要方向。GI 作为城市建设用地扩展的潜在供给区域，应该成为城市空间增长管理的重点研究区域，但是目前鲜有将二者综合考虑的研究。作者认为，充分考量城市空间增长的供给因素，加强资源供给因素的约束作用是城市增长边界的关键所在；从某种意义上说，城市建设用地与 GI 在一定时空范围内存在共轭关系，将二者相结合可摒弃寻求单一目标利益最优化的片面思路，利于探索多目标利用合集下的最优化途径。城市增长边界设定与 GI 相结合的技术途径是本书的创新之处，体现了作者对目前我国特定城市化进程下城市空间增长的现实矛盾的深入思考和积极寻求应对策略的思路。

3. 城市增长边界设定与 GIA 体系的"交叉框架"

"交叉框架"的横轴是以资源保护为主线的 GI 规划，纵轴是以经济发展为主线的城市增长边界的研究，二者的交汇点就是城市发展潜在土地供给区域，如同本书中的界定，城市发展潜在土地供给区域是位于建成区外的、GI 核心生态价值区外的、生态价值低下的 GI 用地，一方面，它含有 GI 生态价值评价排序信息是下一步确定土地利用方式的重要依据，因此可以作为城市空间模拟的宏观生态约束条件，将未来城市空间模拟限定在这一特定的空间；另一方面，这一区域的辨识对于 GI 规划的意义在于，能够实现 GI 资源的保护和利用的均衡，如从可持续发展的角度来看，除了核心价值区的保护之外，尚需有计划、分时序地实现对 GI 资源的开发利用，这样才能不至于陷入唯保护的伪生态论。因此，在这个"交叉框架"中，城市发展潜在的土地供给区域的辨识具有重要意义。

与以往强调城市空间增长需求的理论不同，"交叉框架"表达了土地资源对于城市空间增长的强烈约束这一重要思想。同时，"交叉框架"对于发挥资源竞争的正面效应方面起到引导和促进作用。在城市空间的位置级差地租理论中，经济利益作为主要因素决定城市区位优劣，这是一种竞争机制的结果。这种竞争机制漠视了土地的生态价值、社会文化价值等隐形条件，将走向片面追求经济效益的误区。"交叉框架"的生态重要性保护评价的优先度、土地开发次序优先度内容与级差地租的经济要素相融合，可以引导更客观、全局的地租理论和城市区位择优理论。

"交叉框架"是以保护与开发的协调为研究线索的，注重区域协作并认同区域竞争，是对一定时空序列下的城市资源保护与开发的调控与引导，强调资源特性与土地利用方式的耦合，因此，"交叉框架"建构的意义在于：

（1）引领 GIA 与城市增长边界研究的融合发展趋势；

（2）为城市空间管理相关政策的制定提供依据；

（3）引导城市规划与管理绩效考核的价值取向。

4．基于 GIA 设定城市增长边界的模型的架构与解析

首先，基于 GIA 设定城市增长边界的模型一方面拓展了 GIA 成果的应用与转化，另一方面推动了适应我国城市化进程的城市增长边界技术方法体系的研究。其次，从景观生态和城市规划的复合视角研究空间增长管理，扩大研究视角，将景观生态学的新技术和新方法应用于城市规划领域，从城市增长边界管理的需求出发，建立一套服务于区域空间规划、城市空间规划和管理的理论方法体系，也将弥补我国对 GIA 和城市增长边界研究的不足。

1）模型建构目标

基于 GIA 设定城市增长边界的模型是针对城市空间外延式增长控制和引导的现实需求而建构的，是对国家层面节约、集约土地资源的宏观目标在技术层面的积极回应。模型主要以三个利益主体的需求为建构目标，即决策者对辅助政策工具的需求、城市规划专业人员对技术工具的需求和公众群体对参与有效性的需求，具有极强的现实适应性和实用性。

2）模型的模块设计

模型设计为三个模块的组合，每个模块之间相互关联的同时又有一定的独立性，每个模块有特定的输入端和输出端，其中第一模块和第二模块的输出端分别以第二模块和第三模块的部分初始条件与其他条件作为输入端。原始输入数据有矢量数据、栅格数据和非空间数据等多种类型，如多时相的遥感图像、DEM 数据、自然保护区资料、水源保护区资料、珍稀动植物种的分布、城市总体规划等。输出端则以城市增长边界的设定为目标导向，选择城市增长刚性边界和一定时间尺度的城市增长边界为最终输出端，具有 GI 生态重要性排序信息的城市增长潜在土地供给区域作为中间输出端，对于第三模块的 GIA—CA 空间模拟具有全局约束的作用，以将城市增长控制在适宜发展的生态重要性价值排序偏后的空间区域，这一点与资源特性与土地利用方式耦合的逻辑相吻合，也是基于供给的视角将土地资源约束作为城市增长边界的有效约束条件的具体体现。

土地利用与景观格局变化分析模块：本模块主要是在一定的历史时间尺度上，审视空间尺度上的城市扩张的方向。并利用现有的 GIS 技术，通过分析由城市空间扩张所造成的具有代表性的景观格局指数变动来发现城市扩张在形态上所存在的问题及其对一定区域范围内生态环境所产生的影响，提出优化城市空间发展的措施，以实现可持续发展的必要性和紧迫性。

GIA 分析模块：立足于我国现有基础数据的可行性提出 GI 空间要素辨识的技术准则和流程；在马里兰 GIA 模型的基础上，建构适合平原水网地域特征的多层面生态价值评价与排序指标体系，并通过设定合理的 GIA 门槛分值识别城市发展潜在土地供给区域，从资源供给的角度为下一个模块提出宏观约束条件。

RS 在本书中作为相关空间数据源而存在，GIS 是进行数据输入输出、数据综合处理、空间数据可视化和建模的基本工具和平台。输入端包括模块一所得的时间尺度的问题诊断和规律总结，此外还包括重分类的遥感数据及各项资源调查和保护资料。首先，基于平原水网区域资源特性设定 GI 源斑块的辨识准则，将多源空间数据和社会经济数据与空间特性相结合，完成 GI 源斑块的辨识过程。基于源斑块的生境物种迁徙阻力的计算生成物种迁徙成本图层，进行源斑块之间的最小成本路径的计算完成 GI 廊道的辨识。其次，基于数据的可得性、可重复性和低相关性，构建空间要素水平和栅格水平的生态重要性评价体系，所有评价的空间叠合得到的综合评价与排序具有丰富的内涵和信息，对于城市增长刚性边界、资源保护、生物多样性保护等具有重要的价值。本模块以城市增长边界为目标导向选择输出城市增长刚性边界、具有 GI 综合排序信息的城市增长潜在土地供给区域两个方面的内容。

3) GIA—CA 空间模拟模块

本模块主要是将 GIA 理论与元元胞自动机（CA）理论相结合，从而模拟得到综合考虑了区域生态发展水平和城市扩张本身适宜性的未来城市扩张情景。并在此模拟情景的基础上，经过再处理，综合从城市形态角度考虑，剔除过小城市斑块来制订未来城市增长边界。该模块一方面将城市规划传统意义上的城市增量从数据层面，科学有效地落实到空间层面，另一方面也从实际操作层面上为协调城市发展和生态保护提供一种全新的政策决策支持方案。GIA—CA 模型相对于一般约束性 CA 来说，最大的区别在于不是以城市发展需求即过去城市发展速率等特征作为约束条件，而是以土地资源总量与 GI 资源保护为主要约束条件，这一点对于促进城市可持续发展具有积极作用。由 GIA 得出潜在土地供给区域，并将此作为城市空间扩张的约束条件，体现了生态优先的思想。因为城市空间扩张在 GIA—CA 模型中，不同于传统 CA 的无限制扩张，将仅限于潜在土地供给区域。作为区域生境核心的 GI 格局将免于被开发的危险。且依据 GIA 的生态环境资源排序结果，在模拟中对应于土地利用方式,即建立了资源特性与土地利用方式的关联,使两者达到最大限度的耦合。

5. 模型的实证研究

选取杭州市作为案例城市对本书建构的基于 GIA 设定城市增长边界的模型进行实证研究,杭州市的案例示范作用显著,土地资源的强烈约束与城市增长的快速需求之间的矛盾十分突出,因此以杭州市的城市增长边界研究来验证本书技术方法的可行性更具说服力,杭州的城市空间增长管理经验对于长三角区域具有针对性的研究意义,对于长三角区域乃至全国的城市可持续发展都具有深远的意义和重要的研究价值。

在土地利用及景观格局变化分析模块中,通过分析杭州市土地利用变化的基本过程及数量变化,并采用转移矩阵和景观组分保留率、景观格局指数分析等方法,对 1991~2008 年间土地利用和景观格局变化的状况进行探讨。分析结果显示,杭州市空间扩张迅猛;耕地保护不力反映了政府工作考核导向的偏差;土地利用变化频繁的背后是生境破碎化和质量下降等现实;同时,对于时间尺度选择的重要性进行了探讨,认为时间尺度是影响研究结果的重要因素。杭州市空间扩张问题及未来资源保护的重点及城市扩张应注意的问题是模块一的主要结论。

在 GIA 分析模块中,充分发挥 GIS 强大的空间数据的挖掘和处理能力,基于平原水网的区域资源特性设定 GI 源斑块的辨识准则,将杭州市 2008 年的多源空间数据和社会经济数据与空间特性相结合,基于数据的可得性、可重复性和低相关性,构建了从 GI 空间要素辨识到多层面评价指标体系的关键技术架构。其中生态重要性评价体系可在空间要素水平和栅格水平进行,空间要素水平的源斑块生态价值评价可分为生物多样性保护重要性、水源涵养与水文调蓄重要性、土壤保护重要性和营养物质保持重要性四个层次的评价;空间要素水平的廊道生态价值评价可分为廊道连通状况重要性、廊道自身生态重要性和廊道所处环境重要性等三个方面的评价;栅格水平的生态价值评价主要从栅格自身的重要性和所处环境的重要性两个方面来评价。所有评价的空间叠合得到的综合评价与排序具有丰富的内涵和信息。根据土地利用不同阶段中的不同空间过程的重要性原理及杭州市空间增长是破碎化和面积缩小的空间过程特征，从而判定杭州市增长的刚性边界；并以不同安全门槛设定一定量的 GI 资源作为城市增长的潜在土地供给区域，为下一步的空间模拟设定宏观约束条件。

在 GIA—CA 空间模拟模块中，其宏观约束条件以 GIA 结果中辨识出的城市潜在土地供给区域作为每个阶段待开发土地的总量和区域分布，并以城市总体规划中的空间增长总量为辅助，实现了"总量控制"和"空间控制"的结合；选择增长数率符合集约增长模式的 2000 年和 2008 年为原始年份，以 2020 年为目标年份，计算城市发展区位约束概率和邻域约束概率，并代入 GIA—CA 模型中进行空间模拟，最终得出 2020 年的杭州城市增长边界。将模拟结果与杭州市城市总体规划的 2020 年空间分布相对比讨论，并从 GI 资源保护的视角进行验证，讨论结果证明 GIA—CA 模型可行且合理，在我国现阶段城市空间增长管理中有很强的适用性。

7.2 研究展望

城市空间增长管理是一个多学科交叉的综合性研究领域，城市增长边界的设定技术方法体系及配套空间政策是应持续关注的核心命题之一，相对于资助本书的国家自然基金面上项目和浙江省哲学社会科学基金项目来说，本书只是基金项目的阶段性成果。研究面临许多挑战，限于时间、资料以及作者水平，本书至此不得不作阶段性介绍。然而对于城市增长边界的探讨远未结束，更有待于在今后的研究方向上努力。鉴于笔者学识疏浅，能力有限，仍感到许多未尽的工作与任务需更多地考虑与探讨。

1. 一定时间尺度的城市空间增长需求总量预测

本书对一定时间尺度的城市空间增长需求总量预测作了一定的探讨，提出将以 GIA 结果中辨识出的城市潜在土地供给区域作为每个阶段待开发土地的总量和区域分布，并以城市总体规划中的空间增长总量为辅助，实现了"总量控制"和"空间控制"的结合。这种生态约束条件设定是生态优先的规划途径的具体实践，也因土地资源的节约和碳汇资源的保护策略成为当前所倡导的低碳规划的积极探索；此外，潜在土地供给区域的选择摒弃了以生态价值或建设适宜性单目标利益的最大化的做法，体现了多目标利益合集下的最优化途径的选择。

但是，本书也发现这种预测方法总是存在客观的不足，如基于城市总体规划所提供的数据是为了与现行规划体系相衔接，利于各项城市规划的统一和城市规划管理的一致性。但从杭州市当前的规划来看，各项规划都有关于城市空间增长需求总量的预测，但经作者仔细查证发现，各项规划在基础资料的收集过程中就存在统计口径不统一、统计名称有异议的问题，如杭州市区和中心城区的认知不同；土地利用总体规划统计了杭州市域的空间增长需求总量。杭州市域总体规划市区篇的杭州市区城市空间增长需求总量预测是以总体规划为依据的，因此，对于城市空间增长预测的需求总量问题须在未来的研究中得到解决。

2. GIA 分析模块输出端的挖掘和扩展应用

GIA 体系输出端包括资源保护和土地利用所需的许多有价值的信息，可在资源保护、生物多样性保护、土地资源管理、城市生态规划、城市空间管控、规划监督体系和公众参与机制等方面扩展应用。GIA 输出端信息与当地土地利用协调结合起来，有着积极的因素，如对于城市蔓延和景观破碎化的相关度的认知增强；水质托管；濒危物种保护，尤其是对生物多样性的保护恶化，连接保护地的生境保护规划；与开放空间、公园和绿道濒临的地产升值；强调自然资源价值的社区复兴；多层面的精明增长政策和项目；致力于环境和经济可持续的绿色开发项目。因而，GIA 与土地利用、城市规划相协调有着重大意义，但目前还缺乏这方面的研究和实践，如何有效地结合，是未来值得探索的课题。

参考文献

[1] Amin T., Bryan C., Pijanowski A., Hossein T.An Urban Growth Boundary Model Using Neural Networks, GIS and Radial Parameterization [J].Landscape and Urban Planning B : Planning and Design, 2010, 1 (10) : 128-140.

[2] Anas A., Rhee H.J.Curbing Excess Sprawl with Congestion Tolls and Urban Boundaries [J]. Regional Science and Urban Economics, 2006 (36) : 510-541.

[3] Antrop M.Changing Patterns in the Urbanized Countryside of Western Europe [J].Landscape Ecology, 2000, 15 (3) : 257-270.

[4] Arendt Randall G.Conservation Design for Subdivisions : A Practical Guide to Creating Open Space Networks [M]. Washington D.C. : Island Press, 1996.

[5] Arthur C.N., Rolf P., Casey J.D., Gerrit J.K.The Link Between Growth Management and Housing Affordability : The Academic Evidence [Z].The Brooking Institution Center on Urban and Metropolitan Policy, 2002 : 591-612.

[6] Arthur C.N., Terry M.Assessing Growth Management Policy Implementation : Case Study of the United States' Leading Growth Management State [J]. Land Use Policy, 1996, 13 (4) : 241-259.

[7] Ascelin Gordon, David Simondson, Matt White, Atte Moilanenm, Sarah A.Bekessy.Integration Conservation Planning and Landuse Planning in Urban Landscapes [J]. Landscape and Urban Planning, 2009 (91) : 183-194.

[8] Bae C.H.C.Cross-Border Impacts of Growth Management Programs : Portland, Oregon, and Clark County, Washington [Z].Pacific Regional Science Conference, Portland, 2001.

[9] Batty M.Urban Evolution on the Desktop : Simulation with the Use of Extended Cellular Automation [J].Environment and Planning, 1998 (30) : 1943-1967.

[10] Batty M., Xie Y.From Cells to Cities [J].Environment and Planning, 1994 (21): 531-548.

[11] M.A.Benedict, Edward T.M.Green Infrastructure : Linking Landscapes and Communities [M].Washington, D.C. : Island Press, 2006.

[12] M.A.Benedict, McMahon M.T.Green Infrastructure : Smart Conservation for the 21st Century [J]. Environment and Planning, 2002 (11) : 12-17.

[13] Mark A.Benedict, Edward T.McMahon.Green Infrastructure : Smart Conservation for the 21st Century [M].Washington, D.C. : Sprawl Watch Clearinghouse, 2002.

[14] Benfield F.K., Terris J., Vorsanger.Solving Sprawl : Models of Smart Growth in Communities across America [J].Natural Resources Defense Council, 2001, 21 (5) : 137-138.

[15] Bengston D.N., Youn Y.C.Urban Containment Policies and the Protection of Natural Areas : The Case of Seoul's Greenbelt [J]. Ecology and Society, 2006, 11 (1) : 3-21.

[16] Black T., Hoben J.E.Urban Land Markets : Price Indexes, Supply Measure and Public Policy Effects [R].Washington, D.C. : Urban Land Institute, 1980.

[17] Cathorpe Fulton.Charter of the New Urbanism [J].Time - Saver Standard for Urban Design, 2001 (3) : 131-142.

[18] Clarke K.C.Land-use Change Modeling Using SLEUTH [Z], National Central University, Advanced Training Workshop on Land Use and Land Cover Change Study, Taiwan, 2002 : 124.

[19] Clarke K.C., Gaydos L.J.Loose-Coupling a Cellular Automation Model and GIS : Long-Term Urban Growth Prediction for San Francisco and Washington/Baltimore [J].Geographical Information Sciences, 2008, 12 (7) : 699-714.

[20] Conservation Fund.The Kent County, Delaware : Rapid Assessment of Green Infrastructure [Z].The Conservation Fund, Arlington, VA, 2006.

[21] Couch C., Karecha J.Controlling Urban Sprawl : Some Experiences from Liverpool [J]. Cities, 2006 (2) : 353-363.

[22] Dietzel C., Clarke K.C.Replication of Spatio Temporal Land-use Patterns at Three Levels of Aggregation by an Urban Cellular Automata [M] Berlin: Springer Press, 2004.

[23] Dietzel C., Clarke K.C.The Effect of Disaggregating Land-use Categories in Cellular Automata during Model Calibration and Forecasting [J]Computers, Environment and Urban Systems, 2006 (30): 78-101.

[24] Duany A.P., Zyber K.E.Lexicon of the New Urbanism [J].Time-Saver Standard for Urban Design, 1998 (5): 167-182.

[25] Hammer R.B., Stewart S.I., Winkler R.L., Radeloff V.C., Voss R.P.Characterizing Dynamic Spatial and Temporal Residential Density Patterns from 1940-1990 across the North Central United States [J]. Landscape Urban Plan, 2004 (69): 183-199.

[26] Hasse J.A.Geospatial Approach to Measuring New Development Tracts for Characteristics of Sprawl [J].Landscape Journal, 2004 (23): 52-67.

[27] Sudhira H.S., Ramachandra T.V., Jagadish K.S.Urban Sprawl: Metrics, Dynamics and Modeling Using GIS [J] .International Journal of Applied Earth Observation and Geoinformation, 2004, 5 (1): 29-39.

[28] Hoctor T.S., Allen W.L., Carr M.H., Zwick P.D., Huntley E., Smith D.J.Land Corridors in the Southeast USA: Connectivity to Protect Biodiversity and Ecosystem Services [J]. Journal of Conservation Planning, 2008 (4): 90-122.

[29] Hoctor T.S., Carr M.H., Zwick P.D.Identifying a Linked Reserve System Using a Regional Landscape Approach: The Florida Ecological Network [J]. Conservation, Biological, 2000 (144): 984-1000.

[30] Hoctor Thomas S., Margaret H.Carr, Paul D.Zwick.Identifying a Linked Reserve System Using a Regional Landscape Approach: The Florida Ecological Network [J].Conservation Biology, 2000, 14 (4): 984-1000.

[31] James D., Wickham K., Ritter H., Timothy G.W., Peter V.A National Assessment of Green Infrastructure and Change for the Conterminous United States Using Morphological Image Processing [J].Landscape and Urban Planning, 2010 (94): 186-195.

[32] Jan K.Brueckner.Urban Growth Boundaries : An Effective Second-Best Remedy for Unpriced Traffic Congestion [J]. ? Journal of Housing Economics, 2007 (16) : 263-273.

[33] Jantz C.A., Goetz S.J.Analysis of Scale Dependencies in an Urban Land Use Change Model [J]. International Journal of Geographical Information Science, 2005 (19) : 217-241.

[34] Jaunt C.A, Geog D., Goetz S.J.Using the SLEUTH Urban Growth Model to Simulate the Impacts of Future Policy Scenario on Urban Land Use in the Baltimore-Washington Metropolitan Area [J]. Environment and Planning B : Planning and Design, 2004, 31 (2) : 251-271.

[35] Jun M.J.The Effects of Portland's Urban Growth Boundary on Urban Development, Patterns and Commuting [J]. Urban Study, 2004 (41) : 1333-1348.

[36] Kannp G.J.The Price Effects of an Urban Growth Boundary : A Test for the Effects of Timing [M]. Ph.D. : University of Oregon, 1982 : 192-237.

[37] Karen S.Williamson,RLA,CPSI.Landscape Architect Heritage Conservancy[Z]. Growing with Green Infrastructure.http : //www.heritageconservancy.org.

[38] Karen W.Growing with Infrastructure [J]. Heritage Conservancy,2003,1 (8): 1-16.

[39] Kasanko M., Barredo J.I., Lavalle C.Are European Cities Becoming Dispersed ? A Comparative Analysis of 15 European Urban Areas [J]. Landscape Urban Plan, 2006, 77 (1/2) : 111-130.

[40] Kent M.Biogeography and Landscape Ecology [J]. Progress in Physical Geography, 2007, 31 (3) : 345-355.

[41] Knpen J.P., Scheffer M.H.Estimating Habitat Isolation in Landscape Planning [J].Landscape and Urban Planning, 1992 (23) : 1-16

[42] Koomen E., Dekkers J., Van Dijk T.Open-Space Preservation in the Netherlands : Planning, Practice and Prospects [J].Land Use Policy, 2007 (10) : 128-140.

[43] Lambin E.F., Turner B.L., Geist H.J., et al.The Causes of Land Use and Land Cover Change: Moving Beyond the Myths [J]. Global Environmental Change, 2001, 11 (4): 261-269.

[44] Leigh A., McDonald K., William L.Allen.Green Infrastructure Plan Evaluation Frameworks [J]. Journal of Conservation Planning, 2005, 4 (5): 167-182.

[45] Lewis Jr., P.H.Quality Corridors for Wisconsin [J]. Landscape Architecture, 1964 (54): 100-107.

[46] Lien Poelmans, Anton Van Rompaey.Detecting and Modeling Spatial Patterns of Urban Sprawl in Highly Fragmented Areas: A Case Study in the Flanders-Brussels Region [J]. Landscape and Urban Planning, 2009 (93): 10-19.

[47] E.T.MaMahon, S.S.Mastron, B.Phillips Jr.Better Models for Development in Delaware [Z]. The Conservation Fund, Arlington, VA.

[48] Maria-Pia G., Anna M.H., Matthias B.Containing Urban Sprawl—Evaluating Effectiveness of Urban Growth Boundaries Set by the Swiss Land Use Plan [J]. Land Use Policy, 2009 (26): 224-232.

[49] Maryland Department of Natural Resources.Maryland's Greenprint Program: Summary of Methods to Identify and Evaluate Maryland's Green Infrastructure [M]. Annapolis: State of Maryland, 2001.

[50] McDonald Leigh A., William L.Allen, Mark A.Benedict, Keith O'Conner. Green Infrastructure Plan Evaluation Frameworks [J]. Journal of Conservation Planning, 2005, 1: 6-25.

[51] Nelson A.C.Demand, Segmentation, and Timing Effects of an Urban Containment Program of Urban Fringe Land Values [J]. Urban Studies, 1985, 22 (3): 439-443.

[52] Nelson A.C., Moore T.Assessing Urban Growth Management.The Case of Portland, Oregon, the USA's Largest Urban Growth Boundary [J]. Land Use Policy, 1993, 10 (4): 293-302.

[53] Nnyaladzi Batisani, Brent Yarnal.Uncertainty Awareness in Urban Sprawl Simulations: Lessons from a Small US Metropolitan Region [J]. Land Use

Policy, 2009, 26 : 178-185.

[54] Randolph J.Environmental Land Use Planning and Management [M].New York : Island Press, 2004 : 95-105.

[55] Saizen I., Mizuno K., Kobayshi S.Effects of Land-Use Master Plans in the Metropolitan Fringe of Japan [J]. Landscape Urban Plan, 2006, 78 : 411-421.

[56] Seong-Hoon Cho, Neelam Poudyal, Dayton M.Lambert.Estimating Spatially Varying Effects of Urban Growth Boundaries on Land Development and Land Value [J]. Land Use Policy, 2008, 25 : 320-329.

[57] Staley S.R., Edgens J.D., Mildenr G.C.A Line in the Land : Urban-Growth Boundaries, Smart Growth, and Housing Affordability [J]. Policy Study, 1999, 263 : 225-241.

[58] Tang B., Wong S., Lee A.Green Belt in a Compact City : A Zone for Conservation or Transition[J].? Landscape and Urban Planning,2007,79(3) : 358-373.

[59] Tang H.Y.Science of City [M]. Harbin Institute of Technology Press, 2004 : 211-239.

[60] Tang Z., Engel B.A., Pijanowski B.C.Forecasting Land Use Change and Its Environmental Impact at a Watershed Scale [J]. Journal of Environmental Management, 2005, 76 (1) : 35-45.

[61] Theodore C.Weber.Development and Application of a Statewide Conservation Network in Delaware, USA [J]. Journal of Conservation Planning, 2007, 3 : 17-46.

[62] Theodore C.W.Development and Application of a Statewide Conservation Network in Delaware [J]. Journal of Conservation Planning, 2007, 3 : 17-46.

[63] Tobler W.R.A Computer Movie Simulating Population Growth in the Detroit Region [J].Economic Geography, 1970, 42 : 234-240.

[64] Turner B.L., Meyer W.B.Global Land Use and Land Cover Change : An Overview [A].

[65] Meyer W.B., Turner B.L.Changes in Land Use and Land Cover: A Global Perspective [M]. New York: Cambridge University Press, 1994: 11-111.

[66] University of Florida.Florida Statewide Greenways Planning Project [Z].http://www.geoplan.ufl.edu/projects/greenways/greenwayindex.html.

[67] Ward D.P., Murray A.T., Phinn S.R.A Stochastically Constrained Cellular Model of Urban Growth [J]. Computers, Environment and Urban Systems, 2000, 24 (6): 539-558.

[68] Wassmer R.W.The Influence of Local Urban Containment Policies and Statewide Growth Management on the Size of United States Urban Areas [J]. Science Citation Index, 2006, 46 (1): 25-65.

[69] Weber C., Puissant A.Urbanization Pressure and Modeling of Urban Growth: Example of the Tunis Metropolitan Area [J]. Remote Sens.Environment, 2003 (8): 342-352.

[70] Weber T.Landscape Ecological Assessment of the Chesapeake Bay Watershed [J]. Environment Assess, 2004, 94: 39-53.

[71] Weber T., J.Wolf, A.Sloan.Maryland's Green Infrastructure Assessment: Development of a Comprehensive Approach to Land Conservation [J]. Landscape and Urban Planning, 2006b, 77: 94-110.

[72] Weber T.Risk of Forest Loss in Maryland's Green Infrastructure, Based on 1997-2000 Patterns of Development [R].Maryland Dept.Nat.Res., Annapolis, MD, 2004b.

[73] Weber T.Maryland's Green Infrastructure Assessment: A Comprehensive Strategy for Land Conservation and Restoration [R]. Maryland Dept.Nat.Res., Annapolis, MD, 2003.

[74] Weitz J., Moore T.Development Inside Urban Growth Boundaries.Oregon's Empirical Evidence of Contiguous Urban Form [J]. Landscape Urban Plan, 1998, 64 (4): 425-440.

[75] White R.W, Engelen G.Cellular Automaton as the Basis of Integrated Dynamic Regional Modeling [J]. Environment and Planning, 1997, 24:

235-246.

[76] Whitelae W.E.Measuring the Effects of Policies on the Price of Urban Land Research Report [M].Washington DC：Urban Land Institute，1980.

[77] William F.，Rolf P.，Mai N.，Alicia H.Who Sprawls Most？How Growth Patterns Differ Across the U.S [M].The Brookings Institution，Survey Series，2001.

[78] Wu F.A Prototype to Simulate Land Conversion Through the Integrated GIS and CA with AHP-Derived Transition Rules [J].International Journal of Geographical Information Science，1998，12（1）：63-82.

[79] Wu J.，Marceat D.Modeling Complex Ecological Systems：An Introduction [J].Ecological Modeling，2002，153：1-6.

[80] 摆万奇，赵士洞.土地利用变化驱动力系统分析[J].资源科学，2001，23（3）：39-41.

[81] 鲍海君，冯科，吴次芳等.从精明增长的视角看浙江省城镇空间扩展的理性选择[J].中国人口、资源与环境，2009，19（1）：53-58.

[82] 常青，李双成，李洪远等.城市绿色空间研究进展与展望[J].应用生态学报，2007，18（7）：1640-1646.

[83] 常青,王仰麟,李双成.中小城镇绿色空间评价与格局优化——以山东省即墨市为例[J].生态学报，2007，27（9）：3701-3710.

[84] 常青，王仰麟，吴健生.城市土地集约利用程度的人工神经网络判定——以深圳市为例 [J].中国土地科学，2007，21（4）：26-31.

[85] 陈锦富，任丽娟，徐小磊，李新延.城市空间增长管理研究述评[J].城市规划，2009，10：19-24.

[86] 陈睿，吕斌.城市空间增长模型研究的趋势、类型与方法[J].经济地理，2007，27（2）：240-244.

[87] 陈文波,肖笃宁,李秀珍.景观空间分析的特征和主要内容[J].生态学报,2002,22(7)：1135-1142.

[88] 楚建群，董黎明.城市的发展与控制[J].城市规划，2009，(6)：14-17.

[89] 丁成日.城市"摊大饼"式空间扩张的经济学动力机制[J].城市规划，2005（4）：56-60.

[90] 丁平,陈水华,鲍毅新,王玉军.杭州市陆生野生动物资源[J].中国城市林业,2008(4):62-71.

[91] 段德罡,芦守义,田涛.城市空间增长边界(UGB)体系构建初探[J].规划师,2009(8):11-25.

[92] 段德罡,王峰.中国城市空间增长边界设定的动因分析[J].江苏城市规划,2009(2):14-23.

[93] 段进.城市空间发展论[M].南京:江苏科学技术出版社,2006.

[94] 冯科,吴次芳,刘勇.浙江省城市土地集约利用的空间差异研究——以PSR与主成分分析的视角[J].中国软科学,2007,(2):102-108.

[95] 冯科,吴次芳,韦仕川等.城市增长边界的理论探讨与应用[J].经济地理,2008,28(3):425-429.

[96] 冯科,吴次芳,韦仕川等.管理城市空间扩展:UGB及其对中国的启示[J].中国土地科学,2008,22(5):77-80.

[97] 顾朝林.北京土地利用覆盖变化机制研究[J].自然资源学报,1999,14(4):307-312.

[98] 韩昊英,冯科,吴次芳.容纳式城市发展政策:国际视野和经验[J].浙江大学学报(人文社会科学版),2009(2):162-171.

[99] 韩昊英.日本1968年《城市规划法》划线制度的实施成效及政策启示[J].北京规划建设,2008(2):81-85.

[100] 何春阳.北京地区城市化过程与机制研究[J].地理学报,2002,57(3):363-371.

[101] 洪世键,张京祥.土地使用制度改革背景下的中国城市空间扩展:一个理论分析框架[J].城市规划学刊,2009(3):89-95.

[102] 侯幼彬.中国建筑美学[M].哈尔滨:黑龙江科学技术出版社,1997.

[103] 胡细银,廖永生.城市规划区内非建设用地的控制对策研究——以铁岗—石岩水库水源保护区规划为例[J].城市规划,1998(3):30-31.

[104] 黄慧明.美国"精明增长"的策略、案例及在中国的应用思考[J].现代城市研究,2007(5):19-28.

[105] 黄明华,高峰,郑晓伟.构建合理的城市建设用地调控理念——对我国当前耕地与

城市建设用地关系问题的思考 [J]. 城市规划学刊, 2008 (1): 96-101.

[106] 黄明华, 田晓晴. 关于新版《城市规划编制办法》中城市增长边界的思考 [J]. 规划师, 2008 (6): 13-15.

[107] 黄明华, 袁子轶, 岳晓琴. 村庄建设用地: 城市规划与耕地保护难以承受之重——对我国当前村庄建设用地现状的思考 [J]. 城市发展研究, 2008, 15 (5): 82-88.

[108] 黄木易, 吴次芳, 岳文泽. 城市用地综合效益评价及其时空变异分析——以浙江省为例 [J]. 中国土地科学, 2008, 22 (6): 17-23.

[109] 姜允芳, 石铁矛, 苏娟. 美国绿道网络的实施策略与控制管理 [J]. 规划师, 2010, 26 (9): 88-92.

[110] 蒋芳, 刘盛和, 袁弘. 城市增长管理的政策工具及其效果评价 [J]. 城市规划汇刊, 2007 (1): 33-38.

[111] 孔祥丽, 王克林, 陈洪松等. 广西河池地区土地利用变化与社会经济发展水平关系的典范对应分析 [J]. 自然资源学报, 2007, 22 (1): 131-140.

[112] 黎夏, 刘小平, 李少英. 智能式 GIS 与空间优化 [M]. 北京: 科学出版社, 2010.

[113] 黎夏, 叶嘉安, 刘小平, 杨青生. 地理模拟系统: 元胞自动机与多智能体 [M]. 北京: 科学出版社, 2006.

[114] 黎夏, 叶嘉安. 约束性单元自动化演化 CA 模型与可持续城市发展形态的模拟 [J]. 地理学报, 1999, 54 (4): 289-298.

[115] 黎夏, 叶嘉安. 知识发现及地理元胞自动机 [J]. 中国科学 (D 辑)·地球科学, 2004, 34 (9): 865-872.

[116] 黎晓亚, 马克明, 傅伯杰等. 区域生态安全格局: 设计原则与方法 [J]. 生态学报, 2004, 24 (5): 1055-1062.

[117] 李博. 城市禁限建区内涵与研究进展 [J]. 城市规划学刊, 2008 (4): 75-80.

[118] 李锋, 王如松, Juergen Paulussen. 北京市绿色空间生态概念规划研究 [J]. 城市规划汇刊, 2004 (4): 61-64.

[119] 李锋, 王如松. 城市绿色空间生态服务功能研究进展 [J]. 应用生态学报, 2004, 15(3): 527-531.

[120] 李广斌, 王勇, 黄明华. 基于地方政府博弈的区域合作困境分析 [J]. 华东经济管理, 2009, 23 (12): 116-119.

[121] 李琳. 多视角下的城市空间扩展与国内研究阶段性进展 [J]. 现代城市研究, 2008 (3): 47-55.

[122] 李王鸣, 李玮. 城市建设用地增长特征分析——以浙江省为例 [J]. 城乡建设, 2004 (11): 62-63.

[123] 李王鸣, 刘吉平, 王纪武. 城镇生态廊道规划研究——以浙江湖州市埭溪镇为例 [J]. 城市发展研究, 2010, 17 (3): 75-79.

[124] 李王鸣, 潘蓉. 精明增长对浙江省城镇空间发展的启示 [J]. 经济地理, 2006, 26 (2): 230-232, 240.

[125] 李王鸣, 王建正, 葛丹东. 都市边缘区生态承载力变化及原因探讨——以杭州都市边缘区为例 [J]. 浙江大学学报 (工学版), 2008, 42 (1): 39-43.

[126] 李文斌. 城市增长控制: 实证研究与理论模型 [J]. 城市发展研究, 2007, 14 (2): 62-65.

[127] 李咏华, 王竹. 绿色轨迹——北美都市区开放空间保护评述与启示 [J]. 经济地理, 2010 (12): 2073-2079.

[128] 李咏华, 王竹. 马里兰绿图计划评述及其启示 [J]. 建筑学报学术论文专刊, 2010 (4): 26-32.

[129] 梁伟, 冀永进, 李海梅. 灾害事件对我国城乡规划的启示 [J]. 城市规划, 2011 (2): 26-31.

[130] 林肯土地政策研究所著, 国土资源部信心中心译. 土地规划管理——美国俄勒冈州土地利用规划的经验教训 [M]. 北京: 中国大地出版社, 2003.

[131] 刘海龙, 李迪华, 韩西丽. 生态基础设施概念及其研究进展综述 [J]. 城市规划, 2005 (9): 70-75.

[132] 刘海龙. 从无序蔓延到精明增长——美国"城市增长边界"概念评述 [J]. 城市问题, 2005 (3): 67-72.

[133] 刘宏燕, 张培刚. 增长管理在我国城市规划中的应用研究 [J]. 国际城市规划, 2007, 22 (6): 108-113.

[134] 刘纪远. 中国资源环境遥感宏观调查与动态研究 [M]. 北京: 中国科学技术出版社, 1996.

[135] 龙瀛, 韩昊英, 毛其智. 利用约束性CA制定城市增长边界 [J]. 地理学报, 2009,

64 (8): 999-1008.

[136] 龙瀛，何永，刘欣等. 北京市限建区规划：制订城市扩展的边界[J]. 城市规划，2006, 30 (12): 20-26.

[137] 龙瀛,毛其智,沈振江等. 综合约束CA城市模型:规划控制约束及城市增长模拟[J]. 城市规划学刊，2008 (6): 83-91.

[138] 吕斌,张忠国. 美国城市成长管理政策研究及其借鉴[J]. 国外规划研究,2005,29(3): 44-48.

[139] 罗震东,张京祥. 中国当前非城市建设用地规划研究的进展与思考[J]. 城市规划学刊，2007 (1): 39-43.

[140] 马强,徐循初. "精明增长"策略与我国的城市空间扩展[J]. 城市规划汇刊,2004 (3): 16-22.

[141] 宁越敏. 新城市化进程——90年代中国城市化动力机制和特点探讨[J]. 地理学报，1998 (5): 470-477.

[142] 彭建,王仰麟,吴健生等. 区域生态系统健康评价——研究方法与进展[J]. 生态学报，2007, 27 (11): 4877-4885.

[143] 彭建，王仰麟，张源等，土地利用分类对景观格局指数的影响[J]. 地理学报，2006, 61 (2): 157-168.

[144] 皮埃尔·雅克. 看地球2010：城市改变发展轨迹[M]. 北京：社会科学文献出版社，2010.

[145] 申卫军，邹建国，林永标等. 空间粒度变化对景观格局分析的影响[J]. 生态学报，2003, 23 (12): 2506-2519.

[146] 申卫军，邹建国，任海等. 空间幅度变化对景观格局分析的影响[J]. 生态学报，2003, 23 (11): 2219-2231.

[147] 沈清基.《加拿大城市绿色基础设施导则》评价及讨论[J]. 城市规划学刊,2005 (5): 98-103.

[148] 沈清基. 新城市主义的生态思想及其分析[J]. 城市规划，2001 (11): 33-38.

[149] 史培军,陈晋,潘耀忠. 深圳市土地利用变化机制分析[J]. 地理学报,2000, 5 (2): 151-160.

[150] 苏建忠,魏清泉,郭恒亮. 广州市的蔓延机理与调控[J]. 地理学报,2005,60 (4):

626-636.

[151] 汪洋, 赵万民, 段炼. 生态基础设施导向的区域空间规划战略——广州市萝岗区实证研究 [J]. 中国园林, 2009, 25 (4): 59-63.

[152] 汪洋, 赵万民, 杨华. 基于多源空间数据挖掘的区域生态基础设施识别模式研究 [J]. 中国人口、资源与环境, 2007 (6): 72-76.

[153] 王成, 赵万民, 谭少华. 基于生态服务价值评价的局地土地利用格局厘定 [J]. 农业工程学报, 2009, 25 (4): 222-229.

[154] 王纪武, 李王鸣. 基于生态安全的城市生态功能区规划研究——以杭州西北部生态带为例 [J]. 城市规划, 2009, (3): 25-31.

[155] 王琳. 小议管理城市非建设用地的重要性 [J]. 规划师, 2005 (4): 60-61.

[156] 王如松. 绿韵红脉的交响曲:城市共轭生态规划方法探讨[J]. 城市规划学刊,2008(1): 8-17.

[157] 王伟民. 设定城市发展边界 实现理性实际的发展 [J]. 中国房地产报, 2003.

[158] 王瑶,宫辉力,李小娟. 基于最小累计阻力模型的景观通达性分析 [J]. 地理空间信息, 2007, 5 (4): 45-47.

[159] 韦亚平, 王纪武. 城市外拓和地方城镇蔓延——中国大城市空间增长中的土地管制问题及其制度分析 [J]. 中国土地科学, 2008, 22 (4): 19-24.

[160] 韦亚平. 着力构建以"控规"为核心的地方空间增长管理体系[J]. 城市规划,2011(2): 13-19.

[161] 邬建国. 景观生态学中的十大研究论题 [J]. 生态学报, 2004, 24 (9): 2074-2076.

[162] 邬建国. 景观生态学——格局、过程、尺度与等级 [M]. 北京: 高等教育出版社, 2009.

[163] 吴次芳,丁成日,张蔚文. 中国城市理性增长与土地政策[M]. 北京:科学技术出版社, 2006.

[164] 吴次芳, 韩昊英, 赖世刚等. 城市空间增长管理: 工具与策略 [J]. 规划师, 2009, 25 (8): 15-19.

[165] 吴次芳, 陆张维, 杨志荣等. 中国城市化与建设用地增长动态关系的计量研究 [J]. 中国土地科学, 2009, 23 (2): 18-23.

[166] 吴良镛. 面对城市规划"第三个春天"的冷静思考 [J]. 城市规划, 2002, 26 (2): 9-14.

[167] 吴琼, 王如松, 李宏卿等. 土地利用/景观生态学研究中的马尔可夫链统计性质分析 [J]. 应用生态学报, 2006, 17 (3): 434-437.

[168] 吴一洲, 吴次芳, 罗文斌等. 浙江省城市土地利用绩效的空间格局及其机理研究 [J]. 中国土地科学, 2009, 23 (10): 41-46.

[169] 郗凤明, 胡远满, 贺红士, 石铁矛, 布仁仓, 吴晓青, 朱京海. 基于 SLEUTH 模型的沈阳—抚顺都市区城市规划 [J]. 中国科学院研究生院学报, 2009 (6): 765-773.

[170] 肖笃宁, 解伏菊, 魏建兵. 区域生态建设与景观生态学的使命 [J]. 应用生态学报, 2004, 15 (10): 1731-1736.

[171] 肖笃宁, 李秀珍, 高峻, 常禹, 李团胜. 景观生态学 [M]. 北京: 科学出版社, 2003.

[172] 徐颖, 吕斌. 基于 GIS 与 ANN 的土地转化模型在城市空间扩展研究中的应用——以北京市为例 [J]. 北京大学学报 (自然科学版), 2008 (3): 262-270.

[173] 许慧, 王家骥. 景观生态学的理论与应用 [M]. 北京: 中国环境科学出版社, 1993: 20-21.

[174] 杨保军. 城市规划 30 年回顾与展望 [J]. 城市规划学刊, 2010 (1): 14-23.

[175] 杨东峰, 熊国平. 我国大城市空间增长机制的实证研究及政策建议——经济发展·人口增长·道路交通·土地资源 [J]. 城市规划学刊, 2008 (1): 51-56.

[176] 杨惠岚. 多源卫星遥感影像在城市规划中的应用 [J]. 科技情报开发与经济, 2006, 16 (19): 145-149.

[177] 杨建军, 陈锋义. 杭州主城区城市空间发展趋势研究 [J]. 城市规划, 2008 (9): 69-74.

[178] 杨建军, 周文, 钱颖. 城市增长边界的性质及划定方法探讨——杭州市生态带保护与控制规划实践 [J]. 华中建筑, 2010, 28 (1): 122-125.

[179] 杨志荣, 吴次芳, 刘勇等. 快速城市化地区生态系统对土地利用变化的响应——以浙江省为例 [J]. 浙江大学学报 (农业与生命科学版), 2008, 34 (3): 341-346.

[180] 叶玉瑶, 张虹鸥, 周春山, 许学强. "生态导向"的城市空间结构研究综述 [J]. 城市规划, 2008 (5): 70-82.

[181] 俞孔坚, 韩西丽, 朱强. 解决城市生态环境问题的生态基础设施途径 [J]. 自然资源学报,

2007（9）：808-821.

[182] 俞孔坚，李迪华，刘海龙."反规划"途径[M].北京：中国建筑工业出版社，2006.

[183] 俞孔坚，李迪华.城乡生态基础设施建设[Z]//中华人民共和国建设部.建设事业技术政策纲要，2004：115-124.

[184] 俞孔坚，张蕾.基于生态基础设施的禁建区及绿地系统[J].城市规划，2007（12）：89-92.

[185] 岳文泽，徐建华，徐丽华.基于遥感影像的城市土地利用生态环境效应研究[J].生态学报，2006，26（5）：1450-1460.

[186] 曾辉，孔宁宁，李书娟等.基于边界特征的山地森林景观破碎化研究[J].生态学报，2002，22（11）：1803-1810.

[187] 翟宝辉，王如松，李博.基于非建设用地的城市用地规模及布局[J].城市规划学刊，2008（4）：70-74.

[188] 张换兆，郝寿义.城市空间扩张与土地集约利用[J].经济地理，2008（3）：419-424.

[189] 张进.美国的城市增长管理[J].国外城市规划，2002（2）：37-40.

[190] 张京祥，程大林.发展中国家城市发展与规划的几个主要问题[J].国外城市规划，2003（2）：1-4.

[191] 张秋明.绿色基础设施[J].国土资源情报，2004（7）：35-38.

[192] 张庭伟.1950—2050年美国城市变化的因素分析及借鉴(上)[J].城市规划，2010(8)：39-47.

[193] 张庭伟.1990年代中国城市空间结构的变化及其动力机制[J].城市规划，2001(7)：7-14.

[194] 张庭伟.控制城市用地蔓延：一个全球的问题[J].城市规划，1999（8）：44-63.

[195] 张晓青.西方城市蔓延和理性增长研究综述[J].城市发展研究，2006，13（2）：34-38.

[196] 张岩，李京，陈云浩.利用SLEUTH模型进行北京城市扩展模拟研究[J].遥感信息，2007（2）：50-54.

[197] 张振龙，于淼.国外城市限制政策的模式及其对城市发展的影响[J].现代城市研究，

2010 (1)：61-68.

[198] 周一星等．土地失控谁之过［J］．城市规划，2006 (11)：65-72.

[199] 诸大建，刘冬华．管理城市增长：精明增长理论及对中国的启示[J]．同济大学学报（社会科学版），2006，17 (4)：22-27.

学位论文

[200] 高芙蓉．城市非建设用地规划的景观生态学方法初探——以成都市城市非建设用地为例［D］．重庆大学硕士学位论文，2006.

[201] 谷荣．政府主导型城市化及其公共政策研究——以江苏省为例［D］．南京大学博士学位论文，2005.

[202] 孙强．北京城市扩展和耕地流失空间模拟与优化决策［D］．北京大学博士学位论文，2008.

[203] 王茜．近30年中国城市扩展特征及驱动因素研究［D］．中国科学院遥感应用研究所博士学位论文，2007.

[204] 徐勤政．城市增长边界（UGB）设定与管理研究——以北京为例［D］．北京大学博士学位论文，2010.

[205] 赵军．平原河网地区景观格局变化与多尺度环境响应研究——以上海地区为例［D］．华东师范大学博士学位论文，2008.

[206] 谭永忠．县级尺度土地利用变化驱动机制及空间格局变化模拟研究［D］．浙江大学博士学位论文，2004.

[207] Alexis Schulman.Bridging the Divide：Incorporating Local Ecological Knowledge into U.S.Natural Resource Management [D].Princeton：Princeton University，Master Thesis，2007.

[208] Malgorzata Anna Talska.Stakeholders Perceptions of Green Infrastructure—Case Study Based on Green Infrastructure Initiative in Bedfordshire [D].Cranfield：Cranfield University，MSC Thesis，2007.

[209] Dana Coelho.Building a Green Infrastructure Plan for WIrcester County, Maryland—A Three Part Suitability Analysis [D].The University of Maryland，MSC Thesis，2007.

其他资料

[210]《生态功能保护区规划编制大纲》(2002年)。

[211]《杭州市城市总体规划(2001—2020)》(文本、图集及说明书),杭州市人民政府。

[212]《杭州市土地利用总体规划(2006—2020)》(文本、图集及说明书),杭州市人民政府。

[213]《中华人民共和国国民经济和社会发展第十二个五年规划纲要》,2011年3月。

附　录

图表目录

图 1-1　技术路线

图 2-1　1976 年塞勒姆地区的城市增长边界

图 2-2　关于城市空间增长各研究方向的论文数统计

图 2-3　关于城市空间增长各年份论文数统计

图 3-1　可持续发展金字塔构成

图 3-2　GI 空间单元构成

图 3-3　GI 的系统功能

图 3-4　马里兰州地形分区示意

图 3-5　马里兰州 GI 网络组成

图 3-6　马里兰州 GIA 模型（左）与绿道模型（右）输出结果比较

图 3-7　马里兰 2020 年 GI 网络保护模拟图（预计丧失 10% 的源斑块和廊道）

图 3-8　马里兰 GIA 模型多层面的评价及排序（以马里兰州南部的 Charles 地区为例）

图 4-1　城市增长边界设定与 GIA 体系的"平行框架"

图 4-2　城市共轭生态规划

图 4-3　GI 与城市建设用地的空间共轭分析

图 4-4　GI 与城市建成区的共轭概念分析

图 4-5　GI 与城市建成区的空间对应关系

图 4-6　城市增长边界设定与 GIA 体系的"交叉框架"

图 4-7　我国大城市空间增长机制的概念模型：需求动力与供给约束

图 4-8　城市增长边界设定与 GIA 体系的"交叉框架"研究线索的融合

图 5-1　基于 GIA 设定城市增长边界的模型结构设计

图 5-2　土地利用与景观格局变化分析的技术流程设计

图 5-3　GIA 分析模块的技术流程设计

图 5-4　GI 源斑块辨识技术流程

图 5-5　GI 廊道辨识技术流程

图 5-6　GIA—CA 空间模拟模块的技术流程设计

图 5-7　一般约束性 CA 与 GIA—CA 技术流程对比

图 6-1　杭州市区位及行政界限示意

图 6-2　实证研究的时间尺度和空间尺度

图 6-3　杭州市区土地利用与覆盖类型遥感分类图（1991～2008）

图 6-4　近 20 年来杭州市不同土地利用类型面积变化

图 6-5　近 20 年来杭州市不同土地利用类型面积变化趋势柱状图

图 6-6　1991～2008 年间杭州市城市建设用地面积变化柱状图（hm^2）

图 6-7　1991～2008 年间杭州市城市建设用地转入分析（hm^2）

图 6-8　1991～2008 年间杭州市城市建设用地转入总量分析（hm^2）

图 6-9　1991～2008 年间杭州市耕地面积变化柱状图（hm^2）

图 6-10　1991～2008 年间杭州市耕地转出分析（hm^2）

图 6-11　1991～2008 年间杭州市湿地面积变化柱状图（hm^2）

图 6-12　1991～2008 年间杭州市湿地转出分析（hm^2）

图 6-13　1991～2008 年间杭州市林地面积变化柱状图（hm^2）

图 6-14　1991～2008 年间杭州市林地转出分析（hm^2）

图 6-15　1991～2008 年间杭州市园地面积变化柱状图（hm^2）

图 6-16　1991～2008 年间杭州市园地转出分析（hm^2）

图 6-17　1991～2008 年间杭州市水域面积变化柱状图（hm^2）

图 6-18　1991～2008 年间杭州市水域转出分析（hm^2）

图 6-19　1991～2008 年间杭州市裸地面积变化柱状图（hm^2）

图 6-20　1991～2008 年间杭州市裸地转出分析（hm^2）

图 6-21　1991～2008 年间杭州市各类景观组分保留率变化柱状图

图 6-22　1991～2008 年间杭州市各类型斑块数指数的变化

图 6-23　1991～2008 年间杭州市各类型斑块边界密度指数变化

图 6-24　1991～2008 年间杭州市各类型斑块的优势度指数变化

图 6-25　1991～2008 年间杭州市各类型斑块平均斑块面积指数变化

图 6-26　1991～2008 年间杭州市各类型斑块散布与并列指数变化

图 6-27　1991～2008 年间杭州市各类型斑块散布与并列指数变化

图 6-28　杭州市 GI 空间要素水平源斑块生态价值分指标评价及排序

图 6-29　杭州市 GI 空间要素水平廊道生态价值分指标评价

图 6-30　杭州市 GI 栅格水平生态价值评价及排序

图 6-31　杭州市 GI 空间要素水平及栅格水平生态价值评价及排序结果

图 6-32　杭州市 2008 年 GI 资源综合评价及排序结果

图 6-33　土地转化不同阶段中的五种空间过程的重要性

图 6-34　杭州城市增长刚性边界

图 6-35　杭州市 GIA—CA 空间模拟的各距离参数区位约束概率计算

图 6-36　杭州市 2020 年的空间增长模拟结果（安全门槛值为 0.28）

图 6-37　杭州市 2020 年的城市增长边界

图 6-38　杭州市 GIA—CA 的模拟结果与总体规划的对比（杭州市区范围）

图 6-39　杭州市 GIA—CA 模拟结果与总体规划的对比（一主三副六组团范围）

图 6-40　GI 资源保护视角下对总体规划与模型模拟方案的比较分析（一主三副六组团）

表 2-1　1982~1997 年美国人口增长与城市化区域的增长

表 2-2　E.Fonder 归纳的部分工具

表 2-3　美国城市增长边界发展的重要历程

表 2-4　SLEUTH 模型模拟的增长类型描述

表 3-1　GI 概念发展历程

表 3-2　GIA 的实践流程（以马里兰州 GIA 为例）

表 3-3　地形分区内 GI 网络源斑块生态重要性评价、排序参数及权重

表 3-4　GI 网络廊道生态重要性评价、排序的参数及权重

表 3-5　GI 网络栅格单元生态重要性评价、排序参数及权重

表 3-6　GI 网络源斑块开发风险评价、排序参数及权重

表 3-7　GI 网络栅格单元开发风险评价、排序参数及权重

表 3-8　GI 网络开发约束及其相对强度（得分区间 0~1）

表 3-9　GI 网络生态效益的评价参数的相对权重（恢复目标决定生态缺口的得分）

表 3-10　GI 网络复垦评价参数及相对权重

表 5-1　国际上的土地利用分类体系比较

表 5-2　中国土地利用分类体系比较

表 5-3　土地转移矩阵例表说明

表 5-4　GIA 要素层面源斑块生态价值评价体系

表 5-5　GIA 要素层面廊道生态价值评价体系

表 5-6　GIA 栅格层面栅格生态价值评价体系

表 6-1　杭州市用地汇总表

表 6-2　杭州市土地利用与覆盖监督分类类型及其含义

表 6-3　杭州市土地利用变化转移矩阵（1991～1994 年）（hm^2）

表 6-4　杭州市土地利用变化转移矩阵（1994～2000 年）（hm^2）

表 6-5　杭州市土地利用变化转移矩阵（2000～2004 年）（hm^2）

表 6-6　杭州市土地利用变化转移矩阵（2004～2008 年）（hm^2）

表 6-7　杭州市土地利用变化转移矩阵（1991～2008 年）（hm^2）

表 6-8　1991～2008 年间杭州市景观组分保留率变化（%）

表 6-9　本文选取的景观格局指标体系

表 6-10　1991～2008 年间杭州市各类型斑块数指数

表 6-11　1991～2008 年间杭州市各类型斑块边界密度指数

表 6-12　1991～2008 年间杭州市各类型斑块的优势度指数

表 6-13　1991～2008 年间杭州市各类型斑块平均斑块面积指数

表 6-14　1991～2008 年间杭州市各类型斑块散布与并列指数

表 6-15　1991～2008 年间杭州市景观水平上的景观格局指数

表 6-16　杭州市 GI 资源源斑块类型及其特征
表 6-17　杭州市地形坡度及海拔高度因子影响物种迁徙阻力值划分
表 6-18　杭州市土地利用与覆被类型的物种迁徙阻力值划分
表 6-19　杭州市 GI 网络空间要素水平源斑块生态价值评价指标体系
表 6-20　杭州市 GI 网络空间要素水平廊道生态重要性评价指标体系
表 6-21　杭州市 GI 网络栅格水平生态重要性评价体系

后　记

　　人生总是在不断选择。选择是件让人既兴奋又倍感困扰甚至痛苦、崩溃的事情。兴奋是因为你终于有机会作一个决定来抉择或者决断或者改变；而困扰、痛苦则来自于对每个选择的未知、忐忑或者期待；而那个先救落水的妻子还是母亲的选择足以让每一个男人崩溃。可是，谁又能避开选择呢？

　　本书是由本人的博士论文修改完善而成。博士论文的最初选题是一次艰难的选择，相信经历过此阶段的每个人都深有体会。我曾经徘徊在这个人生路口，百转千回，奋力突围，终不能成。适逢 2008 年我被外派至德国基尔大学景观生态研究中心做访问学者，一切都在基尔的菩提花香中默默沉淀。生态网络保护与生态保护地系统的构建，GI 网络的构建与保护，欧洲的城乡边缘带发展，欧洲的城市发展特征与城市形态等；热烈的课堂讨论和研讨，研究团队每日的午餐讨论，研究项目的现场调研等，我带着粗消化的这些东西回到了国内。

　　有了这段景观生态学的研究经历，在面对国内讨论热烈的城市蔓延的话题时，我有意识地将两者联系起来考虑，生态网络和 GIA 的研究是以生境和生物多样性保护为主线，城市扩张是以社会经济发展为主线，二者如果平行甚至相背，于社会又有何意义呢？我尝试着寻找二者的交集，景观生态学中的边缘效应表明几种物质的边缘地带是最复杂、最活跃也是最易转化的，那么处于二者研究边缘的地带应该是生态价值中等、尚未转化为城市建设用地的区域，这些土地应该可以作为城市发展的土地银行，即城市发展的潜在供给区域，这个交集将 GIA 研究和城市空间管理的平行模式转变为交叉模式。这个研究思路得到导师的启发和肯定，适逢每年一度的国家自然科学基金的申请期，从未参与的我带着一股热情和无知无畏，以城市增长边界为切入点提交了关于这个研究框架的申请书。非常幸运的是，项目得到了国家自然科学基金面上项目的资助，这对于我无疑是莫大的鼓舞，也算是我人生所得到的为数不多的肯定之一吧。导师鼓励我借此契机确定自己的博士论文选题，并给了我许多具体的建议。于是基金项目的核心问题和关键技术作为博士论文的研究方向，这个艰难的选择终于完成了。

至此，博士论文看起来还算顺利，事实远非如此。由于题目的"跨界"，而这两"界"之间又客观存在知识断层，对于我来讲，又是一次跋山涉水、翻山越岭般的征程的开始。啃完了案头小山似的景观生态学、遥感信息处理方面的中英文文献，与团队成员每日例行的热烈的讨论，向导师、同事们请教，与德国教授和同事的电邮讨论，终于攻下一个个难关。

"跨界"的尝试给我带来挑战、困惑，但更多的是机遇。经历过这次跨越，我深深体会到在景观生态学和人居环境研究这两者之间有无尽的未知但同时又有无尽的可能，景观生态学作为理论工具可以透析人居环境存在的问题，同时为建设生态人居环境提供理论途径；而在人居环境的实践又可大大推进景观生态学的发展，对其生境和物种保护起到关键作用。作为探索性研究，必定有诸多不成熟、不完善，甚至错误的地方，但是，科学研究总是要冒一定的风险的。

书稿付梓，内心不由感慨万千，一路走来，我得到了太多的帮助。

导师王竹教授治学严谨，博学敏锐，克己宽厚，言传身教。尚记得导师的点拨给我以顿悟，记得导师的激流把舵给我以方向，记得导师的谆谆教诲给我以鼓励。

感谢浙江大学建筑工程学院开放宽松的学术氛围，李王鸣教授和华晨教授不吝鼓励和点拨；与王纪武副教授、葛丹东副教授、陈秋晓副教授、魏薇副教授、贺勇副教授、祁巍锋博士和戴企成讲师常常展开各种探讨，帮助我开阔学术视野，令我茅塞顿开；中国美术学院的王国梁教授为本书提出宝贵意见。特别感谢张闻闻、王颖、郑延丰和姚凤君四位同学在文献收集整理、

GIS空间数据处理及空间模拟过程中所做的工作，没有你们积极努力的参与，研究无法如此顺利进行。让我倍感欣慰的是，这几位同学坦言在参与国家自然科学基金项目中得到全面的科研训练，毕业后得以到国际和国内最顶尖的大学继续深造。

本书的顺利出版离不开中国建筑工业出版社编辑的帮助与支持，书稿的修改如抽丝剥茧，几经删改，艰辛的过程积蓄着编辑的辛苦劳动和心血。此外，国家自然科学基金同行评议的专家们的肯定和建议以及基金委的资助为本书的写作搭建了一个良好的平台；德国基尔大学景观生态研究中心的Hartmut Roweck教授团队为论文的开题及前期工作提供了无私的帮助；德尔斐专家组成员在调查问卷中给予了帮助和积极配合，在此一并表示感谢。在繁重的教学科研、职称晋升与博士攻读等任务面前，虽竭尽全力仍难以兼顾，再加上天资愚钝，倍感艰辛，特别感谢规划系系主任李王鸣教授一直以来的理解、鼓励和支持。

最后要感谢我的家人：我的爱人陈德馨先生担当了良师益友和理想伴侣的角色，书中部分观点凝聚了他的智慧，他担当了家庭的几乎全部责任以创造最好的条件让我专心学术，想起他我的心里便充盈着午后阳光般的满足感；爱子安安是我人生道路上最给力的鼓舞和动力，他的那句"妈妈，加油！"常让我心里充满鼓舞与温馨；妈妈总是在我最需要的时候给予我无怨无悔的帮助和支持；公公婆婆在我远赴欧洲时照顾我的爱子，给我的家庭以无微不至的照顾。

"大不自多，海纳江河。唯学无际，际于天地。"浙江大学校歌回响在耳边，我的心情也由欢欣归于最初的平静。希望本书的出版能对读者认识当前的城市空间增长管理有所帮助。鉴于水平和经验有限，书中难免有疏漏和不妥之处，恳请广大读者批评指正。

李咏华

2011年3月于浙江大学